指导性案例实务指引丛书

网络犯罪
指导性案例实务指引

最高人民检察院法律政策研究室／组织编写

主　编／万　春
副主编／缐　杰
编　辑／张　杰

中国检察出版社

图书在版编目（CIP）数据

网络犯罪指导性案例实务指引／最高人民检察院法律政策研究室组织编写.
—北京：中国检察出版社，2018.5
ISBN 978－7－5102－2104－0

Ⅰ.①网… Ⅱ.①最… Ⅲ.①计算机犯罪－刑事犯罪－案例－中国
Ⅳ.①D924.305

中国版本图书馆 CIP 数据核字（2018）第 092125 号

网络犯罪指导性案例实务指引

最高人民检察院法律政策研究室　组织编写

出版发行：中国检察出版社
社　　址：北京市石景山区香山南路 109 号 （100144）
网　　址：中国检察出版社（www.zgjccbs.com）
编辑电话：（010）86423753
发行电话：（010）86423726　86423727　86423728
　　　　　（010）86423730　68650016
经　　销：新华书店
印　　刷：唐山玺诚印务有限公司
开　　本：710 mm×960 mm　16 开
印　　张：14.25　插页 4
字　　数：265 千字
版　　次：2018 年 5 月第一版　2022 年 4 月第七次印刷
书　　号：ISBN 978－7－5102－2104－0
定　　价：49.00 元

检察版图书，版权所有，侵权必究
如遇图书印装质量问题本社负责调换

编写说明

党的十九大提出要"建立网络综合治理体系，营造清朗的网络空间"。网络犯罪是当今社会的公害。以各类计算机信息系统为对象的犯罪及借助网络实施的盗窃、诈骗等传统犯罪在当前呈高发多发态势，已然成为第一大犯罪类型，并以每年近30%左右幅度上升。提升打击防范网络犯罪能力，对落实党的十九大精神具有重要意义。

为加大对计算机网络犯罪的打击力度，经深入论证调研，并经最高人民检察院案例指导工作委员会讨论和第十二届检察委员会第七十次会议审议，最高人民检察院以计算机网络犯罪为主题发布了第九批指导性案例，明确了打击计算机网络犯罪中一些常见法律疑难问题的司法标准，彰显了检察机关打击计算机网络犯罪的鲜明态度，宣传普及了计算机网络犯罪常见犯罪手段和严重社会危害。第九批指导性案例发布后，引发了较大社会反响。

在制发第九批指导性案例过程中，最高人民检察院法律政策研究室牵头，组织各省级人民检察院法律政策研究室及办案部门，开展了一系列调研，腾讯网络研究院等相关单位也开展了一些调研；最高人民检察院法律政策研究室还广泛征集了一批计算机网络犯罪方面典型案例。这些调研及典型案例，都来自打击网络犯罪一线，体现了网络犯罪最新发案形势和发案特征，凝聚了司法机关和社会各界惩治预防网络犯罪的经验和思考，对当前推进网络犯罪治理具有较大的参考借鉴意义。

为凝聚相关实践经验和智慧成果，我们将最高人民检察院第九批指导性案例、相关材料、调研报告及近年来检察机关办理的网络犯罪典型案例予以编辑整理，形成了《网络犯罪指导性案例实务指引》一书。

我们期待，《网络犯罪指导性案例实务指引》一书的出版，能够为推进网络综合治理体系健全完善和网络空间治理贡献绵薄之力。

编　者

2018 年 4 月

目 录

一、【指导性案例】

最高人民检察院第九批指导性案例 …………………………（3）
　李丙龙破坏计算机信息系统案 ……………………………（3）
　李骏杰等破坏计算机信息系统案 …………………………（6）
　曾兴亮、王玉生破坏计算机信息系统案 …………………（9）
　卫梦龙、龚旭、薛东东非法获取计算机信息系统数据案 …（12）
　张四毛盗窃案 ………………………………………………（15）
　董亮等四人诈骗案 …………………………………………（17）

二、【指导性案例解读】

关于《最高人民检察院第九批指导性案例》的解读
　……………………………… 万　春　缐　杰　张　杰（21）

三、【背景材料】

检察机关依法惩治计算机网络犯罪情况 ……………………（33）
检察机关惩治网络犯罪典型问题问与答 ……………………（38）

四、【调研报告】

当前电子商务领域犯罪情况调查分析
　……………………… 浙江省杭州市人民检察院课题组（51）

当前电子商务领域知识产权犯罪的调查分析
　　…… 浙江省义乌市人民检察院课题组　浙江省人民检察院法律政策研究室（61）
关于完善互联网刑事立法的若干建议
　　……………………………………………………… 乐绍光　陈　艳（70）
以淘宝代运营为由实施的新型诈骗犯罪案件调研分析
　　………………………………………………………………… 曹晓静（74）
网络犯罪新态势：人工智能技术用于网络犯罪情况的调研报告
　　………………………………………… 腾讯安全管理部刑事法律中心（85）
新时代下网络安全面临的新形势新挑战
　　………………………………………… 腾讯安全管理部刑事法律中心（89）

五、【典型案例】

丁某非法控制计算机信息系统案 ………………………………………（97）
王哲非法获取计算机信息系统数据案
　　——利用黑客技术手段窃取公司企业用户邮箱行为如何定罪 ……（99）
胡某非法获取计算机信息系统数据案 ……………………………………（103）
胡某、周某非法提供控制计算机信息系统程序案
　　——新型网络游戏类犯罪案件的证据审查及定性分析 …………（106）
罗燕丽、罗儒景、韦琪信用卡诈骗案 ……………………………………（112）
袁某非法获取计算机系统数据案 …………………………………………（114）
方根田、徐文斌、方承誉开设赌场案 ……………………………………（117）
梁建想、林双进提供侵入、非法控制计算机信息系统程序、工具案 …（119）
"秦火火"寻衅滋事案
　　——如何理解把握网络型寻衅滋事案的危害后果 ………………（123）
张杰侵犯著作权案 …………………………………………………………（128）
于浩宬等人敲诈勒索案 ……………………………………………………（130）
刘小平等人非法获取计算机信息系统数据、盗窃案 ……………………（133）

谢慧慧等九人非法获取计算机信息系统数据、掩饰、隐瞒犯罪所得、
　　提供侵入、非法控制计算机信息系统程序、工具案 …………（136）
徐方聪诈骗案 ………………………………………………………（142）
董志超、谢文浩破坏生产经营案 …………………………………（145）
袁烨利用O2O网络平台诈骗案 ……………………………………（148）
刘涛非法控制计算机信息系统案 …………………………………（152）
谢某俊盗窃案 ………………………………………………………（154）
古悦宏等人非法获取计算机信息系统数据案
　　——非法获取计算机信息系统数据罪中"侵入"与"工具"
　　　　应如何理解认定 ……………………………………………（156）
刘保玉、刘保华、张玉生等三人赌博案
　　——利用网络赌博的行为和赌资应当如何认定 ……………（158）
熊坤假冒专利案
　　——电商环境下假冒专利犯罪数额如何认定 ………………（163）
米成祥等人提供侵入、非法控制计算机信息系统程序、工具系列案 …（167）
利用信息网络实施敲诈勒索如何定性
　　——胡建连、胡再峰、胡金蛟敲诈勒索案 …………………（177）
录制视频上传网络，索要重金敲诈入狱
　　——王勇均网络敲诈案 ………………………………………（180）
未经批准利用网络交易平台公开招募客户进行网络白银交易是否构成
　　非法经营期货
　　——许根强非法经营案 ………………………………………（183）
魏志丹微信赌博案 …………………………………………………（186）
罗显星等人QQ诈骗案 ……………………………………………（188）
乔宝东猥亵儿童案 …………………………………………………（190）
尹某等5人非法经营、盗窃案 ……………………………………（194）
徐越等人诈骗案 ……………………………………………………（197）

张尧等人提供侵入、非法控制计算机信息系统程序、工具案

　　——制作"微信"外挂程序、工具供他人进行"微商营销"

　　行为的司法认定 ………………………………………………（199）

林锦春、林锦凯犯非法获取计算机信息系统数据案

　　——刑法保护的"计算机信息系统"如何界定 ……………（206）

全国首例轻小说侵权案

　　——成都"轻之国度"侵犯著作权案 ………………………（210）

成都"爱漫画"侵犯著作权案 ……………………………………（212）

马洛洲、马学东、唐琪涛非法控制计算机信息系统案 …………（215）

冷奇超、黎海良等人赌博案

　　——利用腾讯群组赌博罪与开设赌场罪的辨析 ……………（218）

张德旺、黄承东诈骗案

　　——"小额盗刷"型诈骗的认定 ……………………………（221）

一、【指导性案例】

最高人民检察院第九批指导性案例

李丙龙破坏计算机信息系统案

(检例第33号)

【关键词】 破坏计算机信息系统　劫持域名

【基本案情】

被告人李丙龙，男，1991年8月生，个体工商户。

被告人李丙龙为牟取非法利益，预谋以修改大型互联网网站域名解析指向的方法，劫持互联网流量访问相关赌博网站，获取境外赌博网站广告推广流量提成。2014年10月20日，李丙龙冒充某知名网站工作人员，采取伪造该网站公司营业执照等方式，骗取该网站注册服务提供商信任，获取网站域名解析服务管理权限。10月21日，李丙龙通过其在域名解析服务网站平台注册的账号，利用该平台相关功能自动生成了该知名网站二级子域名部分DNS（域名系统）解析列表，修改该网站子域名的IP指向，使其连接至自己租用境外虚拟服务器建立的赌博网站广告发布页面。当日19时许，李丙龙对该网站域名解析服务器指向的修改生效，致使该网站不能正常运行。23时许，该知名网站经技术排查恢复了网站正常运行。11月25日，李丙龙被公安机关抓获。至案发时，李丙龙未及获利。

经司法鉴定，该知名网站共有559万有效用户，其中邮箱系统有36万有效用户。按日均电脑客户端访问量计算，10月7日至10月20日邮箱系统日均访问量达12.3万。李丙龙的行为造成该知名网站10月21日19时至23时长达四小时左右无法正常发挥其服务功能，案发当日仅邮件系统电脑客户端访问量就从12.3万减少至4.43万。

【诉讼过程和结果】

本案由上海市徐汇区人民检察院于2015年4月9日以被告人李丙龙犯破坏计算机信息系统罪向上海市徐汇区人民法院提起公诉。11月4日，徐汇区人民法院作出判决，认定李丙龙的行为构成破坏计算机信息系统罪。根据《最高人民法院、最高人民检察院关于办理危害计算机信息系统安全刑事案件应用法律若干问题的解释》第四条规定，李丙龙的行为符合"造成为五万以上用户提供服务的计算机信息系统不能正常运行累计一小时以上""后果特别严重"的情形。结合量刑情节，判处李丙龙有期徒刑五年。一审宣判后，被告人李丙龙提出上诉，经上海市第一中级人民法院终审裁定，维持原判。

【要旨】

以修改域名解析服务器指向的方式劫持域名，造成计算机信息系统不能正常运行，是破坏计算机信息系统的行为。

【指导意义】

修改域名解析服务器指向，强制用户偏离目标网站或网页进入指定网站或网页，是典型的域名劫持行为。行为人使用恶意代码修改目标网站域名解析服务器，目标网站域名被恶意解析到其他IP地址，无法正常发挥网站服务功能，这种行为实质是对计算机信息系统功能的修改、干扰，符合刑法第二百八十六条第一款"对计算机信息系统功能进行删除、修改、增加、干扰"的规定。根据《最高人民法院、最高人民检察院关于办理危害计算机信息系统安全刑事案件应用法律若干问题的解释》第四条的规定，造成为一万以上用户提供服务的计算机信息系统不能正常运行累计一小时以上的，属于"后果严重"，应以破坏计算机信息系统罪论处；造成为五万以上用户提供服务的计算机信息系统不能正常运行累计一小时以上的，属于"后果特别严重"。

认定遭受破坏的计算机信息系统服务用户数，可以根据计算机信息系统的功能和使用特点，结合网站注册用户、浏览用户等具体情况，作出客观判断。

【相关法律规定】

《中华人民共和国刑法》

第二百八十六条　违反国家规定，对计算机信息系统功能进行删除、修改、增加、干扰，造成计算机信息系统不能正常运行，后果严重的，处五年以下有期徒刑或者拘役；后果特别严重的，处五年以上有期徒刑。

《最高人民法院、最高人民检察院关于办理危害计算机信息系统安全刑事案件应用法律若干问题的解释》

第四条　破坏计算机信息系统功能、数据或者应用程序，具有下列情形之一的，应当认定为刑法第二百八十六条第一款和第二款规定的"后果严重"：

……

（四）造成为一百台以上计算机信息系统提供域名解析、身份认证、计费等基础服务或者为一万以上用户提供服务的计算机信息系统不能正常运行累计一小时以上的；

……

实施前款规定行为,具有下列情形之一的,应当认定为破坏计算机信息系统"后果特别严重":

……

(二)造成为五百台以上计算机信息系统提供域名解析、身份认证、计费等基础服务或者为五万以上用户提供服务的计算机信息系统不能正常运行累计一小时以上的;

……

李骏杰等破坏计算机信息系统案

（检例第34号）

【关键词】破坏计算机信息系统　删改购物评价　购物网站评价系统

【基本案情】

被告人李骏杰，男，1985年7月生，原系浙江杭州某网络公司员工。

被告人胡榕，男，1975年1月生，原系江西省九江市公安局民警。

被告人黄福权，男，1987年9月生，务工。

被告人董伟，男，1983年5月生，无业。

被告人王凤昭，女，1988年11月生，务工。

2011年5月至2012年12月，被告人李骏杰在工作单位及自己家中，单独或伙同他人通过聊天软件联系需要修改中差评的某购物网站卖家，并从被告人黄福权等处购买发表中差评的该购物网站买家信息300余条。李骏杰冒用买家身份，骗取客服审核通过后重置账号密码，登录该购物网站内部评价系统，删改买家的中差评347个，获利9万余元。

经查：被告人胡榕利用职务之便，将获取的公民个人信息分别出售给被告人黄福权、董伟、王凤昭。

2012年12月11日，被告人李骏杰被公安机关抓获归案。此后，因涉嫌出售公民个人信息、非法获取公民个人信息，被告人胡榕、黄福权、董伟、王凤昭等人也被公安机关先后抓获。

【诉讼过程和结果】

本案由浙江省杭州市滨江区人民检察院于2014年3月24日以被告人李骏杰犯破坏计算机信息系统罪、被告人胡榕犯出售公民个人信息罪、被告人黄福权等人犯非法获取公民个人信息罪，向浙江省杭州市滨江区人民法院提起公诉。2015年1月12日，杭州市滨江区人民法院作出判决，认定被告人李骏杰的行为构成破坏计算机信息系统罪，判处有期徒刑五年；被告人胡榕的行为构成出售公民个人信息罪，判处有期徒刑十个月，并处罚金人民币二万元；被告人黄福权、董伟、王凤昭的行为构成非法获取公民个人信息罪，分别判处有期徒刑、拘役，并处罚金。一审宣判后，被告人董伟提出上诉。杭州市中级人民法院二审裁定驳回上诉，维持原判。判决已生效。

【要旨】

冒用购物网站买家身份进入网站内部评价系统删改购物评价，属于对计算机信息系统内存储数据进行修改操作，应当认定为破坏计算机信息系统的行为。

【指导意义】

购物网站评价系统是对店铺销量、买家评价等多方面因素进行综合计算分值的系统，其内部储存的数据直接影响到搜索流量分配、推荐排名、营销活动报名资格、同类商品在消费者购买比较时的公平性等。买家在购买商品后，根据用户体验对所购商品分别给出好评、中评、差评三种不同评价。所有的评价都是以数据形式存储于买家评价系统之中，成为整个购物网站计算机信息系统整体数据的重要组成部分。

侵入评价系统删改购物评价，其实质是对计算机信息系统内存储的数据进行删除、修改操作的行为。这种行为危害到计算机信息系统数据采集和流量分配体系运行，使网站注册商户及其商品、服务的搜索受到影响，导致网站商品、服务评价功能无法正常运作，侵害了购物网站所属公司的信息系统安全和消费者的知情权。行为人因删除、修改某购物网站中差评数据违法所得25000元以上，构成破坏计算机信息系统罪，属于"后果特别严重"的情形，应当依法判处五年以上有期徒刑。

【相关法律规定】

《中华人民共和国刑法》

第二百八十六条　违反国家规定，对计算机信息系统功能进行删除、修改、增加、干扰，造成计算机信息系统不能正常运行，后果严重的，处五年以下有期徒刑或者拘役；后果特别严重的，处五年以上有期徒刑。

违反国家规定，对计算机信息系统中存储、处理或者传输的数据和应用程序进行删除、修改、增加的操作，后果严重的，依照前款的规定处罚。

《最高人民法院、最高人民检察院关于办理危害计算机信息系统安全刑事案件应用法律若干问题的解释》

第四条　破坏计算机信息系统功能、数据或者应用程序，具有下列情形之一的，应当认定为刑法第二百八十六条第一款和第二款规定的"后果严重"：

……

（三）违法所得五千元以上或者造成经济损失一万元以上的；

……

实施前款规定行为，具有下列情形之一的，应当认定为破坏计算机信息系统"后果特别严重"：

（一）数量或者数额达到前款第（一）项至第（三）项规定标准五倍以上的；

……

《计算机信息网络国际联网安全保护管理办法》

第六条 任何单位和个人不得从事下列危害计算机信息网络安全的活动:

(一)未经允许,进入计算机信息网络或者使用计算机信息网络资源的;

(二)未经允许,对计算机信息网络功能进行删除、修改或者增加的;

(三)未经允许,对计算机信息网络中存储、处理或者传输的数据和应用程序进行删除、修改或者增加的;

(四)故意制作、传播计算机病毒等破坏性程序的;

(五)其他危害计算机信息网络安全的。

曾兴亮、王玉生破坏计算机信息系统案

(检例第35号)

【关键词】 破坏计算机信息系统 智能手机终端 远程锁定

【基本案情】

被告人曾兴亮，男，1997年8月生，农民。

被告人王玉生，男，1992年2月生，农民。

2016年10月至11月，被告人曾兴亮与王玉生结伙或者单独使用聊天社交软件，冒充年轻女性与被害人聊天，谎称自己的苹果手机因故障无法登录"iCloud"（云存储），请被害人代为登录，诱骗被害人先注销其苹果手机上原有的ID，再使用被告人提供的ID及密码登录。随后，曾、王二人立即在电脑上使用新的ID及密码登录苹果官方网站，利用苹果手机相关功能将被害人的手机设置修改，并使用"密码保护问题"修改该ID的密码，从而远程锁定被害人的苹果手机。曾、王二人再在其个人电脑上，用网络聊天软件与被害人联系，以解锁为条件索要钱财。采用这种方式，曾兴亮单独或合伙作案共21起，涉及苹果手机22部，锁定苹果手机21部，索得人民币合计7290元；王玉生参与作案12起，涉及苹果手机12部，锁定苹果手机11部，索得人民币合计4750元。2016年11月24日，二人被公安机关抓获。

【诉讼过程和结果】

本案由江苏省海安县人民检察院于2016年12月23日以被告人曾兴亮、王玉生犯破坏计算机信息系统罪向海安县人民法院提起公诉。2017年1月20日，海安县人民法院作出判决，认定被告人曾兴亮、王玉生的行为构成破坏计算机信息系统罪，分别判处有期徒刑一年三个月、有期徒刑六个月。一审宣判后，二被告人未上诉，判决已生效。

【要旨】

智能手机终端，应当认定为刑法保护的计算机信息系统。锁定智能手机导致不能使用的行为，可认定为破坏计算机信息系统。

【指导意义】

计算机信息系统包括计算机、网络设备、通信设备、自动化控制设备等。智能手机和计算机一样，使用独立的操作系统、独立的运行空间，可以由用户自行安装软件等程序，并可以通过移动通讯网络实现无线网络接入，应当认定为刑法上的"计算机信息系统"。

行为人通过修改被害人手机的登录密码，远程锁定被害人的智能手机设备，使之成为无法开机的"僵尸机"，属于对计算机信息系统功能进行修改、干扰的行为。造成10台以上智能手机系统不能正常运行，符合刑法第二百八十六条破坏计算机信息系统罪构成要件中"对计算机信息系统功能进行修改、干扰""后果严重"的情形，构成破坏计算机信息系统罪。

行为人采用非法手段锁定手机后以解锁为条件，索要钱财，在数额较大或多次敲诈的情况下，其目的行为又构成敲诈勒索罪。在这类犯罪案件中，手段行为构成的破坏计算机信息系统罪与目的行为构成的敲诈勒索罪之间成立牵连犯。牵连犯应当从一重罪处断。破坏计算机信息系统罪后果严重的情况下，法定刑为五年以下有期徒刑或者拘役；敲诈勒索罪在数额较大的情况下，法定刑为三年以下有期徒刑、拘役或管制，并处或者单处罚金。本案应以重罪即破坏计算机信息系统罪论处。

【相关法律规定】

《中华人民共和国刑法》

第二百八十六条　违反国家规定，对计算机信息系统功能进行删除、修改、增加、干扰，造成计算机信息系统不能正常运行，后果严重的，处五年以下有期徒刑或者拘役；后果特别严重的，处五年以上有期徒刑。

第二百七十四条　敲诈勒索公私财物，数额较大或者多次敲诈勒索的，处三年以下有期徒刑、拘役或者管制，并处或者单处罚金；数额巨大或者有其他严重情节的，处三年以上十年以下有期徒刑，并处罚金；数额特别巨大或者有其他特别严重情节的，处十年以上有期徒刑，并处罚金。

《最高人民法院、最高人民检察院关于办理危害计算机信息系统安全刑事案件应用法律若干问题的解释》

第十一条　本解释所称"计算机信息系统"和"计算机系统"，是指具备自动处理数据功能的系统，包括计算机、网络设备、通信设备、自动化控制设备等。

……

《最高人民法院、最高人民检察院关于办理敲诈勒索刑事案件适用法律若干问题的解释》

第一条　敲诈勒索公私财物价值二千元至五千元以上、三万元至十万元以上、三十万元至五十万元以上的，应当分别认定为刑法第二百七十四条规定的"数额较大""数额巨大""数额特别巨大"。

各省、自治区、直辖市高级人民法院、人民检察院可以根据本地区经济发展状况和社会治安状况，在前款规定的数额幅度内，共同研究确定本地区执行的具体数额标准,报最高人民法院、最高人民检察院批准。

《江苏省高级人民法院、江苏省人民检察院、江苏省公安厅关于我省执行敲诈勒索公私财物"数额较大"、"数额巨大"、"数额特别巨大"标准的意见》

根据《最高人民法院、最高人民检察院关于办理敲诈勒索刑事案件适用法律若干问题的解释》的规定,结合我省经济发展和社会治安实际状况,确定我省执行刑法第二百七十四条规定的敲诈勒索公私财物"数额较大"、"数额巨大"、"数额特别巨大"标准如下:

一、敲诈勒索公私财物价值人民币四千元以上的,为"数额较大";

二、敲诈勒索公私财物价值人民币六万元以上的,为"数额巨大";

……

卫梦龙、龚旭、薛东东非法获取计算机信息系统数据案

(检例第 36 号)

【关键词】 非法获取计算机信息系统数据　超出授权范围登录　侵入计算机信息系统

【基本案情】

被告人卫梦龙，男，1987 年 10 月生，原系北京某公司经理。

被告人龚旭，女，1983 年 9 月生，原系北京某大型网络公司运营规划管理部员工。

被告人薛东东，男，1989 年 12 月生，无固定职业。

被告人卫梦龙曾于 2012 年至 2014 年在北京某大型网络公司工作，被告人龚旭供职于该大型网络公司运营规划管理部，两人原系同事。被告人薛东东系卫梦龙商业合作伙伴。

因工作需要，龚旭拥有登录该大型网络公司内部管理开发系统的账号、密码、Token 令牌（计算机身份认证令牌），具有查看工作范围内相关数据信息的权限。但该大型网络公司禁止员工私自在内部管理开发系统查看、下载非工作范围内的电子数据信息。

2016 年 6 月至 9 月，经事先合谋，龚旭向卫梦龙提供自己所掌握的该大型网络公司内部管理开发系统账号、密码、Token 令牌。卫梦龙利用龚旭提供的账号、密码、Token 令牌，违反规定多次在异地登录该大型网络公司内部管理开发系统，查询、下载该计算机信息系统中储存的电子数据。后卫梦龙将非法获取的电子数据交由薛东东通过互联网出售牟利，违法所得共计 37000 元。

【诉讼过程和结果】

本案由北京市海淀区人民检察院于 2017 年 2 月 9 日以被告人卫梦龙、龚旭、薛东东犯非法获取计算机信息系统数据罪，向北京市海淀区人民法院提起公诉。6 月 6 日，北京市海淀区人民法院作出判决，认定被告人卫梦龙、龚旭、薛东东的行为构成非法获取计算机信息系统数据罪，情节特别严重。判处卫梦龙有期徒刑四年，并处罚金人民币四万元；判处龚旭有期徒刑三年九个月，并处罚金人民币四万元；判处薛东东有期徒刑四年，并处罚金人民币四万元。一审宣判后，三被告人未上诉，判决已生效。

【要旨】

超出授权范围使用账号、密码登录计算机信息系统，属于侵入计算机信息

系统的行为；侵入计算机信息系统后下载其储存的数据，可以认定为非法获取计算机信息系统数据。

【指导意义】

非法获取计算机信息系统数据罪中的"侵入"，是指违背被害人意愿、非法进入计算机信息系统的行为。其表现形式既包括采用技术手段破坏系统防护进入计算机信息系统，也包括未取得被害人授权擅自进入计算机信息系统，还包括超出被害人授权范围进入计算机信息系统。

本案中，被告人龚旭将自己因工作需要掌握的本公司账号、密码、Token 令牌等交由卫梦龙登录该公司管理开发系统获取数据，虽不属于通过技术手段侵入计算机信息系统，但内外勾结擅自登录公司内部管理开发系统下载数据，明显超出正常授权范围。超出授权范围使用账号、密码、Token 令牌登录系统，也属于侵入计算机信息系统的行为。行为人违反《计算机信息系统安全保护条例》第七条、《计算机信息网络国际联网安全保护管理办法》第六条第一项等国家规定，实施了非法侵入并下载获取计算机信息系统中存储的数据的行为，构成非法获取计算机信息系统数据罪。按照 2011 年《最高人民法院、最高人民检察院关于办理危害计算机信息系统安全刑事案件应用法律若干问题的解释》规定，构成犯罪，违法所得二万五千元以上，应当认定为"情节特别严重"，处三年以上七年以下有期徒刑，并处罚金。

【相关法律规定】

《中华人民共和国刑法》

第二百八十五条　违反国家规定，侵入国家事务、国防建设、尖端科学技术领域的计算机信息系统的，处三年以下有期徒刑或者拘役。

违反国家规定，侵入前款规定以外的计算机信息系统或者采用其他技术手段，获取该计算机信息系统中存储、处理或者传输的数据，或者对该计算机信息系统实施非法控制，情节严重的，处三年以下有期徒刑或者拘役，并处或者单处罚金；情节特别严重的，处三年以上七年以下有期徒刑，并处罚金。

《最高人民法院、最高人民检察院关于办理危害计算机信息系统安全刑事案件应用法律若干问题的解释》

第一条　非法获取计算机信息系统数据或者非法控制计算机信息系统，具有下列情形之一的，应当认定为刑法第二百八十五条第二款规定的"情节严重"：

……

（四）违法所得五千元以上或者造成经济损失一万元以上的；

……

实施前款规定行为，具有下列情形之一的，应当认定为刑法第二百八十五条第二款规定的"情节特别严重"：

（一）数量或者数额达到前款第（一）项至第（四）项规定标准五倍以上的；

……

《中华人民共和国计算机信息系统安全保护条例》

第七条 任何组织或者个人，不得利用计算机信息系统从事危害国家利益、集体利益和公民合法利益的活动，不得危害计算机信息系统的安全。

《计算机信息网络国际联网安全保护管理办法》

第六条 任何单位和个人不得从事下列危害计算机信息网络安全的活动：

（一）未经允许，进入计算机信息网络或者使用计算机信息网络资源的；

（二）未经允许，对计算机信息网络功能进行删除、修改或者增加的；

（三）未经允许，对计算机信息网络中存储、处理或者传输的数据和应用程序进行删除、修改或者增加的；

（四）故意制作、传播计算机病毒等破坏性程序的；

（五）其他危害计算机信息网络安全的。

张四毛盗窃案

（检例第 37 号）

【关键词】 盗窃　网络域名　财产属性　域名价值

【基本案情】

被告人张四毛，男，1989年7月生，无业。

2009年5月，被害人陈某在大连市西岗区登录网络域名注册网站，以人民币11.85万元竞拍取得"www.8.cc"域名，并交由域名维护公司维护。

被告人张四毛预谋窃取陈某拥有的域名"www.8.cc"，其先利用技术手段破解该域名所绑定的邮箱密码，后将该网络域名转移绑定到自己的邮箱上。2010年8月6日，张四毛将该域名从原有的维护公司转移到自己在另一网络公司申请的ID上，又于2011年3月16日将该网络域名再次转移到张四毛冒用"龙嫦"身份申请的ID上，并更换绑定邮箱。2011年6月，张四毛在网上域名交易平台将网络域名"www.8.cc"以人民币12.5万元出售给李某。2015年9月29日，张四毛被公安机关抓获。

【诉讼过程和结果】

本案由辽宁省大连市西岗区人民检察院于2016年3月22日以被告人张四毛犯盗窃罪向大连市西岗区人民法院提起公诉。2016年5月5日，大连市西岗区人民法院作出判决，认定被告人张四毛的行为构成盗窃罪，判处有期徒刑四年七个月，并处罚金人民币五万元。一审宣判后，当事人未上诉，判决已生效。

【要旨】

网络域名具备法律意义上的财产属性，盗窃网络域名可以认定为盗窃行为。

【指导意义】

网络域名是网络用户进入门户网站的一种便捷途径，是吸引网络用户进入其网站的窗口。网络域名注册人注册了某域名后，该域名将不能再被其他人申请注册并使用，因此网络域名具有专属性和唯一性。网络域名属稀缺资源，其所有人可以对域名行使出售、变更、注销、抛弃等处分权利。网络域名具有市场交换价值，所有人可以以货币形式进行交易。通过合法途径获得的网络域名，其注册人利益受法律承认和保护。本案中，行为人利用技术手段，通过变更网络域名绑定邮箱及注册ID，实现了对域名的非法占有，并使原所有人丧失了对网络域名的合法占有和控制，其目的是为了非法获取网络域名的财产价值，其行为给网络域名的所有人带来直接的经济损失。该行为符合以非法占有为目的窃取他人财产利益的盗窃罪本质属性，应以盗窃罪论处。对于网络域名的价值，当前可综合考虑网络域名的购入价、销赃价、域名升值潜力、市场热度等综合认定。

【相关法律规定】

《中华人民共和国刑法》

第二百六十四条 盗窃公私财物，数额较大的，或者多次盗窃、入户盗窃、携带凶器盗窃、扒窃的，处三年以下有期徒刑、拘役或者管制，并处或者单处罚金；数额巨大或者有其他严重情节的，处三年以上十年以下有期徒刑，并处罚金；数额特别巨大或者有其他特别严重情节的，处十年以上有期徒刑或者无期徒刑，并处罚金或者没收财产。

《中国互联网络域名管理办法》

第二十八条 域名注册申请者应当提交真实、准确、完整的域名注册信息，并与域名注册服务机构签订用户注册协议。

域名注册完成后，域名注册申请者即成为其注册域名的持有者。

第二十九条 域名持有者应当遵守国家有关互联网络的法律、行政法规和规章。

因持有或使用域名而侵害他人合法权益的责任，由域名持有者承担。

第三十条 注册域名应当按期缴纳域名运行费用。域名注册管理机构应当制定具体的域名运行费用收费办法，并报信息产业部备案。

董亮等四人诈骗案

（检例第 38 号）

【关键词】 诈骗　自我交易　打车软件　骗取补贴

【基本案情】

被告人董亮，男，1981 年 9 月生，无固定职业。

被告人谈申贤，男，1984 年 7 月生，无固定职业。

被告人高炯，男，1974 年 12 月生，无固定职业。

被告人宋瑞华，女，1977 年 4 月生，原系上海杨浦火车站员工。

2015 年，某网约车平台注册登记司机董亮、谈申贤、高炯、宋瑞华，分别用购买、租赁未实名登记的手机号注册网约车乘客端，并在乘客端账户内预充打车费一二十元。随后，他们各自虚构用车订单，并用本人或其实际控制的其他司机端账户接单，发起较短距离用车需求，后又故意变更目的地延长乘车距离，致使应付车费大幅提高。由于乘客端账户预存打车费较少，无法支付全额车费。网约车公司为提升市场占有率，按照内部规定，在这种情况下由公司垫付车费，同样给予司机承接订单的补贴。四被告人采用这一手段，分别非法获取网约车公司垫付车费及公司给予司机承接订单的补贴。董亮获取 40664.94 元，谈申贤获取 14211.99 元，高炯获取 38943.01 元，宋瑞华获取 6627.43 元。

【诉讼过程和结果】

本案由上海市普陀区人民检察院于 2016 年 4 月 1 日以被告人董亮、谈申贤、高炯、宋瑞华犯诈骗罪向上海市普陀区人民法院提起公诉。2016 年 4 月 18 日，上海市普陀区人民法院作出判决，认定被告人董亮、谈申贤、高炯、宋瑞华的行为构成诈骗罪，综合考虑四被告人到案后能如实供述自己的罪行，依法可从轻处罚，四被告人家属均已代为全额退赔赃款，可酌情从轻处罚，分别判处被告人董亮有期徒刑一年，并处罚金人民币一千元；被告人谈申贤有期徒刑十个月，并处罚金人民币一千元；被告人高炯有期徒刑一年，并处罚金人民币一千元；被告人宋瑞华有期徒刑八个月，并处罚金人民币一千元；四被告人所得赃款依法发还被害单位。一审宣判后，四被告人未上诉，判决已生效。

【要旨】

以非法占有为目的，采用自我交易方式，虚构提供服务事实，骗取互联网公司垫付费用及订单补贴，数额较大的行为，应认定为诈骗罪。

【指导意义】

当前,网络约车、网络订餐等互联网经济新形态发展迅速。一些互联网公司为抢占市场,以提供订单补贴的形式吸引客户参与。某些不法分子采取违法手段,骗取互联网公司给予的补贴,数额较大的,可以构成诈骗罪。

在网络约车中,行为人以非法占有为目的,通过网约车平台与网约车公司进行交流,发出虚构的用车需求,使网约车公司误认为是符合公司补贴规则的订单,基于错误认识,给予行为人垫付车费及订单补贴的行为,符合诈骗罪的本质特征,是一种新型诈骗罪的表现形式。

【相关法律规定】

《中华人民共和国刑法》

第二百六十六条 诈骗公私财物,数额较大的,处三年以下有期徒刑、拘役或者管制,并处或者单处罚金;数额巨大或者有其他严重情节的,处三年以上十年以下有期徒刑,并处罚金;数额特别巨大或者有其他特别严重情节的,处十年以上有期徒刑或者无期徒刑,并处罚金或者没收财产。本法另有规定的,依照规定。

二、【指导性案例解读】

关于《最高人民检察院第九批指导性案例》的解读

万 春[*]　　线 杰[**]　　张 杰[***]

当今社会已经进入互联网时代，以移动互联网、大数据、云计算和人工智能为代表的现代科技在给生产生活带来许多便利的同时，也给社会治理带来许多新问题。当前，网络犯罪已成为第一大犯罪类型，占犯罪总数近三分之一，并且每年以近30％幅度上升。一些传统犯罪也利用计算机网络技术不断升级，给人民群众安全带来严重威胁。为加大对网络犯罪的打击力度，最高人民检察院法律政策研究室经充分调研论证，围绕计算机网络犯罪主题制发了第九批指导性案例，现就指导性案例制发意义、特征及涉及的相关法律适用问题作一些解读。

一、围绕计算机网络犯罪主题制发指导性案例的意义

随着网络信息技术不断演进，互联网对经济社会发展渗透、融合、驱动作用日益显现，与之同时，计算机网络犯罪对经济社会发展的破坏性也不断增大。网络犯罪隐蔽性、智能型和产业化、链条化特点明显。围绕计算机网络犯罪制发指导性案例，具有重要意义。

一是有利于规范和指导检察机关准确适用法律。计算机网络犯罪属于新类型犯罪，犯罪手法比较新颖，网络技术的发展较快，法律具有概括性和原则性，导致在司法实践中对打击此类犯罪存在一些法律适用方面的新情况新问题。以指导性案例的方式提炼司法实践中可行的法律适用规则，有利于指导广大检察人员提高法律适用能力，准确打击此类新型犯罪。

二是能够推进检察机关更好地服务和保障"互联网＋"经济健康发展。随着"互联网＋"战略上升为国家战略，以电子商务为基础的新兴产业和新兴业态得到迅速发展。现实生活中，网约车、网约餐饮服务等已经进入千家万户，在给人们生活带来极大便利的同时，也导致不法分子利用规则漏洞进行犯罪的现象明显增多，对新兴产业和新兴业态带来较大危害。以指导性案例的方式指导法律适用，能够促使检察机关更好地为"互联网＋"经济保驾护航。

---

[*] 最高人民检察院检察委员会委员、法律政策研究室主任。
[**] 最高人民检察院法律政策研究室副主任。
[***] 最高人民检察院法律政策研究室综合指导处处长。

三是有助于指导检察机关不断加大打击遏制计算机网络犯罪高发态势。中国互联网络信息中心发布的第 40 次《中国互联网络发展状况统计报告》显示，截至 2017 年 6 月，中国网民规模达 7.51 亿，其中 10－39 岁青少年群体占整体的 72.1%。制发该批指导性案例，凸显加大对计算机网络犯罪的打击力度，有利于以案释法，强化对广大网民的法治教育，引导民众树立网络法治意识，规范网络行为，实现预防计算机网络犯罪的良好社会效果。

二、第九批指导性案例的特征

2017 年 6 月初，经充分调研，并多次召开检察系统论证会、专家论证会，广泛听取各界意见建议后，最高人民检察院法律政策研究室围绕计算机网络犯罪制发了第九批共 6 件指导性案例，经最高人民检察院案例指导工作委员会讨论和最高人民检察院检察委员会审议后正式发布。这批指导性案例具有以下几个方面显著的特点：

一是针对互联网犯罪中常见多发亟须解决的问题。近年来，互联网犯罪逐渐成为中常见多发犯罪形态，一些犯罪如何定性亟须统一认识。在充分调研，听取各方面意见建议后，第九批指导性案例选取了互联网犯罪中常见的，具有典型性和代表性的犯罪，以指导性案例的形式予以明确。如李骏杰破坏计算机信息系统案中，有关删除网络购物差评的行为，随着电商经济的发展，这种行为逐渐多发常见。其危害性在于直接破坏网上交易公平公正，直接损坏大型购物网站数据管理，易造成人们消费财产损失。对这一行为，第九批指导性案例在听取意见后，明确此类行为在后果严重的情况下，应以破坏计算机信息系统罪论处。

二是着眼服务保障"互联网＋"经济发展。近年来，中央部署实施"互联网＋"经济发展新战略。一大批互联网企业站在了高速发展的风口上。网约车、网约餐饮等一批新兴企业推动、引领"互联网＋"经济发展。与此同时，针对新型"互联网＋"经济发展的犯罪也不断滋生，成为制约影响新兴企业发展的重大隐患。为体现检察机关对经济发展新业态的鲜明保护，第九批指导性案例选取了董亮等四人诈骗案等案例，明确表明检察机关斩断伸向新兴互联网企业黑手的坚决态度。

三是注重阐明明确相关法律司法解释精神。计算机犯罪手法、形态变化极快。刑法及相关司法解释制定后，立法精神及法律、司法解释具体含义亟待明确。为及时明确法律及司法解释的精神，第九批指导性案例选取了曾兴亮、王玉生破坏计算机信息系统案，明确了法律中的"计算机信息系统"包括智能手机操作系统；选取了卫梦龙等非法获取计算机信息系统数据案，明确了刑法第 285 条的非法获取计算机信息系统数据罪中的"侵入"，包括超出授权范围进入计算机信息系统的行为。

四是坚持凝聚共识指导实践审慎稳妥的原则。计算机犯罪中新问题很多，其中一些问题，实务界和理论界都还存在较大争论。第九批指导性案例坚持充分调研，多方论证，广泛听取意见建议。在研究案例时，注意收集其他各地类似案例，对起诉判决情况反复研究，寻求共识。对一些能够获得广泛认可的问题，以案例的形式予以明确。对争议较大的问题，暂不归纳提出。例如，张四毛盗窃一案，第九批指导性案例明确了域名具有财产属性，盗窃域名可构成盗窃罪。但对于游戏币、游戏中的武器等虚拟财产，目前争议还较大，第九批指导性案例暂时未涉及这一问题。又如，李丙龙破坏计算机信息系统一案，第九批指导性案例对能够形成共识的域名劫持行为定性问题进行了说明，但对如何认定域名劫持后，受影响的计算机信息系统用户数的统计认定问题，第九批指导性案例采取了谨慎表述。

三、第九批指导性案例涉及的相关法律问题

第九批指导性案例包括李丙龙破坏计算机信息系统案等六件案例，明确了域名劫持等网络违法犯罪行为的法律定性。依据最高人民检察院《关于案例指导工作的规定》第3条的规定："人民检察院参照指导性案例办理案件，可以引述相关指导性案例作为释法说理根据。"对于最高人民检察院发布的指导性案例，各级人民检察院在办理类似案件时要参照适用。

（一）李丙龙破坏计算机信息系统案

被告人李丙龙，男，1991年8月生，个体工商户。被告人李丙龙为牟取非法利益，预谋以修改大型互联网网站域名解析指向的方法，劫持互联网流量访问相关赌博网站，获取境外赌博网站广告推广流量提成。2014年10月20日，李丙龙冒充某知名网站工作人员，采取伪造该网站公司营业执照等方式，骗取该网站注册服务提供商信任，获取网站域名解析服务管理权限。10月21日，李丙龙通过其在域名解析服务网站平台注册的账号，利用该平台相关功能自动生成了该知名网站二级子域名部分 DNS（域名系统）解析列表，修改该网站子域名的 IP 指向，使其连接至自己租用境外虚拟服务器建立的赌博网站广告发布页面。当日19时许，李丙龙对该网站域名解析服务器指向的修改生效，致使该网站不能正常运行。23时许，该知名网站经技术排查恢复了网站正常运行。11月25日，李丙龙被公安机关抓获。至案发时，李丙龙未及获利。经司法鉴定，该知名网站共有559万有效用户，其中邮箱系统有36万有效用户。按日均电脑客户端访问量计算，10月7日至10月20日邮箱系统日均访问量达12.3万次。李丙龙的行为造成该知名网站10月21日19时至23

时长达四小时左右无法正常发挥其服务功能,案发当日仅邮件系统电脑客户端访问量就从12.3万次减少至4.43万次。本案由上海市徐汇区人民检察院于2015年4月9日以被告人李丙龙犯破坏计算机信息系统罪向上海市徐汇区人民法院提起公诉。11月4日,徐汇区人民法院作出判决,认定李丙龙的行为构成破坏计算机信息系统罪。根据最高人民法院、最高人民检察院《关于办理危害计算机信息系统安全刑事案件应用法律若干问题的解释》第4条规定,李丙龙的行为符合"造成为五万以上用户提供服务的计算机信息系统不能正常运行累计一小时以上""后果特别严重"的情形。结合量刑情节,判处李丙龙有期徒刑5年。一审宣判后,被告人李丙龙提出上诉,经上海市第一中级人民法院终审裁定,维持原判。

该案的起诉和判决,明确了修改域名解析服务器指向,强制用户偏离目标网站或网页进入指定网站或网页,造成计算机信息系统不能正常运行的域名劫持行为,属于破坏计算机信息系统。

通常认为,域名劫持,是指通过DNS劫持、植入插件等手段,强制用户偏离目标网站或网页而进入指定网站或网页的行为。域名劫持是一种针对DNS解析的常见劫持方式。正常情况下,用户在浏览器输入网址,向网络运营商发出一个HTTP请求,后者会通过域名解析,提供网络服务器的IP地址,将用户导向预定的网站或网页。但在域名解析被劫持的情况下,目标域名被恶意解析到其他IP地址,用户被迫进入其他网站或网页,因而无法正常上网。

李丙龙一案中,被告人李丙龙为牟取非法利益,以修改大型互联网网站域名解析指向的方法,劫持互联网流量访问相关赌博网站,获取境外赌博网站广告推广流量提成,导致某知名网站不能正常运行,访问量锐减。这种修改域名解析服务器指向,强制用户偏离目标网站或网页进入指定网站或网页,是典型的域名劫持行为。行为人使用恶意代码修改目标网站域名解析服务器,目标网站域名被恶意解析到其他IP地址,无法正常发挥网站服务功能,这种行为实质是对计算机信息系统功能的修改、干扰,符合《刑法》第286条第1款"对计算机信息系统功能进行删除、修改、增加、干扰"的规定,应以破坏计算机信息系统罪论处。

该案中,对于域名劫持用户数的认定问题,是一个争议较大的问题,检察院起诉及法院判决时,是根据独立IP用户来计算用户数量,但在论证过程中,有专家提出,根据独立IP用户来计算用户数量,不太符合现实,也不太符合技术实际。经综合考虑,对独立用户数的认定,指导性案例采取了较为概括谨慎的表述,指出:"认定遭受破坏的计算机信息系统服务用户数,可以根据计算机信息系统的功能和使用特点,结合网站注册用户、浏览用户等具体情况,作出客观判断。"

(二) 李骏杰等破坏计算机信息系统案

被告人李骏杰，男，1985年7月生，原系浙江杭州某网络公司员工。2011年5月至2012年12月，被告人李骏杰在工作单位及自己家中，单独或伙同他人通过聊天软件联系需要修改中差评的某购物网站卖家，并从被告人黄福权（男，1987年9月生，务工）等处购买发表中差评的该购物网站买家信息300余条。李骏杰冒用买家身份，骗取客服审核通过后重置账号密码，登录该购物网站内部评价系统，删改买家的中差评347个，获利9万余元。

经查：被告人胡榕（男，1975年1月生，原系江西省九江市公安局民警）利用职务之便，将获取的公民个人信息分别出售给被告人黄福权、董伟、王凤昭。2012年12月11日，被告人李骏杰被公安机关抓获归案。此后，因涉嫌出售公民个人信息、非法获取公民个人信息，被告人胡榕、黄福权、董伟、王凤昭等人也被公安机关先后抓获。

本案由浙江省杭州市滨江区人民检察院于2014年3月24日以被告人李骏杰犯破坏计算机信息系统罪、被告人胡榕犯出售公民个人信息罪、被告人黄福权等人犯非法获取公民个人信息罪，向浙江省杭州市滨江区人民法院提起公诉。2015年1月12日，杭州市滨江区人民法院作出判决，认定被告人李骏杰的行为构成破坏计算机信息系统罪，判处有期徒刑5年；被告人胡榕的行为构成出售公民个人信息罪，判处有期徒刑10个月，并处罚金人民币2万元；被告人黄福权、董伟、王凤昭的行为构成非法获取公民个人信息罪，分别判处有期徒刑、拘役，并处罚金。一审宣判后，被告人董伟提出上诉。杭州市中级人民法院二审裁定驳回上诉，维持原判。判决已生效。

李骏杰一案的起诉和判决，明确了冒用购物网站买家身份进入网站内部评价系统删改购物评价，属于对计算机信息系统内存储数据进行修改操作，应当认定为破坏计算机信息系统的行为。

购物网站评价系统是对店铺销量、买家评价等多方面因素进行综合计算分值的系统，其内部储存的数据直接影响到搜索流量分配、推荐排名、营销活动报名资格、同类商品在消费者购买比较时的公平性等。买家在购买商品后，根据用户体验对所购商品分别给出好评、中评、差评三种不同评价。所有的评价都是以数据形式存储于买家评价系统之中，成为整个购物网站计算机信息系统整体数据的重要组成部分。

李骏杰一案说明，侵入评价系统删改购物评价，其实质是对计算机信息系统内存储的数据进行删除、修改操作的行为。这种行为危害到计算机信息系统数据采集和流量分配体系运行，使网站注册商户及其商品、服务的搜索受到影响，导致网站商品、服务评价功能无法正常运作，侵害了购物网站所属公司的信息系统安全和消费者的知情权。

同时，该案中，被告人李骏杰冒用买家身份，骗取客服审核通过后重置账号密码，登录该购物网站内部评价系统，删改买家的中差评347个，获利9万余元。根据最高人民法院、最高人民检察院《关于办理危害计算机信息系统安全刑事案件应用法律若干问题的解释》第4条："破坏计算机信息系统功能、数据或者应用程序，具有下列情形之一的，应当认定为刑法第二百八十六条第一款和第二款规定的'后果严重'：……（三）违法所得五千元以上或者造成经济损失一万元以上的；……"及"实施前款规定行为，具有下列情形之一的，应当认定为破坏计算机信息系统'后果特别严重'（一）数量或者数额达到前款第（一）项至第（三）项规定标准五倍以上的；"的规定，属于构成破坏计算机信息系统罪，属于"后果特别严重"的情形，应当依法判处五年以上有期徒刑。

（三）曾兴亮、王玉生破坏计算机信息系统案

被告人曾兴亮，男，1997年8月生，农民。被告人王玉生，男，1992年2月生，农民。2016年10月至11月，被告人曾兴亮与王玉生结伙或者单独使用聊天社交软件，冒充年轻女性与被害人聊天，谎称自己的苹果手机因故障无法登录"iCloud"（云存储），请被害人代为登录，诱骗被害人先注销其苹果手机上原有的ID，再使用被告人提供的ID及密码登录。随后，曾兴亮、王玉生二人立即在电脑上使用新的ID及密码登录苹果官方网站，利用苹果手机相关功能将被害人的手机设置修改，并使用"密码保护问题"修改该ID的密码，从而远程锁定被害人的苹果手机。曾兴亮、王玉生二人再在其个人电脑上，用网络聊天软件与被害人联系，以解锁为条件索要钱财。采用这种方式，曾兴亮单独或合伙作案共21起，涉及苹果手机22部，锁定苹果手机21部，索得人民币合计7290元；王玉生参与作案12起，涉及苹果手机12部，锁定苹果手机11部，索得人民币合计4750元。2016年11月24日，二人被公安机关抓获。本案由江苏省海安县人民检察院于2016年12月23日以被告人曾兴亮、王玉生犯破坏计算机信息系统罪向海安县人民法院提起公诉。2017年1月20日，海安县人民法院作出判决，认定被告人曾兴亮、王玉生的行为构成破坏计算机信息系统罪，分别判处有期徒刑1年3个月、有期徒刑6个月。一审宣判后，二被告人未上诉，判决已生效。

曾兴亮、王玉生破坏计算机信息系统案明确了智能手机终端应当认定为刑法保护的计算机信息系统，锁定智能手机导致不能使用的行为，可认定为破坏计算机信息系统的行为；同时，也明确了行为人采用非法手段锁定手机后以解

锁为条件索要钱财,在数额较大或多次敲诈的情况下,其目的行为又构成敲诈勒索罪,应当作为牵连犯从一重罪处断,以重罪即破坏计算机信息系统罪论处。

计算机信息系统包括计算机、网络设备、通信设备、自动化控制设备等。智能手机和计算机一样,使用独立的操作系统、独立的运行空间,可以由用户自行安装软件等程序,并可以通过移动通讯网络实现无线网络接入,应当认定为刑法上的"计算机信息系统"。

行为人通过修改被害人手机的登录密码,远程锁定被害人的智能手机设备,使之成为无法开机的"僵尸机",属于对计算机信息系统功能进行修改、干扰的行为。造成10台以上智能手机系统不能正常运行,符合《刑法》第286条破坏计算机信息系统罪构成要件中"对计算机信息系统功能进行修改、干扰""后果严重"的情形,构成破坏计算机信息系统罪。行为人采用非法手段锁定手机后以解锁为条件,索要钱财,在数额较大或多次敲诈的情况下,其目的行为又构成敲诈勒索罪。在这类犯罪案件中,手段行为构成的破坏计算机信息系统罪与目的行为构成的敲诈勒索罪之间成立牵连犯。牵连犯应当从一重罪处断。破坏计算机信息系统罪后果严重的情况下,法定刑为5年以下有期徒刑或者拘役;敲诈勒索罪在数额较大的情况下,法定刑为3年以下有期徒刑、拘役或管制,并处或者单处罚金。本案应以重罪即破坏计算机信息系统罪论处。

(四)卫梦龙、龚旭、薛东东非法获取计算机信息系统数据案

被告人卫梦龙,男,1987年10月生,原系北京某公司经理。被告人龚旭,女,1983年9月生,原系北京某大型网络公司运营规划管理部员工。被告人薛东东,男,1989年12月生,无固定职业。被告人卫梦龙曾于2012年至2014年在北京某大型网络公司工作,被告人龚旭供职于该大型网络公司运营规划管理部,两人原系同事。被告人薛东东系卫梦龙商业合作伙伴。

因工作需要,龚旭拥有登录该大型网络公司内部管理开发系统的账号、密码、Token令牌(计算机身份认证令牌),具有查看工作范围内相关数据信息的权限。但该大型网络公司禁止员工私自在内部管理开发系统查看、下载非工作范围内的电子数据信息。

2016年6月至9月,经事先合谋,龚旭向卫梦龙提供自己所掌握的该大型网络公司内部管理开发系统账号、密码、Token令牌。卫梦龙利用龚旭提供的账号、密码、Token令牌,违反规定多次在异地登录该大型网络公司内部管理开发系统,查询、下载该计算机信息系统中储存的电子数据。后卫梦龙将非法获取的电子数据交由薛东东通过互联网出售牟利,违法所得共计37000元。

本案由北京市海淀区人民检察院于2017年2月9日以被告人卫梦龙、龚旭、薛东东犯非法获取计算机信息系统数据罪,向北京市海淀区人民法院提起公诉。6月6日,北京市海淀区人民法院作出判决,认定被告人卫梦龙、龚旭、薛东东的行为构成非法获取计算机信息系统数据罪,情节特别严重。判处卫梦龙有期徒刑4年,并处罚金人民币4万元;判处龚旭有期徒刑3年9个月,并处罚金人民币4万元;判处薛东东有期徒刑4年,并处罚金人民币4万元。一审宣判后,三被告人未上诉,判决已生效。

该案明确了超出授权范围使用账号、密码登录计算机信息系统属于侵入计算机信息系统的行为;侵入计算机信息系统后下载其储存的数据可以认定为非法获取计算机信息系统数据。

非法获取计算机信息系统数据罪中的"侵入",是指违背被害人意愿、非法进入计算机信息系统的行为。其表现形式既包括采用技术手段破坏系统防护进入计算机信息系统,也包括未取得被害人授权擅自进入计算机信息系统,还包括超出被害人授权范围进入计算机信息系统。

本案中,被告人龚旭将自己因工作需要掌握的本公司账号、密码、Token令牌等交由卫梦龙登录该公司管理开发系统获取数据,虽不属于通过技术手段侵入计算机信息系统,但内外勾结擅自登录公司内部管理开发系统下载数据,明显超出正常授权范围。超出授权范围使用账号、密码、Token令牌登录系统,也属于侵入计算机信息系统的行为。行为人违反《计算机信息系统安全保护条例》第7条、《计算机信息网络国际联网安全保护管理办法》第6条第一项等国家规定,实施了非法侵入并下载获取计算机信息系统中存储的数据的行为,构成非法获取计算机信息系统数据罪。按照2011年最高人民法院、最高人民检察院《关于办理危害计算机信息系统安全刑事案件应用法律若干问题的解释》规定,构成犯罪,违法所得2万5千元以上,应当认定为"情节特别严重",处3年以上7年以下有期徒刑,并处罚金。

(五)张四毛盗窃案

被告人张四毛,男,1989年7月生,无业。2009年5月,被害人陈某在大连市西岗区登录网络域名注册网站,以人民币11.85万元竞拍取得"www.8.cc"域名,并交由域名维护公司维护。

被告人张四毛预谋窃取陈某拥有的域名"www.8.cc",其先利用技术手段破解该域名所绑定的邮箱密码,后将该网络域名转移绑定到自己的邮箱上。2010年8月6日,张四毛将该域名从原有的维护公司转移到自己在另一网络公司申请的ID上,又于2011年3月16日将该网络域名再次转移到张四毛冒用"龙嫦"身份申请的ID上,并更换绑定邮箱。2011年6月,张四毛在网上域名交易平台将网络域名"www.8.cc"以人民币12.5万元出售给李某。2015年9月29日,张四毛被公安机关抓获。

本案由辽宁省大连市西岗区人民检察院于2016年3月22日以被告人张四毛犯盗窃罪向大连市西岗区人民法院提起公诉。2016年5月5日,大连市西岗区人民法院作出判决,认定被告人张四毛的行为构成盗窃罪,判处有期徒刑4年7个月,并处罚金人民币5万元。一审宣判后,当事人未上诉,判决已生效。

该案指导意义在于明确了网络域名具备法律意义上的财产属性,盗窃网络域名可以认定为盗窃行为。网络域名是网络用户进入门户网站的一种便捷途径,是吸引网络用户进入其网站的窗口。网络域名注册人注册了某域名后,该域名将不能再被其他人申请注册并使用,因此网络域名具有专属性和唯一性。网络域名属稀缺资源,其所有人可以对域名行使出售、变更、注销、抛弃等处分权利。网络域名具有市场交换价值,所有人可以以货币形式进行交易。通过合法途径获得的网络域名,其注册人利益受法律承认和保护。本案中,行为人利用技术手段,通过变更网络域名绑定邮箱及注册ID,实现了对域名的非法占有,并使原所有人丧失了对网络域名的合法占有和控制,其目的是为了非法获取网络域名的财产价值,其行为给网络域名的所有人带来直接的经济损失。该行为符合以非法占有为目的窃取他人财产利益的盗窃罪本质属性,应以盗窃罪论处。对于网络域名的价值,当前可综合考虑网络域名的购入价、销赃价、域名升值潜力、市场热度等综合认定。值得注意的是,当前理论界和实务界对网络虚拟财产的法律性质还有不同看法。张四毛案明确了域名的财产属性,我们认为,网络域名不能等同视为网络空间游戏装备、游戏币之类的虚拟财产。可以认为,网络域名是一种类似知识产权的新型民事权利,明确域名的财产属性,并不意味着对网络空间游戏装备、游戏币之类的虚拟财产法律性质的确定,而是仅仅明确域名的性质。当前,涉及网络域名的犯罪较为常见多发,且呈上升趋势,明确网络域名的财产属性,对实践具有较大的指导意义。至于网络空间游戏装备、游戏币之类的虚拟财产的法律性质,第九批指导性案例暂不涉及。

(六)董亮等四人诈骗案

被告人董亮,男,1981年9月生,无固定职业。被告人谈申贤,男,1984年7月生,无固定职业。被告人高炯,男,1974年12月生,无固定职业。被告人宋瑞华,女,1977年4月生,原系上海杨浦火车站员工。

2015年,某网约车平台注册登记司机董亮、谈申贤、高炯、宋瑞华,分别用购买、租赁未实名登记的手机号注册网约车乘客端,并在乘客端账户内预充打车费一二十元。随后，他们各自虚构用车订单，并用本人或其实际控制的其他司机端账户接单，发起较短距离用车需求，后又故意变更目的地延长乘车距离，致使应付车费大幅提高。由于乘客端账户预存打车费较少，无法支付全额车费。网约车公司为提升市场占有率，按照内部规定，在这种情况下由公司垫付车费，同样给予司机承接订单的补贴。四被告人采用这一手段，分别非法获取网约车公司垫付车费及公司给予司机承接订单的补贴。董亮获取40664.94元，谈申贤获取14211.99元，高炯获取38943.01元，宋瑞华获取6627.43元。

本案由上海市普陀区人民检察院于2016年4月1日以被告人董亮、谈申贤、高炯、宋瑞华犯诈骗罪向上海市普陀区人民法院提起公诉。2016年4月18日，上海市普陀区人民法院作出判决，认定被告人董亮、谈申贤、高炯、宋瑞华的行为构成诈骗罪，综合考虑四被告人到案后能如实供述自己的罪行，依法可从轻处罚，四被告人家属均已代为全额退赔赃款，可酌情从轻处罚，分别判处被告人董亮有期徒刑1年，并处罚金人民币1千元；被告人谈申贤有期徒刑10个月，并处罚金人民币1千元；被告人高炯有期徒刑1年，并处罚金人民币1千元；被告人宋瑞华有期徒刑8个月，并处罚金人民币1千元；四被告人所得赃款依法发还被害单位。一审宣判后，四被告人未上诉，判决已生效。

当前，网络约车、网络订餐等互联网经济新形态发展迅速。一些互联网公司为抢占市场，以提供订单补贴的形式吸引客户参与。某些不法分子采取违法手段，骗取互联网公司给予的补贴，数额较大的，可以构成诈骗罪。在网络约车中，行为人以非法占有为目的，通过网约车平台与网约车公司进行交流，发出虚构的用车需求，使网约车公司误认为是符合公司补贴规则的订单，基于错误认识，给予行为人垫付车费及订单补贴的行为，符合诈骗罪的本质特征，是一种新型诈骗罪的表现形式。该案明确了以牟利为目的，采用自我交易方式，虚构提供服务事实，骗取互联网公司垫付费用及订单补贴数额较大的行为应认定为诈骗罪。

三、【背景材料】

检察机关依法惩治计算机网络犯罪情况

当今社会已经进入互联网时代，以移动互联网、大数据、云计算和人工智能为代表的现代科技在给生产生活带来便利的同时，也给社会治理带来许多新问题。其中，计算机网络犯罪高发，危害信息安全，侵犯公众权益，引起社会高度关注。每年全国两会期间，都有不少全国人大代表、全国政协委员建议检察机关进一步加大对计算机网络犯罪的打击力度，切实维护网络信息安全，保障人民群众合法权益。全国检察机关积极顺应法治建设新要求和人民群众新期待，立足法律监督职责，充分履行检察职能，依法惩治各类计算机网络犯罪。

一、检察机关打击计算机网络犯罪的主要措施和成效

（一）明确惩治重点，依法办理案件

一是明确惩治重点，加大打击力度。面对日趋严峻的计算机网络犯罪形势，全国检察机关侦查监督、公诉等部门通过介入侦查引导取证，指派业务骨干加强批捕、起诉、出庭公诉等，重点打击电信网络诈骗，出售、非法提供、非法获取公民个人信息，非法生产、销售、使用"伪基站""黑广播"、手机恶意程序等违法犯罪活动。最高人民检察院与公安部联合挂牌督办两批典型计算机网络犯罪重点案件。特别是对社会广泛关注的"徐玉玉被电信诈骗案"、北京"4·13"特大电信网络诈骗等涉案人员多、作案地域广、证据收集固定难度大的案件，最高人民检察院多次派员赴当地就事实认定、证据收集完善固定、法律适用等问题提出指导意见，保证了案件顺利办理。

二是针对新型犯罪，开展专项行动。2017年3月，最高人民检察院联合公安部共同开展打击整治黑客攻击破坏和利用网络侵犯公民个人信息犯罪专项行动。最高人民检察院专门下发通知提出明确工作要求，重点打击利用黑客技术入侵政府、军事、科研院所等重要领域网络，窃取国家秘密或商业秘密，损害国家安全和商业利益的犯罪。对利用境外网络资源对境内网络设施开展攻击破坏、入侵活动，买卖木马病毒网络程序等黑客犯罪工具，实施网络控制、盗窃、诈骗的犯罪严惩不贷。

三是针对涉互联网金融犯罪，加大打击力度。各地检察机关依法批捕、起诉了一批利用互联网实施的非法吸收公众存款、集资诈骗等犯罪案件。实践中，各级检察机关积极主动作为，发挥诉前主导作用，及时介入侦查，依法引

导取证,完善证据体系,认真把好案件事实关、证据关、程序关和法律适用关,依法从快批捕、起诉,会同法院从快审判,确保办案质量。最高人民检察院高度重视"e租宝""昆明泛亚"等具有全国性影响的重大案件的办理,及时收集梳理各地检察机关在办案中遇到的疑难复杂问题,加强对下业务指导。

(二) 建立健全专业化办案部门和办案组织,提高惩防计算机网络犯罪专业化水平

为加强对计算机网络犯罪案件办理工作的组织领导,2017年9月,最高人民检察院公诉厅专门成立计算机网络犯罪案件主任检察官办案组,承办和指导办理涉及网络安全犯罪案件以及利用网络实施的相关犯罪等案件。地方各级检察机关优化办案资源配置,有的设立专门的计算机网络犯罪办案机构,有的单独设置计算机网络犯罪案件主任检察官办案组,提升办案人员专业化水平,不断提高计算机网络犯罪案件的办理质量。如北京市检察机关成立5个计算机网络犯罪办案部门,北京市东城区人民检察院设立网络和电信犯罪检察部,海淀区人民检察院设立科技犯罪检察部,专司计算机网络犯罪案件的办理。

(三) 制定司法解释和指导意见,明确法律适用标准

近年来,最高人民检察院密切关注新型计算机网络犯罪在案件定性、证据采信适用等方面存在的新情况新问题,不断总结经验,加强对下指导,解决计算机网络犯罪法律适用难题。2016年12月20日,最高人民检察院联合最高人民法院、公安部颁布《关于办理电信网络诈骗等刑事案件适用法律若干问题的意见》,对电信网络诈骗犯罪的定罪量刑、关联犯罪的定罪量刑、电信网络诈骗共同犯罪和主观故意的认定、电信网络诈骗案件的管辖、涉案财物的处理、调查取证和证据认定等作了详细规定,进一步明确了法律标准,统一了司法尺度。2017年5月8日,最高人民检察院联合最高人民法院颁布《关于办理侵犯公民个人信息刑事案件适用法律若干问题的解释》,针对通过信息网络发布公民个人信息的行为,设立用于实施非法获取、出售或者提供公民个人信息违法犯罪活动的网站、通讯群组的行为,网络服务提供者拒不履行信息网络安全管理义务的行为进一步明确了认定标准。2017年6月,最高人民检察院下发《关于办理涉互联网金融犯罪案件有关问题座谈会纪要》,为各地检察机关公诉部门办理涉互联网金融犯罪案件提供指导。

(四) 健全工作机制,形成惩防合力

在内部,检察机关公诉部门与侦查监督部门加强联系,强化捕诉衔接,形成打击计算机网络犯罪合力。在外部,检察机关加强与公安机关、人民法院的工作衔接,落实案情通报、案件会商、联席会议等工作机制,准确掌握本地区

计算机网络犯罪的现状和态势，开展类案分析研判，及时研究解决办案中的重点、难点问题，避免因沟通不畅、意见分歧影响打击力度和成效。各地检察机关在打击计算机网络犯罪中，还针对办理相关案件的证据和定性等普遍性问题，与公安机关、人民法院召开联席会议进行沟通，统一认识。探索完善检察机关介入侦查引导取证机制。试行专家辅助办案机制，组建由网络技术人员、司法会计、互联网企业技术专家等组成的专家辅助人团队，辅助检察机关办案。同时，检察机关始终高度重视加强与相关职能部门的联系，加强计算机网络犯罪的源头治理、系统治理、综合治理。例如，加强与电信网络金融服务商联系，通过办案督促监管部门严格监督落实电信网络金融服务实名制。加强与网络服务商的协作，督促电信网络金融等数据掌握者积极履行责任配合司法机关调查取证，加强法治宣传，增强公民防范计算机网络犯罪意识。

从几类典型计算机网络犯罪情况来看，2016年以来，全国检察机关适用涉嫌非法侵入计算机信息系统罪等《刑法》第285至287条7个涉及计算机犯罪罪名向人民法院提起公诉727件1568人，其中，2017年1至9月提起公诉334件710人，同比分别上升82.5%和80.7%；对网络电信侵财犯罪案件提起公诉15671件41169人，其中2017年1至9月提起公诉8257件22268人，同比分别上升88.6%和118.6%。

二、计算机网络犯罪的发案形势和典型特征

从检察机关查处打击计算机网络犯罪情况来看，当前，计算机网络犯罪呈现以下发案特点和趋势：

第一，犯罪主体日趋年轻化、专业化。相比传统犯罪，作为智能型犯罪的计算机网络犯罪主体一般文化程度较高，具有一定的计算机技术和网络知识，钻社会监管空子的能力较强。

第二，犯罪形式日趋隐蔽。网络空间具有高度的虚拟性，这为犯罪分子利用网络进行犯罪提供了便捷；此外，计算机网络犯罪作案时间的瞬时性、空间的不确定性、行为与后果的可分离性也决定了该类犯罪具有极强的隐蔽性。

第三，犯罪手段日趋多样且多变。与传统犯罪相比，计算机网络犯罪手段多样复杂，既有攻击计算机信息系统的犯罪，也有利用计算机网络进行的传统犯罪。前者包括利用网络侵入计算机系统非法获取信息、修改密码、黑客攻击银行账户等；后者如利用网络实施盗窃、诈骗、开设赌场、非法经营等。计算机网络犯罪类型不断变化，犯罪手段迅速翻新。网络攻击、网络诈骗、网络色情、网络赌博、网络制假贩假等高发多发；网络侵犯公民个人信息、网络制造传播谣言、网络敲诈勒索、网络恐怖主义、网络制毒贩毒持续上升。

第四，犯罪活动日趋组织化、集团化。互联网技术的发展，使信息传播更

加快捷，也使犯罪的组织策划更为便利。计算机网络犯罪的形式出现组织化、集团化现象，特别是网络诈骗、网络赌博犯罪中，犯罪分子通过网络信息互相交流犯罪方法和手段，分工协作，密切配合，形成了严密的犯罪群体。

第五，犯罪后果日趋严重。由于网络已经广泛应用于社会的各个领域，社会各行各业对计算机网络的依赖程度日益增加，网络传播信息覆盖面广、速度快，导致计算机网络犯罪性质日益恶劣，损失日益严重，影响范围日益广泛，影响后果日益显著。

办案检察官分析认为，今后相当一段时期，计算机网络犯罪总量将会呈现持续上升态势，跨国性计算机网络犯罪也将不断增多。同时，利用移动智能终端实施的犯罪、互联网金融发展引发的犯罪、侵犯公民个人隐私和信息的犯罪将持续高发，一些传统犯罪也会利用计算机网络技术不断升级。可以说，我们当前面临的现实安全威胁很大程度上来自网络空间，网络安全的复杂性、影响力已远远超过传统安全，值得社会各界高度重视。

三、下一步工作打算

下一步，全国检察机关将加强对网络治理领域重点难点问题的研究，依法加大惩治计算机犯罪力度，努力维护国家和个人信息安全，推动互联网治理法治化常态化。

一是深入研究计算机网络犯罪的新特点，提高惩治计算机网络犯罪针对性。进一步统一执法思想，坚决惩治各类非法侵入和破坏计算机网络的犯罪，以及利用网络实施的暴力恐怖、制毒贩毒、敲诈勒索、诈骗、赌博、制造传播谣言、传播淫秽信息、窃取公民个人信息、侵犯个人隐私、侵犯知识产权等犯罪，依法严厉打击涉互联网金融犯罪，严防互联网金融风险，切实维护国家网络空间主权、安全和发展利益，切实保护公民、法人和其他组织的合法权益，促进经济社会信息化健康发展。

二是研究制定证据指引，提高办案指导和法律适用的实效性。最高人民检察院将积极开展专题调研，对计算机网络犯罪的定性、定罪标准、共同犯罪、法律适用、证据收集特别是电子证据的认定等重点难点问题和实践中不断出现的新情况、新问题开展深层次研究。加强对下指导，及时对典型案件进行剖析，研究制定计算机网络犯罪案件证据指引，并积极会同最高人民法院、公安部等共同制定司法解释或规范性文件。加大培训力度，培养一批办案能手，全面提升计算机网络犯罪案件办理工作的能力和水平。

三是积极参与网络社会治理，提高防控计算机网络犯罪的治理能力和治理水平。各级检察机关将继续强化源头治理和综合治理意识，推动执法司法机关与金融、电信以及互联网企业合作，加大对计算机网络犯罪产业链打击力度，结合执法司法机关办理的各类网络案件，分析网络管理的薄弱环节和突出问题，及时向有关部门提出加强管理、建章立制的建议，促进提高互联网治理法治化水平。

四是加强国际司法协助，建立健全情报共享和交流培训机制，提高惩治计算机网络犯罪的国际化水平。最高人民检察院将积极努力与各国检察机关一起协商解决计算机网络犯罪刑事管辖权冲突等问题，在抓捕、引渡、遣返计算机网络犯罪嫌疑人和调取、移交证据方面加强合作。建立健全情报共享机制，定期通报各国打击计算机网络犯罪遇到的新情况、新问题，并通过交流访问、联合举办国际研讨会、培训班等形式，共同研究解决司法实践中的困难和问题，在国际社会形成打击计算机网络犯罪的合力。同时，尽可能地通过各种方式，及时追回赃款赃物并做好返还工作，最大限度弥补被害人损失。

检察机关惩治网络犯罪典型问题问与答

问题一：请结合第九批指导性案例谈谈当前计算机网络犯罪包括哪些类型？

答：计算机网络犯罪按照侵犯法益的不同可以分为两类。

一类是侵犯计算机信息安全的犯罪，即破坏信息安全保密性、完整性和可用性的新型犯罪。主要包括非法侵入计算机信息系统罪，即违反国家规定，侵入国家事务、国防建设、尖端科学技术领域的计算机信息系统的犯罪。非法获取计算机信息系统数据罪未经用户授权或超越合法使用权限，利用计算机终端，突破或者绕过计算机信息系统的安全防卫屏障，获取计算机信息系统中存储、处理或者传输的数据的行为。例如，第九批指导性案例中的卫梦龙等实施的超出被害人授权范围进入计算机信息系统并获取某大型网络公司数据信息，就是这种犯罪的表现形式。破坏计算机信息系统罪，即利用信息技术手段对计算机信息系统的功能、数据、程序和服务进行增加、删除、修改、干扰，造成系统不能正常运行或数据损失的行为。例如，第九批指导性案例中的李丙龙破坏计算机信息系统案，被告人李丙龙为牟取非法利益，以修改大型互联网网站域名解析指向的方法，劫持互联网流量访问相关赌博网站，获取境外赌博网站广告推广流量提成，就是典型的对计算机信息系统的破坏。此外，刑法规定的计算机犯罪还有提供侵入、非法控制计算机信息系统的程序、工具罪，拒不履行信息网络安全管理义务罪，非法利用信息网络罪，帮助信息网络犯罪活动罪一共七个罪名。

另一类是以传统的人身、财产等权利为目的的计算机犯罪，即利用网络或信息技术实施的传统犯罪。这犯罪在计算机和网络技术出现以前就已存在，刑法中也有相应的罪名，但当计算机和网络技术出现后，犯罪分子利用信息技术和网络，实施了更加隐蔽、快速，危险性和危害后果更大的犯罪活动。例如，利用计算机或网络实施盗窃犯罪。第九批指导性案例中的张四毛盗窃案，盗窃网络域名本质上也是一种盗窃犯罪，只是犯罪对象具有特殊性。网络诈骗也是实践中高发的犯罪，网络诈骗是指以非法占有为目的，利用互联网采用虚构事实或者隐瞒真相的方法，骗取数额较大的公私财物的行为。网络诈骗本质上还是一种诈骗行为，第九批指导性案例中的董亮等四人诈骗案，就是利用网络手段实施骗取网络公司垫付车费和补贴的行为，是一种新型诈骗犯罪的表现形式。对这类犯罪，《刑法》第 287 条规定："利用计算机实施金融诈骗、盗窃、贪污、挪用公款、窃取国家秘密或者其他犯罪的，依照本法有关规定定罪处罚。"应当以相应的传统罪名进行定罪处罚。

问题二：最高人民检察院发布的第九批指导性案例具有哪些特点？

答：最高人民检察院围绕计算机网络犯罪主题发布第九批指导性案例，旨在明确几类计算机网络犯罪罪与非罪的界限，彰显遏制计算机网络犯罪高发态势的鲜明态度，推动打击计算机网络犯罪力度，不断增强检察人员的法律适用能力。该批指导性案例具有以下几个方面鲜明特征。

一是聚焦犯罪中常见多发亟须解决的问题。近年来，犯罪逐渐成为常见多发犯罪形态。一些犯罪如何定性亟须统一认识。第九批指导性案例制发过程中，我们听取各方面意见建议后，选取了犯罪中常见的，具有典型性和代表性的犯罪，以指导性案例的形式予以。如随着电商经济的发展，有关删改网络购物评价的行为有多发态势。这种行为直接破坏网上公平交易，妨害购物网站数据管理，易造成人民群众财产损失。对于这种情况，我们选取李骏杰破坏计算机信息系统案为指导性案例，明确此类行为在后果严重的情况下，应以破坏计算机信息系统罪论处。

二是着眼服务保障"互联网+"经济发展。近年来，针对"互联网+"经济发展新业态的犯罪不断滋生，成为制约影响新兴企业发展的重大隐患。为体现检察机关对经济发展新业态的保障，我们选取了董亮等四人诈骗案等案例，明确表明检察机关斩断伸向新兴互联网企业黑手的坚决态度。

三是注重明确相关法律和司法解释精神。计算机犯罪手法、形态变化极快。为明确法律及司法解释的精神，我们选取了曾兴亮、王玉生破坏计算机信息系统案，明确法律中的"计算机信息系统"，包括智能手机操作系统。选取了卫梦龙等非法获取计算机信息系统数据案，明确了《刑法》第 285 条非法获取计算机信息系统数据罪中的"侵入"，包括超出授权范围进入计算机信息系统的行为。

四是坚持凝聚共识审慎稳妥的原则。计算机犯罪中，新问题很多，其中一些问题，实务界和理论界还存在较大争论。第九批指导性案例制发过程中，我们坚持充分调研，多方论证，广泛听取意见建议。在研究备选案例时，注意收集其他类似案例，对起诉判决情况反复研究，寻求共识。对一些能够获得广泛认可的问题，以指导性案例的形式予以明确。对争议较大尚未取得共识的问题，暂不涉及。例如，第九批指导性案例通过张四毛盗窃一案，明确了域名具有财产属性，盗窃域名可构成盗窃罪。但对于游戏币，游戏中的武器装备等虚拟财产，目前争议还较大，指导性案例暂时未涉及这一问题。

问题三：当前检察机关打击查办计算机网络犯罪案件的难点是什么？如何解决？

答：与传统的刑事犯罪相比，网络犯罪具有主体的智能性、行为的隐蔽性、手段的多样性、传播的广域性等突出特点。与这些特点紧密相连，检察机关惩治计算机网络犯罪方面遇到的难点主要有：一是取证和证明难。网络空间看不见，摸不着，所有行为通过数字化的形式完成，没有目击证人，网络犯罪证据多以电子数据为主要形态，侦查取证主要依赖技术手段完成；网络犯罪往往带有跨地域、跨领域整合信息和资源以用于犯罪的特点，非法网站多将物理地址设在国外，完全查清网络犯罪的全部链条存在困难，相应地这也给指控证实犯罪带来很多难题。二是法律适用难。网络犯罪是新型犯罪，伴随着信息网络技术的进步，犯罪分子也不断变换犯罪手段和方法，这给案件处理带来很多困难，其中既有案件管辖等方面的难题，也有罪与非罪、此罪与彼罪、一罪与数罪等定性方面的难题，因此也容易产生认识分歧。三是专业人才匮乏。网络犯罪的取证、鉴定、定性等都需要很强的专业知识，检察机关办理此类案件需要大量专业人才。但从目前的实际情况看，检察机关网络技术人才十分缺乏，既精通法律业务又熟悉网络技术的复合型检察人才更是匮乏，队伍状况还不能适应打击此类犯罪的形势需要。

为解决这些难题，我们已经采取和正在采取一些行之有效的措施。比如，针对网络犯罪取证难的问题，近年来高检院根据计算机网络犯罪特点，总结办理典型案件的成功经验，出台了审查逮捕和审查起诉证据指引，为一线办案人员收集和审查证据提供参考；又比如，针对专业人才匮乏的问题，加大教育培训力度，培养专门人才，建立专业化办案组织；同时注重利用外脑，办理专业性较强的计算机网络犯罪案件时，聘请计算机网络专家对专门性技术问题进行鉴定、提供技术咨询，邀请他们作为有专门知识的人为公诉人出庭提供技术辅助，均取得了比较好的效果。

问题四：从办案情况看，近年来电信诈骗呈现怎样的犯罪特点？电信诈骗有哪些危害？

答：从审查逮捕情况看，近年来的电信诈骗犯罪呈现以下特点：

一是利用高科技手段作案，隐蔽性强。在互联网金融快速发展和互联网、手机、电话、电视"四网融合"背景下，犯罪分子利用电信网络技术，通过改号软件伪装电话号码，或通过计算机程序批量发送诈骗短信、语音包和木马程序，借助电子银行系统快速转移赃款，实施远程、非接触、点对面、撒网式诈骗，犯罪手段隐蔽，过程不留痕，侦破难度大。

二是非接触式犯罪特点明显，跨国跨境作案突出。犯罪分子借助现代通讯工具、网上银行、手机银行等科技手段，人在境外，专门针对中国人实施诈骗，跨区域的犯罪，甚至境内外勾结连锁作案、转移赃款。如"9·28"专案，拨打诈骗电话的窝点建到了印尼、菲律宾、越南、泰国及我国大陆和台湾地区6地；提供任意改号、群呼群拨服务的诈骗平台（服务器）设在美国；地下钱庄头目在我国台湾地区指挥，马仔则在我国福建、广东、江西、湖南、安徽等地取款。

三是通过非法获取公民个人信息实施精准诈骗。随着云计算和大数据技术的发展运用，犯罪分子通过网络大肆非法获取公民个人信息，逐渐从撒网式、地毯式向量体式、订单式诈骗发展。除姓名、身份证号码、手机号码、家庭地址等传统静态信息外，手机定位记录、通话记录、开房记录、车辆运行轨迹等动态信息越来越多被用于犯罪。犯罪分子通过针对不同群体量体裁衣、步步设套，形成衔接紧密、针对性强的一条龙犯罪模式。如广东佛山戴某某等36人团伙网络诈骗案，犯罪嫌疑人假冒研究院专家教授的身份，向多地患有肝病、糖尿病等疾病患者推销非具治疗性的器械和药物，采取货到付款的方式诈骗钱财。

四是社会危害严重，影响恶劣。犯罪分子结成团伙，精心设计骗局，利用话术针对不特定群众，跨区域乃至跨境大肆实施诈骗活动，被骗公众数量呈几何型增长，涉案金额动辄在数十万乃至上千万元。如贵州都匀"12·29"特大电信诈骗案，都匀经济开发区建设局出纳被台湾诈骗犯罪集团冒充公检法骗走1.17亿元。有的虽然数额不是很大，但是被害人的学费、养老金、治病救命的钱，一旦被骗往往造成致命后果。如山东徐玉玉被电信诈骗致死案。从更深层次看，电信网络诈骗损害了社会公众的安全感。随着电信网络诈骗及其关联犯罪的蔓延，每个人都是潜在的被害人，银行账户、个人信息、生活隐私处于不安全的状态，影响人民群众的安全感。长远来看，削弱社会信任基础，提高市场交易成本，挑战国家治理能力。

问题五：检察机关在打击电信诈骗方面采取了哪些措施？当前还存在哪些困难？将采取哪些应对措施？

答：近年来，检察机关坚持重拳出击，对电信网络诈骗犯罪坚持做到"三个一律"：一律依法快捕快诉；一律组成专班集中办理；对重点整治地区，一律加大源头治理和综合治理的力度。有效遏制了电信网络诈骗犯罪的高发态势，取得了较为明显的成效。

一是坚持依法从快批捕，确保不在检察环节贻误战机。对打击电信网络诈骗犯罪工作，最高人民检察院领导高度重视，先后20多次作出批示指示。2016年5月，高检院专门下发《关于切实做好打击整治电信网络诈骗犯罪有关工作的通知》,要求各级检察机关加大对电信网络诈骗犯罪打击力度,依法快捕快诉,确保打击实效。全国检察机关通过及时启动重大敏感案件快速反应机制,做到及时报告、准确研判、应急反应、专人办理、提前介入、引导取证、及时批捕、快速办理指定管辖,确保了检察环节对电信网络诈骗犯罪的打击力度。

二是加强与公安等部门的协作配合,形成打击合力。高检院与公安部联合召开典型电信网络诈骗案件剖析调研会,通过剖析典型案件,研究明确了电信网络新型违法犯罪的证据认定、法律适用等问题;与公安部联合召开电信网络新型违法犯罪重点整治、突出地区督导会,推动了对突出地区电信网络诈骗犯罪重点整治、重点打击工作的深入开展;与公安部联合挂牌督办两批共62起重大电信网络诈骗案件。此外,检察机关还积极配合公安机关从境外缉捕遣返数百名犯罪嫌疑人,有力震慑了犯罪。

三是针对办案中出现的证据与法律适用问题,加强调研,通过出台司法解释和指导性文件形式确保案件质量。针对电信网络诈骗犯罪电子证据审查难、认定难、适用法律难等普遍存在的问题,最高人民检察院与最高人民法院、公安部等部门加强调研研讨,先后会签下发了《关于办理刑事案件收集提取和审查判断电子数据若干问题的规定》《关于办理电信网络诈骗等刑事案件适用法律若干问题的意见》《关于办理侵犯公民个人信息刑事案件适用法律若干问题的解释》和《关于办理扰乱无线电通讯管理秩序等刑事案件适用法律若干问题的解释》等一系列司法解释和指导性意见,有效解决了实践中存在的证据审查、实体认定、关联犯罪打击、共同犯罪认定等方面的难题,为专项打击工作提供了强有力的法律武器。

四是在依法打击的同时,注重综合治理。积极推动电信网络诈骗犯罪重点(突出)地区整治工作,联合公安机关等部门对专项行动确定的12个电信网络诈骗犯罪重点(突出)地区工作进行督导、部署、检查,整治工作取得了明显成效。

当前打击电信诈骗存在以下困难:一是电子证据审查认定难。犯罪分子运用科技手段的水平在提高,反侦查能力在增强,给公安机关、检察机关证据的收集固定、审查认定工作带来困难。二是案件定性处理困难。新情况、新问题不断出现,公检法办案人员在有些问题上还存在认识分歧。三是办理此类案件的专业人才储备不足。

下一步,检察机关将采取以下措施:一是进一步增强对电信网络诈骗犯罪危害性的认识,坚持依法严厉打击不动摇。特别是通过努力,电信网络诈骗犯罪高发态势得到了有效遏制的形势下绝不能掉以轻心,要保持高压态势,防止反弹。二是坚持以证据为核心，确保办案质量。加强介入侦查引导取证工作，确保侦查取证及时到位，确保办案质量和效率。三是加强协作配合，促进源头治理。加强与公安、法院的协作配合，坚持依法从重从快，实现"快侦查、快提捕、快起诉、快审理"，形成打击防范电信诈骗的司法合力。同时，加强与银行、电信、互联网企业及行业监管部门的沟通联系，从治理上游犯罪入手，阻断公民信息泄露渠道，切断电信网络诈骗犯罪的源头。四是注重大数据收集研判，促进专门人才培养。注重运用大数据收集研判犯罪态势，通过数据采集、整理、分析、发掘、应用，着力解决司法办案中证据收集、审查认定等难题。五是完善跨国跨境司法协作。特别是在跨国跨境协助调查取证、缉捕遣返犯罪嫌疑人、涉案赃款赃物移交、证据转换、司法文书送达、通信与网络证据的转换及互相采信问题等方面细化协作内容，力争形成完善的司法协作模式。

问题六：网络犯罪是新型犯罪，涉及很多疑难复杂的法律适用问题，请问最高人民检察院针对网络犯罪法律适用问题，重点开展哪些工作指导司法办案，应对网络犯罪高发多发的严峻形势？

答：近年来，最高人民检察院高度重视惩治网络犯罪、维护网络安全工作。除了此次制发指导性案例外，还针对司法实践中的新情况、新问题，会同最高人民法院、公安部研究制定司法解释和司法解释性质文件，明确相关网络犯罪的定罪量刑标准，对指导各级司法机关加大办案力度，震慑网络犯罪分子发挥了积极作用。

关于办理侵犯计算机信息安全的犯罪案件，2011年，最高人民检察院会同最高人民法院制定了《关于办理危害计算机信息系统安全刑事案件具体应用法律若干问题的解释》，针对危害计算机信息系统安全刑事犯罪及其单位犯罪、共同犯罪等问题，进一步明确了适用法律依据和具体的定罪量刑标准。

关于办理利用计算机网络实施的其他犯罪案件，2004年、2010年，最高人民检察院先后会同最高人民法院制定了《关于办理利用互联网、移动通讯终端、声讯台制作、复制、出版、贩卖、传播淫秽电子信息刑事案件具体应用法律若干问题的解释（一）、（二）》，2010年，会同最高人民法院、公安部制定了《关于办理网络赌博犯罪案件适用法律若干问题的意见》；2013年会同最高人民法院制定了《关于办理利用信息网络实施诽谤等刑事案件适用法律若干问题的解释》；2016年底，会同最高人民法院、公安部制定了《关于办理电信网络诈骗等刑事案件适用法律若干问题的意见》，对利用互联网实施传播淫秽信息、开设赌场、诽谤、寻衅滋事、敲诈勒索、非法经营等刑事案件适用法律问题作了规定。此外，最高人民检察院会同最高人民法院于2011年制定

《关于办理诈骗刑事案件具体应用法律若干问题的解释》；会同最高人民法院、公安部于 2011 年制定《关于办理侵犯知识产权刑事案件适用法律若干问题的意见》、2014 年制定《关于办理暴力恐怖和宗教极端刑事案件适用法律若干问题的意见》中，对利用互联网实施诈骗、侵犯知识产权、煽动分裂国家等犯罪也作了相应规定。

同时，在办理网络犯罪案件的刑事程序方面，最高人民检察院、最高人民法院、公安部于 2014 年还研究制定了《关于办理网络犯罪案件适用刑事诉讼程序若干问题的意见》，对网络犯罪案件的范围、管辖、初查、跨地域取证等问题作了具体规定。为了解决电子数据取证难、认定难问题，"最高人民检察院、最高人民法院"、公安部于 2016 年联合发布《关于办理刑事案件收集提取和审查判断电子数据若干问题的规定》，对刑事诉讼中电子数据取证和认证规则作出系统规定。

通过近年来的司法解释工作，已经基本形成了符合中国国情、基本满足司法实践需要的网络犯罪司法解释体系，为惩治网络犯罪、维护网络安全提供了有力的法律武器。下一步，最高人民检察院还将继续加大工作力度，创新工作机制，加强对下指导，进一步做好惩治网络犯罪、维护网络安全的相关工作。目前，最高人民检察院会同最高人民法院正在共同研究起草《关于办理网络犯罪案件适用法律若干问题的解释》，将针对《刑法修正案（九）》增设的拒不履行信息网络安全管理义务罪、非法利用信息网络罪、帮助信息网络犯罪活动罪明确定罪量刑标准和有关法律适用问题，目前正在抓紧开展相关工作，力争尽快出台。

问题七：针对网络犯罪的技术性和隐蔽性问题，检察机关如何通过加强智慧检务建设，深化技术手段的办案中的运用，来提升办案效果？

答：网络犯罪属于高科技犯罪。针对网络犯罪的技术性和隐蔽性的问题，近年来，检察机关紧盯前沿科技，加强智慧检务建设，不断推进新兴技术在司法办案特别是在依法惩治计算机网络犯罪方面的应用，以"高科技对抗高科技"，努力实现"魔高一尺道高一丈"的良好效果。前不久，最高人民检察院在江苏苏州召开了全国检察机关智慧检务工作会议，曹建明检察长对智慧检务的重大意义进行了深刻阐述，对深化智慧检务作出了重大部署。智慧检务，是依托大数据、人工智能等现代科技手段，进一步发展检察信息化建设的更高形态；是遵循司法工作规律和检察权运行规律，实现检察工作从科技保障到科技支撑再到科技引领的战略转型。我们在深化技术手段在办案中的运用方面，主要采取了以下措施：

一是建设电子证据实验室、电子数据云平台，以电子证据为突破口破解打击犯罪难题。电子证据是惩治计算机网络犯罪的关键证据。最高人民检察院司法鉴定中心和各地检察机关,相继建立电子证据检验实验室,配置电子数据采集分析、分布式取证、数据恢复、鉴定分析、密码破解以及网络取证等设备;最高人民检察院还构建检察专线网电子数据云平台,实现全国检察机关31家电子数据实验室互联互通,实现远程协同办案,数据资源积累,平台资源共享,有效破解电子证据取证难、审查鉴定难等问题。

二是应用大数据、人工智能等技术,提升办案质量和效率。依托大数据等技术,通过分析海量检察数据,对常见多发和新型疑难计算机网络犯罪案件进行分析,为事实认定、法律适用、辅助量刑、办案决策等提供数据支撑。建立符合计算机网络犯罪特征的数据化证据指引,服务审查判断证据和举证质证,统一证据标准适用和证据审查规范。推动智能辅助办案应用,将法律文书、量刑建议等转化为数据模型或智能平台,实现智能抓取、智能研判、智能生成等,提升办案效率。

三是运用出庭一体化平台,增强出庭指控犯罪效果。计算机网络犯罪流程复杂、证据量庞大。为更加直观形象地在法庭上展示证据,研发和应用新型多媒体示证系统,探索电子卷宗、证据数据化资源整合共享运用,应用视频图像技术、证据智能梳理、证据归集、网络犯罪链路演示等技术,还原网络犯罪流程,增强指控犯罪效果。

四是加强数据资源共享、分析和挖掘,为预防犯罪提供对策建议。积极推动与公安机关、审判机关、行政执法机关等的信息数据对接,深入挖掘司法办案数据,分析计算机网络犯罪发案态势和犯罪规律,有针对性地向党委政府和有关主管机关提出对策建议,服务法治建设和社会治理决策。

问题八:对于公众来说,检察机关有哪些防范此类犯罪的建议?

答:治理计算机网络犯罪,必须坚持"两手抓",一手抓惩治,一手抓防范。针对当前网络犯罪的高发态势,公众有必要做好防范措施。以下分两个方面来谈谈这个问题。一是谈谈如何养成良好的上网和计算机使用习惯,防范网络犯罪;二是谈谈几种常见的网络犯罪防范对策。

养成良好的计算机网络使用习惯

首先,每一个计算机网络使用人要保护好自己的个人信息。当今世界因互联网而更多彩,人们生活因互联网而更丰富。我们在享受互联网科技带来的极大便利的同时,也要增强自我保护和安全意识,不但个人的姓名、身份证号、家庭住址、电话号码、银行卡号等重要信息必须妥善保管,在网络上使用的各类账户、密码也不能随意泄露,以免不法分子有可乘之机。在办理各类卡片、扫描二维码、加入陌生WIFI网络、处理快递信息、纸质机票车票以及其他含有个人信息的资料时,也要多留心,尽量通过加密、涂抹等方式对信息进行"变装"来保护个人信息。

其次,养成良好的计算机网络使用习惯。如定期扫描和检测系统,及时发现系统漏洞,进行升级和修正。严格设置密码,定期更换各类上网账户和密码,提高犯罪分子破解难度;不浏览包含有害信息的网页,不点击来历不明的链接,不下载未经检验的程序和软件,对重要信息和数据要进行加密保护,等等。正确安装防病毒软件,并及时进行升级,更新病毒库,实时监视系统状况,减少和避免木马程序、逻辑炸弹、蠕虫病毒及网络病毒的侵害。

再次,要增强网络风险意识。接到陌生电话、短信、微信、电子邮件,要仔细甄别,遇到可疑情况及时报警。

对几种常见的网络犯罪的防范

对网络诈骗:预防网络诈骗,要注重发挥社会多元主体的力量。老人、孩子等往往是易受骗群体,广大网民要注意关注媒体和司法机关宣传的网络诈骗案例,了解常见的诈骗手法和诈骗趋势,帮助家人增强防骗意识,"升级"防骗技能。网络诈骗多是因被骗者轻信或贪图便宜造成的,天上掉下的"馅饼"很可能就是"陷阱",不要轻信"中大奖""低价购物"等诱惑性信息,需要先汇款的中奖均为陷阱,不要贪便宜盲目汇款。进行网络交易前,对交易网站和交易对方的资质尽可能全面了解,网上流行的低价竞拍中暗藏着更多的欺诈可能性,要保持警惕,如果确定自己在网络交易中被骗,要及时到当地公安机关报案,并出具保存的证据。

对计算病毒感染。网民要随时关注、留意新近出现的病毒的主要特征,提高病毒防范意识,降低病毒感染几率。不要随便浏览陌生网站,高度警惕网页上五花八门的弹出窗口。安装最新的杀毒软件,并及时升级,及时更新漏洞补丁。不要轻易打开陌生的电子邮件附件。从网上下载任何文件后,一定要先扫描杀毒再运行。记得对重要的文件及时备份,以免遭到病毒侵害时不能立即恢复,造成不必要的损失。

对虚拟财产被盗。广大网络游戏爱好者在网络游戏中要慎重对待各种各样的游戏论坛或个人游戏网站上的外挂;建立良好的安全习惯,不打开可疑邮件和可疑网站;一定要及时给系统打补丁,安装专业的防毒软件进行实时监控,平时上网的时候一定要打开防病毒软件的实时监控功能;购买游戏 ID 与装备一定要慎重,避免造成不必要的损失。

问题九:当前打击计算机网络犯罪方面,检察机关有哪些好的立法建议?

互联网管理涉及多个环节和诸多内容,要完善互联网立法必须从网络安全、内容管理、信息保护等方面入手、统筹规定,我们认为当前对打击网络犯罪立法，有以下几个方面需要重点考虑：

一是要通过立法厘清概念。进一步厘清互联网犯罪、计算机信息系统、计算机系统及通信网络、计算机网络或者通信服务等概念的准确内涵。

二是可考虑适当扩大刑法对网络犯罪的保护范围。一些严重危害网络安全的行为目前无法用刑罚制裁。特别是当前我国《刑法》第285条规定的非法侵入计算机信息系统罪，其犯罪对象仅限于"违反国家规定，侵入国家事务、国防事务、尖端科学技术领域的计算机信息系统"，范围过于狭窄。实践中，许多部门建立了自己的网络信息系统，其中有些系统对国家经济建设和社会生活尤为重要，如金融、证券、医疗、电力等系统，一旦它们受到侵害，社会危害性也是也是巨大的，刑法对其保护同样是非常必要的。

三是应当通过立法明确网络犯罪管辖基本原则。互联网犯罪因其具有跨区域性的特点，往往造成管辖权的冲突，管辖权的冲突容易影响案件查办效率、浪费司法资源，有必要明确互联网犯罪管辖权的确定原则。

四是可考虑在互联网犯罪中增设单位犯罪主体。实践中由单位实施的互联网犯罪却并不少见，由于国家实行严格的注册登记制度、许可证制度，网络主体如服务商、信息提供商等都为法人或单位，我国刑法对互联网犯罪的相关罪名只规定了自然人为犯罪主体，对单位的互联网犯罪并无规定，导致实践中对互联网单位犯罪的打击仍然存在法律障碍。同时对单位互联网犯罪，应当适用双罚制。

五是可考虑完善刑罚设置。我国刑法关于互联网犯罪的刑罚以自由刑为主，应考虑加大对网络犯罪财产刑的处罚力度，增设资格刑，对网络从业人员，可考虑实施犯罪后，永久或一定期限内限制或剥夺网络经营资格。

六是刑事诉讼法上，要考虑细化完善电子数据的取证和使用规则。互联网犯罪在犯罪手段、犯罪对象等方面有别于传统犯罪，且具有较强隐密性和技术性，在侦查取证上存在很大的困难，当前刑事诉讼法明确了电子数据证据的法律地位及相关的技术侦查措施，在条件成熟时，应通过立法进一步明确电子数据证据收集和使用规则。

四、【调研报告】

四、【调研报告】

当前电子商务领域犯罪情况调查分析

浙江省杭州市人民检察院课题组*

近年来,浙江网络信息服务和应用创新活跃,电子商务增势迅猛,工业化和信息化深度融合发展,以互联网为核心的信息经济已成为浙江经济的重要增长极,被誉为中国"电子商务之都"的杭州获批成为中国(杭州)跨境电子商务综合试验区。但由于网络的开放性、虚拟性和技术性等特征,电子商务领域在繁荣背后存在一些违法犯罪现象,亟待引起重视。最近,我们对2012至2015年四年来杭州市检察机关办理的涉及阿里巴巴集团公司电子商务领域[①]中发生的犯罪案件基本情况、特点和问题进行分析,提出整治电子商务领域犯罪的对策和建议,着力为加快推进全省互联网健康发展和信息经济创新发展提供有力的法治保障。

一、电子商务犯罪案件基本情况和主要特点

电子商务犯罪,是指在电子商务活动各个环节中所涉及的,危害电子商务活动秩序和安全的犯罪行为。[②] 电子商务犯罪大致可分为两类:一是危害电子商务信息系统安全从而危害电子商务各参与主体利益的犯罪行为,如非法侵入、破坏、控制计算机信息系统等犯罪;二是以电子商务信息系统为犯罪工具实施的破坏电子商务活动秩序的犯罪行为,如销售违禁品、侵权假冒伪劣产品,诈骗、盗窃,非法获取、出售和非法提供公民个人信息,利用网络损害商业信誉、寻衅滋事,商业贿赂等犯罪。2012年1月至2015年12月,杭州市检察机关共受理审查逮捕涉及阿里巴巴公司电子商务领域犯罪案件177件292人,其中2012年为36件67人,2013年为35件61人,2014年为52件76人,2015年为54件88人(2009-2011年仅33件56人),经审查批准逮捕249人,不批准逮捕43人。经分析,该类案件呈现以下特点:

---

* 杭州市人民检察院课题组成员:冯仁强、蒋春尧、高庆盛、李鹏、王甜。

① 阿里巴巴公司系全球最大的网络销售平台之一,本文含阿里巴巴公司旗下的淘宝、天猫、支付宝等及相关物流领域。

② 秦秀春:《现行刑法框架下的电子商务犯罪及其处罚对策》,载《法学论坛》2002年第1期,第52页。

(一) 从犯罪主体看,呈现"一轻一高"

"一轻"是指年轻化,电商领域犯罪案件中,犯罪嫌疑人的年龄主要集中在18岁至40岁之间,有195人,占该类犯罪总人数的97.1%,高于杭州市同年龄段实施犯罪占犯罪总人数81.8%的平均比例。"一高"是指高学历,电商领域犯罪嫌疑人中大学以上文化程度有51人,占24.9%,远高于杭州市同等学历实施犯罪占犯罪总人数1.5%的平均比例。

(二) 从犯罪类型看,突出"四类犯罪"

据统计,主要有售假售禁、侵财、电商员工职务犯罪、入侵电商服务器等四类犯罪,共有269人,占电商领域犯罪总人数的92.1%。一是市场破坏经济秩序类犯罪,主要表现在非法经营假烟、销售假名牌服装等假冒伪劣商品和枪支弹药、剧毒化学品等违禁物品,共有77件122人。二是侵财型犯罪,主要是利用"支付宝"等支付工具实施的盗窃、诈骗犯罪和利用信誉评价系统实施的"职业差评师""职业炒信师""网络发票师"等敲诈勒索案件,共有64件112人。三是阿里巴巴集团公司工作人员职务犯罪案件,主要是非国家工作人员受贿、职务侵占等犯罪,共有11件15人。四是入侵电商服务器类案件,主要表现在利用技术手段侵入阿里巴巴集团公司网络服务器导致系统瘫痪或者窃取网购信息出售牟利的犯罪案件,共有11件20人。

(三) 从涉案领域看,凸显"三个延伸"

一是从交易延伸到物流。从网购流程来看,大部分犯罪集中在交易领域,发生在买卖环节的有206人,发生在支付环节的有58人。电子商务带动了物流行业飞速发展,同时在物流环节也衍生出一些违法犯罪现象,主要表现为快递员泄露客户信息、送货时趁客户不在入户盗窃等犯罪,成为新的安全隐患。二是从国内贸易延伸到对外贸易。比如,一些不法人员在速卖通上,专门"锁定"外国客户,发布虚假低价商品信息,以收款不发货或者发次货假货的方式骗取货款,被害人从国内扩大到国外,严重影响我国对外贸易形象。三是从电脑延伸到手机。随着网络技术的发展、智能手机的普及和电商服务的便捷化,犯罪的平台逐渐从电脑向手机等移动终端蔓延,利用智能手机等移动终端实施犯罪的有70余件,并呈逐年上升趋势。以侵入电商服务器犯罪为例,从一开始的利用"木马"程序方式发展为目前利用手机扫描"二维码"等新型手段实施犯罪。

(四) 从犯罪手段看,体现较强智能性和隐蔽性

如前所述,一方面,电商领域犯罪嫌疑人普遍学历较高,且多具有较高的专业水平,善于利用网络的缺陷和漏洞,运用电脑和网络技术发动攻击,进行

破坏，犯罪手段呈现智能性。另一方面，与传统犯罪相比，电商领域犯罪一般不与受害人接触，侵权行为地往往在不同的地域，可能在国内，也可能在国外，空间距离常常较远，具有极强的隐蔽性。电子商务犯罪利用网络的技术特点，犯罪手段多样而虚拟化，犯罪动作迅速，使得犯罪证据难以采集，而且这些证据多为电子证据，而电子证据很容易被修改。即使掌握了一些犯罪证据，也很难确认其效力。

（五）从判刑情况看，判决处理总体偏轻

据统计，近四年来涉及阿里巴巴公司电商领域犯罪被判处刑罚的共有199人。由于该领域犯罪大多涉及侵犯经济秩序、侵犯财产、入侵电商服务器类犯罪，立法上相关犯罪的法定刑总体偏轻，加之电商领域犯罪取证、查处、认定较难，因此，该领域犯罪总体打击偏弱，判刑偏轻。据统计，其中被判处10年以上有期徒刑的9人，被判处3至10年有期徒刑的43人，被判处3年以下有期徒刑实刑的75人，被判处缓刑、拘役、管制、免予刑事处罚的70人，被单处罚金刑的2人。

二、电子商务领域犯罪发案原因分析

（一）从犯罪方角度看：电子商务犯罪成本低获利高、风险低诱惑大

首先，电子商务犯罪一般属于非接触性犯罪，其隐蔽性、技术性特征导致犯罪容易实施，但发现及侦破却相对困难，作案风险较低。行为人作案时间和作案地点的特殊性使行为人无法体验到传统犯罪的心理恐惧感，大大降低了行为人的犯罪心理成本。其次，从犯罪投入看，成本低、获利高，有的甚至只需一台电脑、一根网线或者注册一个店铺，成本几千元，每次作案获利少则几千元，多则几万、几十万元；投入与产出的巨大反差诱使犯罪分子铤而走险。我国首例计算机犯罪（1986年）就是利用计算机伪造存折和印鉴，将客户的存款窃走。最后，电子商务领域法律不完备。我国并没有专门针对电子商务犯罪的法律法规，目前只能依据刑法、刑法修正案和相关法律中涉及网络犯罪的条文对行为人进行制裁，而电子商务领域犯罪侵犯的客体复杂，犯罪手段多样，仅凭几个罪名根本无法囊括。"法无明文规定不为罪"，由于犯罪所得收益与犯罪可能受到的惩罚之间不相称，导致运用法律手段打击电子商务犯罪受到极大掣肘。

（二）从技术防范角度看：电子商务平台技术漏洞成安全隐患

电商领域犯罪中的侵财类犯罪、侵入服务器犯罪，无不通过电子商务平台才能实现。电子商务平台依托于计算机网络或者与计算机网络相关，而计算机网络的开放性决定了其技术上无法避免地存有安全漏洞。在调研中发现，虽然

网络公司自身一般非常重视技术安防工作，普遍反映"自身做好防护、调整网络架构是最有效的解决方法"，但网络信息安全防范是一项复杂的技术，如果电商平台本身技术防护不到位、存在安全漏洞，往往被一些不法分子利用木马程序进行攻击，轻易地被非法获取大量用户信息，或者实施盗窃等侵财类犯罪。据统计，2012年以来，涉及阿里巴巴集团公司电子商务犯罪案件中，有9件15人涉及利用电子商务平台的安全漏洞，通过"木马"工具非法窃取买家个人信息等数据，或者实施盗窃等侵财性犯罪。如申某、杨某非法窃取他人个人信息案中，计算机专业毕业的杨某利用阿里巴巴等公司服务器的漏洞，通过"木马"工具，获取服务器最高权限，添加管理员权限和密码，并将管理员权限和使用方法提供给无业人员申某。后申某租用服务器，非法窃取买家个人信息等数据共计35余万组，出售后获利50余万元。

（三）从交易规则设置看：电子商务平台交易规则设置存在漏洞

为规制卖方，保护买方权益，电子商务平台设置了信誉评价体系，信誉代表着卖家的经营业绩和诚信度，信誉度越好搜索越靠前，越容易带来浏览数量和交易可能性。但是由于缺少对买家行为的约束，"职业差评师""职业炒信师""网络发票师"等应运而生，损害了卖方合法权益，扰乱了网络交易秩序。例如，在全国首例网店"职业差评师"敲诈勒索案中，以杨某为首的12名"差评师"出于好奇、刺激或者赚钱等目的，通过网络集结，组团群拍低价商品后，威胁卖家如果发货就给予"差评"，不发货就进行投诉，除非支付100元至300元不等的钱款，才会取消订单，否则就会收到无数"差评"，大部分卖家都会抱着破财消灾的心理付钱了事。同样，"网络发票师"也是利用卖家看重店铺信誉的心理进行敲诈，如崔某、于某利用"某网络商城"要求商家销售货品必须开具发票的规则，专以对小额货品不提供发票的商家为目标，在恶意购买小额货品后，通过申请投诉并向商家索要"撤诉费"的方式，向商家敲诈钱款。

（四）从行政监管看：电子商务执法监管存在盲区

据不完全统计，杭州市仅在阿里巴巴集团公司这一电子商务平台经营的卖家店铺就几百万家。但目前，对于电子商务的监管主要依靠经营者自律和电子商务平台内部规制为主，没有专门负责监管电子商务的行政执法机关。同时，在现行相关法律规范不完善、监管技术手段落后、人员力量不足等情况下，行政监管部门对电子商务的监管尚处于摸索阶段，且大多采取事后处罚的被动方式执法，并未形成事先有防范、事中有监督、事后有处罚的有效监管体系。如从一起盗狗案中发现，根据公安部、国家工商总局《关于加强弩管理的通知》、国务院《危险化学品安全管理条例》规定,用来射杀狗的机械弩等器具和投喂狗的氰化钾等剧毒化学品的生产、经营和使用必须获得许可,且个人不得购买,但是这些违禁物品在网上却均可轻松购得。又以网络食品销售为例,网店实名认证制度还不能准确确定卖家的实际经营地和仓库所在地,网络购物的虚拟性使得监管部门的抽查工作无法采用常见的现场模式,店家发布信息时存在不规范填写食品电子监管平台要求的必填字段等情况,使得行政监管部门对电子商务的监管往往成为盲区。

(五)从被害方防范看:网民安全防范意识比较淡薄

截至2014年底,我国网民超过6亿,手机用户近13亿,位居世界第一。但与此同时,我国网络安全形势却极为严峻,网络病毒数量呈几何级增长,入侵用户电脑,盗取密码账号、个人隐私、商业秘密、网络财产甚至国家机密等。从已发案件分析,网上实施的作案手段只要认真甄别大多能发现漏洞,从而避免上当受骗,但人们在重视警惕现实社会的阴暗面时却不由自主地陷入了网络生活的陷阱。从买家来看,有的被网店天花乱坠的商品描述所诱惑,把质量和安全抛诸脑后。上述受虚假低价商品诱惑的外国客户就是一个典型例证,被害人涉及美国、英国、加拿大、澳大利亚、东南亚、香港等多个国家(地区)的150余名(家)外籍客户(公司),被骗货款高达700余万元。有的在网购商品出现问题后,向网购客服进行投诉,虽然对客服的处理不甚满意,但为了避免不必要的麻烦,也不再进行进一步的投诉追究。如在王某雯销售减肥产品案中,消费者在服用减肥药品出现不良反映后,均选择向网店客服进行投诉,在客服答复称系正常反应、产品绝对没有问题的情况下,并未继续向淘宝网客服、阿里巴巴客服或者行政主管部门投诉。

(六)从司法干预看:电商领域犯罪取证难查处难认定难

电子商务犯罪存在取证难查处难认定难的情况,导致打击电商犯罪的刑罚威慑力未能有效发挥。一是取证难。电子商务犯罪的整个过程在互联网上操作,犯罪行为从着手到既遂的速度极快,而且大部分犯罪证据以电子数据的形式保存在电子商务平台的服务器中,由于电子商务平台对交易记录等电子数据未能及时保存或者定期删除,导致案发后客观性证据收集和提取困难。二是查处难。由于电子商务犯罪的隐蔽性,在被害人不主动报案的情况下,相关部门无法自行发现案件信息。有的案件涉及的嫌疑人或者被害人较多,且分散在全国各地,司法机关难以逐一查处或者取证。三是认定难。当前电子商务已从单纯的网购逐渐扩展到通信、交通、医疗和个人理财等生活多方面,同时网络技术日新月异,电商领域犯罪的作案手段也随之不断翻新,给司法机关认定犯罪事实造成困难。

三、办理电子商务犯罪案件面临的主要问题

(一) 以互联网为平台实施的新型犯罪认定难

当前互联网电商平台上常见的新型违法犯罪行为主要有：以买卖、招工、商家搞活动等欺骗方式获得公民身份信息，进而在电子商务平台上冒充他人进行虚假账户认证的行为；大肆通过收购、骗取等方法获取他人有效身份证件原件或者电子副本，再通过技术手段对电子副本或者证件信息进行篡改，伪造出完全不存在的身份信息，规避平台网络认证和监管程序而成功注册账户；组织他人在电子商务平台发布大量虚假交易信息的虚假交易行为，俗称"炒信""刷单"等。行为人大多利用电子商务场域的网络空间性和虚拟性，通过恶意注册、虚假认证和虚假交易行为来实施犯罪，规避法律风险。但由于立法上的空白，相当一部分社会危害性较大的网络犯罪行为无法被追究刑事责任。目前，相关违法犯罪活动逐渐形成黑色产业链，呈规模化、职业化趋势发展，严重侵害了网络平台和广大平台用户的合法权益，严重威胁了互联网经济的健康发展。如日益猖獗的"炒信"行为，据有关网络企业的统计，每天从事非法炒信业务的人员以百万计，① 严重影响了交易平台信用评估业务活动的正常进行，干扰了消费者选购决策，损害了其他网店的合法权益，破坏了整个社会的诚信体系。但目前刑法中难以找到惩治上述行为的适用法条。② 又如《刑法》第280条规定了伪造、变造居民身份证犯罪，但对于伪造、变造居民身份证电子形式（扫描、照片等）骗取平台认证的行为如何界定仍缺乏法律依据。《刑法修正案（九）》虽在伪造、变造之外增加了买卖身份证条款，扩大了身份证件范围并增设了使用伪造变造的身份证件犯罪，但仍没有解决电子形式的身份证件是否可以作为犯罪对象的问题。然而在司法实践中，一些不法分子大量骗取或者收购居民身份证照片，并通过图像处理对身份证内容进行伪造、变造，从而骗取网络平台的实名认证，对这些具有严重社会危害性且伪造变造数量巨大的行为却无法定罪。

(二) "小额多笔"的电子商务犯罪立案难

调研中发现，一些电商领域犯罪案件中，单个被害人的财产损失数额可能

---

① 张明楷：《网络时代的刑法理念——以刑法的谦抑性为中心》，载《人民检察》2014年第9期，第11页。

② 张明楷：《网络时代的刑法理念——以刑法的谦抑性为中心》，载《人民检察》2014年第9期，第8页。

不大，有的甚至只有几元钱，但一个案件中被害人人数往往成千上百，累加的涉案数额巨大，且地域分散，调查成本高。对于这类"小额多笔"案件，被害人损失数额往往还达不到立案的标准，而且由于电商领域犯罪往往使用批量注册或者虚假认证的恶意账号或者买来的账号实施犯罪，查找犯罪嫌疑人需要较长周期，尤其是团伙作案甚至不同分工的团伙配合作案的，查找周期就更长，受害人数就会急剧增加，犯罪后果就会更为严重。另外，由于未立案案件不能采取技侦手段，更加缺乏追查手段，往往致使案件陷入"不立案找不到犯罪嫌疑人，找不到犯罪嫌疑人又立不了案"的死循环，严重影响了打击犯罪的及时性。

（三）跨平台跨域等电商领域犯罪落实管辖地难

与传统犯罪相比，网络犯罪由于其自身网络空间的虚拟性、无限延展性、远程控制性等特征，造成犯罪空间的分享，如犯罪嫌疑人与被害人所在地的分离、被害人财产损失地与犯罪结果发生地的分离、被分割方的计算机系统所在地与嫌疑人实施犯罪行为的网络地的分享等。这些地域的分享在刑事司法上造成管辖联结点增多，如何避免管辖推诿，防止追诉空白，又避免互相争抢管辖权，防止管辖积极冲突，是查处网络犯罪面临的首要难题。最高人民法院、最高人民检察院、公安部《关于办理网络犯罪案件适用刑事诉讼程序若干问题的意见》（以下简称《网络犯罪案件适用刑事诉讼程序的意见》）对于网络管辖作了新的规定，主要解决了有无管辖权的问题，但在司法实践中，对于一些小额多笔、被害人众多、跨平台跨地域或者组织严密需要"深耕经营"的案件，部分有管辖权公安机关由于不了解技术手段、取证难度大、经营投入大等主客观原因不愿意受理报案或者怠于立案，导致无法对涉案账户采取封店、冻结等措施，加剧了证据灭失风险，放任了犯罪行为危害后果进一步扩大，一些案件沟通无果最终不了了之，或者集中向服务器所在地公安机关报案，不利于对严重网络犯罪的及时打击。例如，阿里巴巴集团公司所属国际站交易平台从2014年下半年起陆续接到国外买家投诉交易被骗，即犯罪嫌疑人通过非法渠道获取国际站供应商（卖家）的邮箱账号密码，进而从中提取大量国际买家的"询盘"邮件，利用其控制的其他邮箱或者近似于卖家的邮箱向买家发送虚假报价邮件，诱骗买家进行交易，目前该案中被骗人数超过千人，遍布全球124个国家，阿里巴巴集团公司的办公地址虽在杭州市，但国际站服务器分布于全球各地，如何适用管辖权成为亟待解决的问题。

（四）电子数据的收集和取证缺乏明确依据

电商领域犯罪大量涉及电子证据。虽然刑事诉讼中有关电子数据证据法律法规不断完善，修订后的刑事诉讼法已经明确将"电子数据"增设为法定证据种类，进一步丰富了证据的外延，且最高人民法院《关于适用〈中华人民共和国刑事诉讼法〉的解释》、最高人民法院、最高人民检察院、公安部《网络犯罪案件适用刑事诉讼程序的意见》对电子数据证据的收集主体、方式、移送以及专门性问题的认定原则进行了明确，后最高人民法院、最高人民检察院、公安部《关于办理刑事案件收集提取和审查判断电子数据若干问题的规定》对电子数据证据的收集提取、保管移送、审查判断等作了规定，但侦查机关在电子商务领域犯罪的侦查与取证仍受制于传统的方法，无法完全适应网络侦查活动要求。以上述阿里巴巴集团公司所属国际站交易平台上发生的买家被骗案为例，由于受骗人数多，分布国家广，且各国的法律体系、证据规则差异极大，被害人的言辞证据如何收集成为必须面对的取证难题。显然，侦查机关没有人力、精力、财力跑遍 124 个国家确定被害人并依法询问，如果通过同步视频方式向海外买家进行取证，即在翻译人员配合下，侦查人员利用网络视频软件询问海外买家被骗事实并形成书面笔录，同时对询问的过程全程录音录像并刻盘留存，这种电子取证方式是否合法、所获证据属于何种证据种类以及证据效力如何等目前都缺乏明确依据。

四、加强电子商务领域刑事司法保护的对策建议

（一）强化监管，完善电子商务监管体系

探索行政执法监管手段有效渗透电子商务全过程的执法模式，相关行政执法机关要实时了解电商平台内部运作流程，掌握电商领域违法犯罪基本形式和作案手段；加强网络监管，促使行政执法监管由事后监管前移到事中、事前监管；开辟电商交易举报电话，公布网上举报邮箱，完善电商领域案件的受理途径；进一步完善行政执法和刑事司法衔接机制，对发现的违法线索和被害人报案及时查证，依法作出处理决定；对构成犯罪的，及时移送司法机关，依法追究刑事责任。同时，探索引入第三方交易监管平台，实现第三方平台保存电商实时交易信息和网络监管，建立政府督促、行业自律、网站监管、社会监督四位一体的电商监管体系，提高执法公信力，从根本上解决电商犯罪取证难问题。

（二）统一认识，健全电子商务监管立法

"凡益之道，与时偕行。"法律法规是司法保障的基础和支撑，在犯罪行为网络化、虚拟化的情形下，法律法规也需适应新形势加以修改和完善。据有关资料显示，目前我国网络购物人数已突破 3 亿。鉴于电子商务与传统交易模式的巨大差异，应加快制定一部专门规范电子商务行为的法律法规，厘清政

府、商业网站的监管责任范围、界限,加强对网络交易平台、IP地址、经营性网站的监管;明确网购双方当事人的权利、义务,规定权利救济机制,制定有利于举证方的举证责任制度,充分保障买卖双方的权益。杭州市作为国务院批复设立的全国首个跨境电子商务综合试验区,为推进跨境电商综试区持续健康发展,建议由省政法委牵头,公、检、法三机关联合调查研究,在不与上位法相抵触的前提下,就电子商务领域刑事诉讼程序中有关立案、管辖、取证方式等疑难问题依法研究制定具有可操作性的工作细则或者会议纪要,指导全省执法办案,并适时上报最高司法、立法机关转化为法律或者司法、立法解释。

(三)多措并举,加强电子商务领域检察监督

一是依法履行批捕起诉职能,严厉打击电商领域犯罪,适时介入重大疑难复杂案件,引导侦查取证,及时收集固定证据。完善行政执法与刑事司法相衔接机制,加大立案监督力度,督促行政执法机关移送犯罪线索。同时,坚持运用法治思维和法治方式,正确处理执法办案与服务发展的关系,准确把握法律政策界限和办案方式方法,推进电子商务产业健康发展。二是针对执法办案中反映的电子商务管理方面的问题,加强调查研究,通过履行行政执法监督职能、提出检察建议等形式,向党委、政府、行政执法机关和电商企业建言献策,找准补齐短板,完善落实制度。三是加强法治宣传,向广大群众适时发布电子商务犯罪典型案例,介绍电商领域消费陷阱,解读电子商务犯罪常见手段,提醒消费者加强网络交易安全风险防范,提高自我保护意识和能力。

(四)强化自律,提高电商企业自我防范能力

一要增强安全技术防护。加强电商平台技术安全保护措施建设,从技术角度确保电子商务准入、交易、支付等环节的安全,规避信息传输风险、信用风险和管理风险。同时,增强电商动态取证能力,强化技术监控水平,研究探索防御黑客攻击的方法。二要完善电商监督管理体系。逐步建立和完善电子商务统计、评价体系、信用体系和交易安全制度,建立科学、合理的交易规则。加强电子商务平台内部管理,强化内部工作人员保密教育,建立审计稽核制度及责任追究制度,完善从业准则,加强行业自律,预防内部贪腐。三要规范快递物流从业准则。快递、物流业是经济社会发展新的增长点,也是影响公共安全新的风险点。要加强快递系统技术安全保护,提高网络技术安保和访问准入级别,提高快递从业人员的个人素质和法律意识,最大限度地遏制物流环节衍生的违法犯罪行为。

(五)加强宣传,引导电商交易双方增强维权意识

一是培养卖家诚信经营理念和谨慎经营意识,名副其实地宣传商品功能,

货真价实地标明商品价格，杜绝出售以次充好、假冒伪劣商品；在合法从事电商经营活动中，警惕网购信用敲诈陷阱，及时维护自身合法经营权。二是引导买家理性消费观念和维权保护意识，扭转追求"名牌"的虚荣心理，购买实际所需、物有所值的商品，对明显低于市场价的"名牌"商品谨慎购买和使用；运用电商平台投诉机制维护消费者合法权益，及时并坚持运用消费者权益保护途径保护自身利益。三是构建线上消费纠纷调解平台和线上线下维权登记平台。运用线上消费纠纷调解平台，开展消费者权益宣传和电商交易个案宣传，引导交易双方依法维权；运用线上线下维权登记平台，将电商平台中处置的交易维权事件同时转移登记给市场监管等行政监督、执法部门，延续交易双方维权途径，保障电商交易双方的合法权益。

当前电子商务领域知识产权犯罪的调查分析

浙江省义乌市人民检察院课题组*　浙江省人民检察院法律政策研究室

近年来，随着电子商务的兴起，我国商业模式逐步从实体市场向实体市场与网络市场相结合转型。趁转型时期暴露出的机制和监管等方面的漏洞，知识产权犯罪向电子商务领域转移，呈现出网络化、链条式、跨区域等新特点，亟待引起重视。作为"电商百佳县"之首、"国家知识产权示范城市"的义乌市，2016年电子商务交易额达1770亿元，同比增长17.14%，与此同时，处理的网购类投诉和查办的电子商务领域知识产权犯罪案件也随着呈几何式增长。近期，我们对义乌市检察院2012年至2016年查办的电子商务知识产权犯罪情况进行了调研，剖析该类犯罪的主要特点和防治难点，并提出了针对性的对策建议，以期为加快推进浙江全省信息经济创新发展提供法治保障。

一、电子商务知识产权犯罪的基本情况和主要特点

电子商务，是指在互联网上以电子方式进行交易和相关服务的活动，电子商务知识产权犯罪是知识产权主要犯罪行为的电子化、网络化。从司法实践看，当前利用互联网侵犯知识产权犯罪主要有三种类型：一是以网络为购销平台。表现为利用国内、国际电子商务平台销售假冒侵权商品，呈现出"货币交易电子化、商品销售与商品物流相分离"的特点。二是以网络为侵权资源。表现为从互联网下载知名商标及其图案用于批量印制假冒商标标识；下载盗版电子书用于批量印刷盗版书并销售，下载电影、计算机软件等用于自制、销售盗版光碟。三是以网络为通讯工具。这种情形在知识产权犯罪中十分普遍，如犯罪分子借助Email、QQ、微博、微信等网络通讯工具进行联络、发布广告信息、发送订单详情、传送电子账单等。在上述类型中，第一种情形的主要犯罪行为（销售和付款）在网络上实施，而后两种类型的主要侵权行为发生在现实当中，网络只是作为一种犯罪工具为知识产权犯罪提供便利。本文所涉的电子商务知识产权犯罪仅指第一种以网络为购销平台的情形。经分析，当前电子商务知识产权犯罪主要呈现以下特点：

---

* 浙江省义乌市人民检察院课题组成员：彭中、胡晓景。

(一) 犯罪从线下向线上转移趋势明显

2012年至2016年,义乌市检察院共提起公诉电子商务知识产权犯罪案件56件93人,占知识产权犯罪案件总数的23%。其中2012年电商知识产权犯罪案件为5件20人,2013年为7件16人,2014年为7件11人,2015年为15件18人,2016年为22件28人(历年受案数详见表1)。电子商务知识产权犯罪发案数不断增多,且在知识产权犯罪中所占比重快速上升,到2015年已占知识产权犯罪总数的近一半。值得一提的是,义乌市知识产权犯罪案件总数在2012年达到峰值后趋于平稳,其中线下知识产权犯罪案件数逐年下降,而电子商务知识产权犯罪逐年增多,到2016年电子商务知识产权犯罪案件数超过实体市场,反映出知识产权犯罪从线下向网络转移的明显趋势(详见图1)。

历年受案数统计表

年份	网络IP犯罪(件)	IP犯罪(件)	所占比例
2012年	5	104	5%
2013年	7	35	20%
2014年	7	33	21%
2015年	15	33	45%
2016年	22	42	52%
合计	56	247	23%

注:IP是知识产权(intellectual property)的简称。

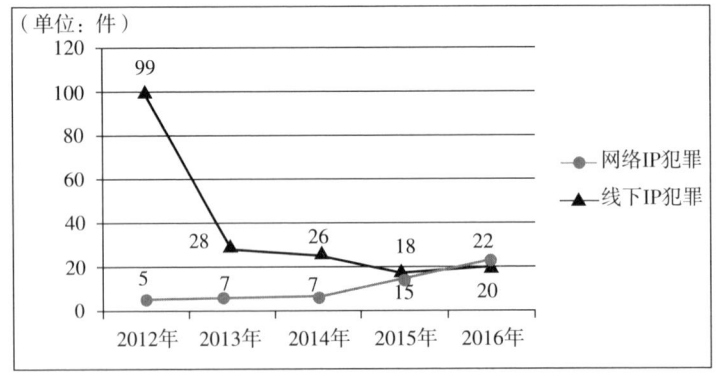

图1 案件趋势图

(二) 以知名商标为主要侵权对象

知识产权犯罪包括侵犯商标权、著作权、专利权和商业秘密四大类。从办案情况看,侵犯商标权犯罪占电子商务知识产权犯罪的90%以上,被侵权的主要是国际、国内知名商标,尤其是品牌知名广、行业利润高、社会需求量大、市场销路好的商品,被侵权的情形更为严重,如"NIKE 耐克"鞋子、"LANCOME 兰蔻"香水、南极人内衣等。侵犯著作权犯罪的对象一般为国内流行的书籍、网络游戏、影视作品。义乌市目前还未查获网络侵犯专利权和商业秘密犯罪的案件。

（三）网络销售和实体经营相结合

侵犯知识产权犯罪案件中,电商极少在网上进货销货赚取差价,大多数采用网络销售和实体经营相结合的运营模式,常见的模式有三种：一是从实体厂商处购进侵权货物并在网店上销售。这种情形在电商知识产权犯罪中最常见,占60%以上。如李某在淘宝销售假冒打火机金额达140余万元,货源主要来自从义乌两家打火机实体商行。二是商家同时经营实体店和网络店。如张某除了在淘宝上销售假冒"南极人"保暖内衣外,还在其仓库向其他淘宝网店经营者销售同类假冒商品,涉案金额达160余万元。三是在实体店接下侵权订单后从网上进货。有的是从网上购进成品,有的是从网上购进原材料、半成品,然后自行组装粘贴。如一外国客商在义乌实体市场与杨某谈妥定制假冒"FRESHLOOK COLORBLENDS"商标的隐形眼镜,后杨某从网上订购隐形眼镜并发给外国客商。

（四）真品与假货混同销售难辨识

电子商务知识产权犯罪中约有30%的商铺辩称存在真假混卖情形,对消费者辨识商品以及司法机关认定犯罪数额造成很大困扰。主要有两种情形：一是先卖正品后卖假货,瞒天过海。如2010年张某与杭州某公司签订"南极人"内衣品牌特约经销协议,授权张某在义乌市区销售南极人内衣系列。张某同时在淘宝网上销售正品"南极人"内衣。后因销售正品内衣利润不高,张某转而通过以特约经销商名义在电子商务平台销售仿冒的南极人内衣进行谋利。二是同时间在网店销售正品和假货,以假乱真。如陈某经营的网店既有正品打火机又有假货,正宗的ZIPPO打火机销售价格在70元以上,假冒的ZIPPO打火机销售价格一般是几元到十几元。还有的网店同时销售侵权商品和无品牌商品,如顾某在销售正宗和假冒HELLO KITTY饰品的同时销售没有商标标识的同类饰品。

（五）多层级、链条式、跨区域发展

由于电商从业门槛低,查获的侵权电商多以个体、家庭作坊为主,但办案部门近期查获了几起初具规模的电商知识产权犯罪案件,涉案人数、涉案金额均大幅提升，反映出如不加强电子商务领域监管，电子商务知识产权犯罪将愈演愈烈。这几起电子商务知识产权犯罪以实体店（网店）—网店—消费者的模式层层发展壮大，最终形成多层级、链条式、跨区域的销售网络。如李某等人销售假冒 Zippo 打火机案，被告人多达 10 人，两个实体批发商和四个淘宝店铺以及分布全国的消费者形成塔型结构（见图 2）。张某等人销售假冒南极人内衣案中，张某的淘宝店和下家三个淘宝店以及消费者形成金字塔结构（见图 3）。同一层级的店铺之间没有共同的犯罪意思联络，各自独立发展下线、独立结算。

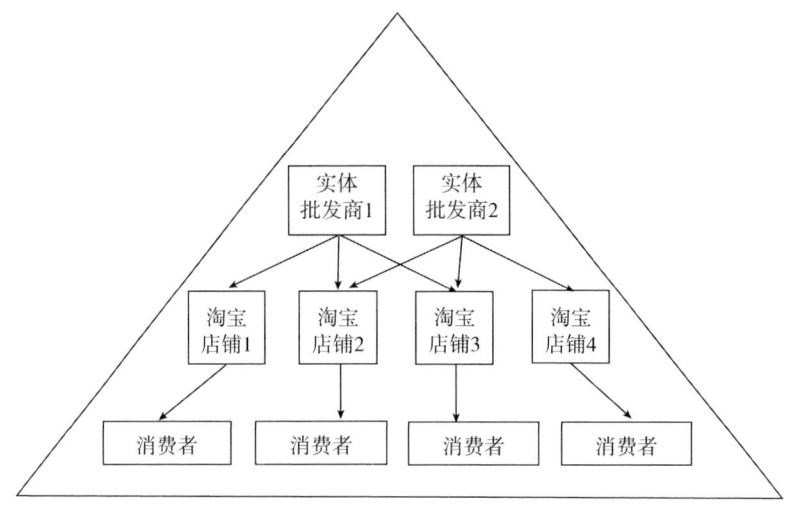

图 2　李某等人网络销售假冒打火机案组织结构

（六）出现跨国知识产权犯罪现象

从办案情况看，跨国犯罪在电商知识产权犯罪中约占一成。按电子商务平台服务商的国别可以分为两类：一是发端于中国市场的跨境电子商务平台，典型有阿里巴巴网、敦煌网等。如祝某通过其在阿里平台注册的速卖通账号向境外销售假冒阿迪达斯和耐克品牌的球衣。二是外国的跨境电子商务平台。如吴某在淘宝网购入 10 余万元"VIAGIA""CIALIS"等激素及药品原料，并通过韩国国际电子商务贸易平台"EC-Plaza"销往全球。

二、电子商务知识产权犯罪的执法难点和问题

当前，知识产权犯罪已经悄然从实体市场向网络市场转移，而现有执法力量仍围绕实体市场进行配置，网络执法尚未实质开展，传统执法方式难以应对网络犯罪，导致目前电子商务知识产权犯罪查处比例低、犯罪黑数大。

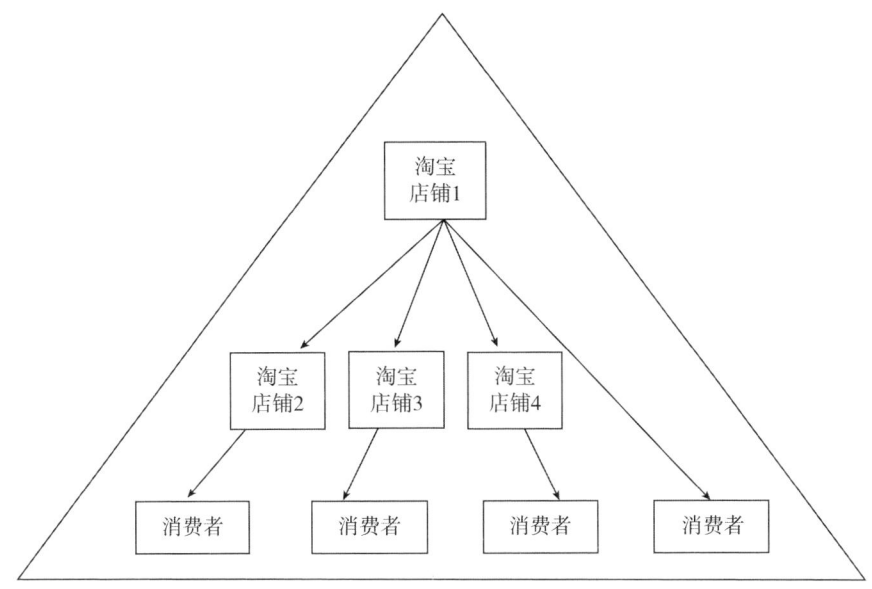

图3 张某等人网络销售假冒内衣案组织结构

(一) 现有逆向监管模式难以应对网络犯罪

近年来，义乌市在电子商务领域查处的行政违法和刑事犯罪案件主要通过逆向监管进行，即在生产、仓储、流通等环节获取案源，再确定当事人电子商务平台中的链接、账号等以获取数据和固定证据。据统计，义乌市80%以上的电商知识产权犯罪案件由执法部门在加工点、出租房、物流仓库、托运站、货代等地先查获侵权货物和侵权人，再倒查发现侵权货物通过网络销售。值得注意的是，电子商务知识产权犯罪以网络作为技术支撑，展示、销售、支付等环节在网上完成，具有"商品信息与商品物流相分离、交易对象零散分布"的特点。但是当前市场监管、工商行政等行政部门的监管方法仍然以传统的属地巡查为主，执法检查的重点在实体场所，执法依据以扣押到侵权实物为准，无法对网络犯罪进行全程有效监管和源头治理。如李某经营淘宝网店初期，接下假冒Zippo打火机订单后联系淘宝网上家直接发货给客户，无需实际经手便能赚取中间差价。对这类在辖区内无实物流转的网络非法经营行为，行政机关的逆向监管方式无法奏效，极易出现监管盲区，导致大量网络侵权犯罪成为犯罪黑数。

(二) 开展网络执法存在诸多挑战和困难

对于电子商务平台上充斥的假冒伪劣商品，仅凭网店上展示的信息无法确定其是否构成违法犯罪,必须进行现场检查和物品鉴定,但如何从网络店铺准确锁定实体现场存在一系列难题。

1. 缺少统一协调机构。网络经济是传统经济的网上延伸,其经营活动仍然涉及多个行政部门的工作职能,如市场监管局、通管局、公安局、食药局、信息办等,目前对网络经济的监管尚无统一协调的机构,存在多部门分散管理、多头执法、信息沟通不畅、监管效率较低的问题。

2. 信息协同配合难。当前电子商务网站和行政部门之间以及各个行政部门之间的信息数据存在不同程度上的沟通问题。以市场监管部门为例,各大电子商务网站交易信息数据量庞大,且部分信息涉及隐私,不可能全部在行政部门备案,办案机构很难实时调取所需信息。① 比如,市场监管部门在淘宝网上发现某个商品涉嫌侵权,但淘宝网只显示网店所在地级市(如金华市),不显示县区和具体地址,无法简便快速判断县级市是否有管辖权。

3. 跨区域监管难。电子商务具有跨地区、跨国境等特点,但目前行政部门的监管方法仍然以传统的属地巡查为主,跨区域执法尚未有效开展。以淘宝网购维权为例,网络买家需要先向淘宝平台发起投诉举报,举证后获得淘宝卖家的发货地址,再向卖家所在地市场监管部门电话举报。由于地址人名不清、没有扣押到实物、单次情节轻微等原因,跨区域投诉举报网络侵犯知识产权的成案率极低。对跨境电商监管更加困难,如阿里巴巴 AE 平台(针对国外客户的 B2C 平台),其发货地是国内某地,物流集散地是上海或者其他地点,收货地是国外,不仅涉及管辖权确定问题,同时还涉及到域外执法的配合和协调问题。

(三)现有的定罪规则受到网络犯罪冲击

1. 推定主观故意面临新挑战。知识产权犯罪是故意犯罪,要求行为人"明知"自己所实施的是侵权行为,司法机关负有举证责任,主要通过刑事推定方法论证。但是,由于网络的虚拟性以及电子商务准入条件低,价格参差不齐,要判断行为人的主观意图并不容易。如有的淘宝店主接单后让上家直接发货给买家赚取差价,案发后则辩称没有看到实物对侵权不知情;有的卖家辩称在网上做过搜索比价,自己从阿里巴巴网的进货价和在淘宝网的零售价都处在同类商品的"合理"价位区间,并不知晓销售的是侵权商品;还有的卖家辩称在进货环节上受到上家的隐瞒或欺骗。对此,适用原有司法解释关于"明知"的列举方式认定显得捉襟见肘。

---

① 参见杭州市工商局网络经济课题调研组:《发挥工商职能作用助推网络经济健康发展——杭州网络经济发展调研报告》,载《中国工商管理研究》2012 年第 2 期。

2. 认定犯罪数额争议较大。售假网店账户中可能有数万甚至数十万笔买家的汇款记录，而买家分布在全国甚至世界各地，难以逐一对买家进行调查核实。司法实践中，办案机关在综合全案证据材料，确认所开设网店系用于知识产权犯罪的基础上，将网店的入账资金作为销售金额，即以第三方支付者（如支付宝、网上银行）所记载的交易数额作为犯罪数额的认定依据。但是犯罪嫌疑人通常会辩称存在真假混卖、虚假交易（"刷信誉""刷钻"）等情况。这些辩解多数处于既不能证实也不能证伪的状态，如果犯罪嫌疑人一旦辩解就对涉案金额予以扣除，则相当多案件无法查处。

（四）电子数据的取证认证面临困境

电子数据，是指与案件事实有关的电子邮件、网上聊天记录、网络交易记录、电子签名、访问记录等电子形式的证据。信息技术的广泛运用使得侵犯知识产权犯罪频繁出现电子数据，从而给案件的取证认证带来困难。

1. 取证不确定性增加。一是部分网络电子数据有一定保存期限。许多案件在案发时已经超过电子证据的保存时限，影响公安机关侦查工作有效开展。二是跨境电子数据取证困难。在跨国知识产权犯罪中，一些电商服务器位于境外，多数电子证据只能通过涉案者个人的计算机获取，如登录电商网络账户进行网络远程勘察。这种方式只能收集零星的数据和信息，对于资金往来、买家信息等情况较难核实。

2. 证据采信难度加大。电子数据存储于虚拟空间，具有易复制性等特点，在生成、存储、传输和识别等环节容易出错，且电子数据被改动或破坏不易察觉，如何判断获取的电子数据的真实性和安全性是一个新难题。实践中侦查机关通常对电子数据进行转化运用，如对网店的交易记录进行打印作为书证，同时刻录光盘备份；对于电子邮件通过勘验检查电脑并制作笔录，作为勘验、检查笔录证据。这种"转化型证据"一旦出错不易补正，从而影响案件事实认定。

三、治理电子商务知识产权犯罪的对策和建议

2016年义乌市被评为全国十一个"国家知识产权示范城市"之一，并在同年5月中宣部、中央文明办召开的"建设核心价值 构建诚信社会"现场交流会上做经验交流，其在知识产权保护方面的探索对全省乃至全国都有一定借鉴意义。现结合义乌实践，对电子商务知识产权保护提出如下对策和建议：

（一）设立专门管理机构，创新网络治理模式

电子商务领域治理工作是一项系统工程，为进一步整合执法力量，建议分两个步骤进行：

1. 立足当前,变"被动"为"主动"执法。一是市场监管、版权、公安等部门应当加强对知识产权网络执法问题的理论研究和实践探索,逐步改变对电子商务进行逆向监管的被动式执法模式;二是市场监管、公安、税务、文化、通信等部门要充分利用信息网络技术,实现在线监督监测、实时监督、非现场监管等;三是各职能部门协调配合,将"条、块分割"的各部门信息进行整合共享,互通有无,建立服务监管综合处理机制,形成对网上经营行为的监管合力。如 2015 年一些大型网购平台发现大量销售假冒"浪莎"产品的情况,义乌市市场监督管理局和公安局接到举报后,利用信息技术手段,抓住互联网数据流、资金流、物流三个核心要素,查清售假终端,后组成 7 个联合执法组,捣毁制假售假窝点 23 个,查获并关闭售假网店 32 家,涉案金额高达 2500 多万元,取得了良好的执法效果。

2. 着眼长远,变"兼顾"为"专门"监管。专门设立类似证监会的部门或机构,对电子商务市场实行专业化监督管理,履行制定电子商务相关制度政策、网络执法和维权、配套服务体系建设等职责。该机构设立后除了要强化横向跨部门间的协调服务监管以外,还要深化跨行政区域间合作,在完善案件移送和协查制度、异地交易纠纷调解制度、消除区域间的行政壁垒等方面谋求深度合作,构筑一体化的协作网络。

(二) 开展网络诚信体系建设,强化电商园区的法律服务水平

1. 加强电子商务信用监管。当前政府职能部门掌握的信用数据主要来自登记注册、日常监管及行政奖励、处罚记录等,对网络交易的信息、信用缺乏全面的评估数据。建议强化政府公众服务网站建设,逐步整合各职能部门的网上业务,实现"一站式"网上办公;探索建立网络信用数据库,加强各部门之间网络经营主体信用数据的征信采集、信息交互,提供身份认证、资格认证、信用评估等服务;完善电子商务交易失信惩戒机制,对失信电商依法进行信用公示、降低信用等级、限制市场准入、行政处罚乃至刑事追究等惩戒,提高电商领域失信成本。目前,义乌市以创建国家社会信用体系建设示范城市为契机,成立市信用办,开展信用信息归集与共享平台建设。

2. 提升电商园区的法律服务水平。随着政府对于"互联网+"经济作为新经济增长点的认识,国内电商园区建设进入新一轮高潮。当前电商园区建设侧重于满足电商在办工场所、营销服务、生活配套等方面的需求,盈利模式以租金收入和政府补贴为主,各地同质化竞争不断加剧。应着眼长远,高点定位,将法律服务纳入电商园区运营任务,通过提供法律顾问、品牌维权、协会引领、高效执法(派驻执法机构)等法律增值服务,提高电商园区的核心竞争力。

（三）加强电商行业自律，督导市场主办方履责

1. 强化行业协会的职能。电商行业协会要协助政府制定行业标准，订立本行业的行规行约，规范电商在宣传、接单、支付、物流以及售后等各环节的市场行为，提高行业自律性。比如，督促快递公司依靠科技等手段，加大对在装卸货环节的监控、检视力量；评选诚信电商，曝光失信行为；在"3·15"等节日集中宣传政策法规等。电商协会还可以和品牌保护联合会等其他行业协会合作，发挥企业自主维权的积极性和快速鉴别优势，强化政府、企业、协会三方联动，进行高效、便捷、精确知识产权网络保护。

2. 明确网络交易平台的责任。阿里巴巴、京东商城等网络交易平台提供商通过电子商务网站连接着卖方、买方、物流公司、保险公司等相关交易主体，起到了平台和中介的作用。要通过立法、监管、指引、行业协会自律、公众监督等方法监督网络交易平台切实担负市场主办方责任。如加强经营者主体和交易商品的准入审查和日常监管，充分运用信息网络技术开展实时监测处置，完善信用评价体系，加强与执法机关开展投诉举报线索移送备案协作机制等。如2015年12月，义乌市市场监管局根据阿里巴巴网络技术有限公司提供的相关数据分析结果，出动5个执法组对义乌市辖区内的数个网络售假窝点进行检查，现场查扣涉嫌假冒"CHANEL"等知名品牌眼镜、包1159件。

（四）创建网络犯罪定罪规则，优化电商司法保护模式

1. 建立符合电子证据特征的取证规则。一是规范电子证据的应用。网络知识产权犯罪案件涉及的电子证据主要有网店交易记录、聊天记录和购销清单电子文档等，要通过加强理论研究和实践经验积累，摸索出一套规范可行的电子证据提取、转化和审查等办法。针对电子商务领域跨国犯罪不断增多的势态，还要探索电子证据的国际刑事司法协助。二是明确网络服务商配合司法取证的义务。司法机关可以就电子证据调取等问题和网络服务商签署合作协议，网络服务商应配合司法机关及时提供相关电子数据，按司法需求相应设置网络平台统计指标，根据互联网的特点适当延长重要信息的保存期限，对重要电子数据予以恢复等。[1]

2. 确立符合网络犯罪特点的举证规则。针对电子商务"交易方式虚拟、单笔交易金额小、交易对象零散分布"的特点，建立符合其网络销售特点的主观故意、销售金额等符合互联网运营规则的事实认定规则、举证责任规则以及电子证据审查运用规则。

---

[1] 参见白云山：《论侵犯知识产权犯罪中的电子证据审查》，载《法制与社会》2013年第9期。

关于完善互联网刑事立法的若干建议

乐绍光　陈　艳[*]

随着科学技术的迅猛发展，互联网已经深入影响到社会生活的方方面面，这固然带来了很多有益变化，但网络安全形势不容乐观，虚假信息、非法入侵等行为时有发生，严重影响了人民群众的合法权益和社会公共利益。加强对互联网的管理和规制势在必行。目前，我国关于互联网的立法只有两部，一部是2000年的《全国人民代表大会常务委员会关于维护互联网安全的决议》，另一部是2004年的电子签名法。虽然国务院及其相关部门相继出台了一些行政法规和部门规章，但这些规定立法层次低，缺乏权威性和系统性，为此亟须加强互联网相关立法。这是一项系统工程，需要从各环节、各领域统筹考虑。以下仅结合检察机关的职能对完善互联网的刑事立法提出一些建议。

一、浙江省互联网犯罪的基本情况

我国刑法关于互联网犯罪的罪名只有四个，分别是《刑法》第285条第1款规定的非法侵入计算机信息系统罪、第285条第2款规定的非法获取计算机信息系统数据、非法控制计算机信息系统罪、第285条第3款规定的提供侵入、非法控制计算机信息系统程序、工具罪、第286条规定的破坏计算机信息系统罪。2010年浙江省检察机关共办理非法侵入计算机系统罪案件1件1人；非法获取计算机信息系统数据、非法控制计算机信息系统罪案件1件1人；破坏计算机信息系统罪案件2件14人。2011年浙江省检察机关共办理非法侵入计算机系统罪案件1件1人；非法获取计算机信息系统数据、非法控制计算机信息系统罪案件8件30人；提供侵入、非法控制计算机信息系统程序、工具罪案件1件1人；破坏计算机信息系统罪案件1件1人。2012年浙江省检察机关共办理非法获取计算机信息系统数据、非法控制计算机信息系统罪案件6件38人；提供侵入、非法控制计算机信息系统程序、工具罪案件1件1人；破坏计算机信息系统罪案件9件35人。（以上统计数据以检察机关公诉罪名为准）。此外，《刑法》第287条规定："利用计算机实施金融诈骗、盗窃、贪

---

[*] 作者单位：浙江省人民检察院。

污、挪用公款、窃取国家秘密或者其他犯罪的，依照本法有关规定定罪处罚。"除以上专门针对计算机实施的犯罪以外，司法实践中利用互联网进行犯罪的现象也越来越突出，网络诈骗犯罪、网络赌博犯罪等已成为互联网犯罪的主要形式。

从办理的案件的情况来看，互联网犯罪主要有以下几个特点：一是犯罪技术含量高。进行互联网犯罪的大部分犯罪分子本身掌握一定的网络技术，通过所拥有的计算机知识及利用计算机软件的漏洞，发布计算机病毒、窃取他人的身份信息进行犯罪活动。二是犯罪手段多样化。网络运行环境的不确定性和网络技术的不断更新性，给犯罪分子利用网络平台犯罪提供了可乘之机，犯罪手段层出不穷。三是犯罪手段隐蔽。网络空间具有高度的虚拟性，这为犯罪分子利用网络进行犯罪提供便捷；此外，互联网犯罪作案时间的瞬时性、空间的不确定性、行为与后果的可分离性决定了其具有极强的隐蔽性。四是犯罪形式组织化。互联网技术的发展，使信息传播更加快捷，也使犯罪的组织筹划更为便利。互联网犯罪的形式出现组织化、集团化现象，特别是网络诈骗、网络赌博犯罪等，犯罪分子通过网络信息互相交流犯罪的方法和手段，分工协作，密切配合，形成了犯罪群体。五是犯罪低风险、低成本。互联网犯罪的高智能性和隐蔽性，以及防范技术的落后，使犯罪的成功率相对较高，犯罪分子敢于也乐于利用计算机信息系统和网络安全性的缺陷实施犯罪行为。

二、完善互联网刑事立法的若干建议

互联网管理涉及多个环节和诸多内容，要完善互联网立法必须从网络安全、内容管理、信息保护等方面入手、统筹规定，我们认为有以下几个方面需要重点考虑：

（一）厘清相关概念的内涵与外延

互联网犯罪并非一个刑法学上的概念，刑法相关罪名的表述都是"计算机信息系统"，而《全国人民代表大会常务委员会关于维护互联网安全的决议》中则分别使用了"计算机信息系统""计算机系统及通信网络""计算机网络或者通信服务"多种表述。理论研究与实践中关于此类犯罪的表述有多种，如计算机犯罪、计算机互联网犯罪、计算机信息系统犯罪、互联网犯罪、信息互联网犯罪等，往往混淆使用、界限不清。事实上，各概念有其差异，内涵也不尽相同。我们认为，在相关立法中有必要厘清各类概念，确定一个关于互联网犯罪的统一表述并明确其内涵与外延，以便司法实践中准确理解适用。

（二）适当扩大刑法保护的范围

目前，刑法保护范围过窄，现行刑法规定的关于互联网犯罪的专门的罪名较少，难以覆盖互联网犯罪的整体，一些严重危害网络安全的行为无法用刑罚制裁。此外，既有罪名在犯罪对象的规定上限制也比较严格，如我国《刑法》第285条规定的非法侵入计算机信息系统罪，其犯罪对象仅限于"违反国家规定，侵入国家事务、国防事务、尖端科学技术领域的计算机信息系统"，范围过于狭窄。实践中，许多部门建立了自己的网络信息系统，其中有些系统对国家经济建设和社会生活尤为重要，如金融、证券、医疗、电力等系统等，一旦它们受到侵害，社会危害性也是也是巨大的，刑法对其保护同样是非常必要的。

(三) 明确管辖的基本原则

依照我国法律规定，犯罪地是确定司法管辖的首要标准。犯罪地包括犯罪行为地和犯罪结果地。传统犯罪的犯罪地一般比较容易确认，但互联网犯罪因其具有跨区域性的特点，往往造成管辖权的冲突：根据一般意义上的犯罪行为地，犯罪分子登陆信息网络所在地应该可以作为犯罪地，据此，犯罪分子所有经过的区域应该都有管辖权；犯罪结果地一般指的是违反犯罪行为危害结果发生地，常见的是被害人所在地，因此，全国各地被害人所在区域也有管辖权。管辖权的冲突容易造成办案部门争抢案件或者是互相推诿案件，影响案件查办效率、浪费司法资源，为此有必要明确互联网犯罪管辖权的确定原则。

(四) 增设单位犯罪主体

我国刑法对互联网犯罪的相关罪名只规定了自然人为犯罪主体，对单位的互联网犯罪并无规定。但在实践中由单位实施的互联网犯罪却并不少见，由于国家实行严格的注册登记制度、许可证制度，网络主体如服务商、信息提供商等都为法人或单位。虽然最高人民法院、最高人民检察院《关于办理危害计算机信息系统安全刑事案件应用法律若干问题的解释》中规定："以单位名义或者单位形式实施危害计算机信息系统安全犯罪，达到本解释规定的定罪量刑标准的，应当依照刑法第二百八十五条、第二百八十六条的规定追究直接负责的主管人员和其他直接责任人员的刑事责任。"但这是针对司法实践的困境所作的一种变通规定，并不是肯定的单位的犯罪主体地位，对单位犯罪的打击仍然存在法律障碍。针对司法实际，刑法应规定单位互联网犯罪，且对于单位互联网犯罪，应当适用双罚制，加大财产刑的处罚力度，限制或剥夺网络经营资格。

(五) 完善刑罚设置

我国刑法关于互联网犯罪的刑罚以自由刑为主，非法获取计算机信息系统数据、非法控制计算机信息系统罪、提供侵入、非法控制计算机信息系统程序、工具罪配置有罚金刑,而非法侵入计算机信息系统罪和破坏计算机信息系统罪只配置有期徒刑和拘役。而且上述犯罪都没有设置资格刑。这既不符合世界刑罚的发展趋势,也不利于对计算机犯罪的打击。另外在量刑上也存在一定问题:互联网犯罪往往具有严重的社会危害性,取证又比较困难,司法成本高,而我国现行刑法对于互联网犯罪量刑却相对较轻。如《刑法》第285条非法侵入计算机系统罪,法定最高刑只有3年,法定刑偏低。根据互联网犯罪的特殊性,应当建立起完善的刑罚体系。互联网犯罪中,多数都是为了经济目的,对于以谋取非法利益或造成重大财产损失的互联网犯罪,都应当适用罚金、没收财产等财产刑。对于危害国家利益、社会公共利益等互联网犯罪,应当适用剥夺职业资格等资格刑,限制其再犯能力。

(六) 细化完善电子数据的取证和使用规则

互联网犯罪在犯罪手段、犯罪对象等方面有别于传统犯罪,且具有较强隐密性和技术性,在侦查取证上存在很大的困难。此次修改后的刑事诉讼法明确了电子数据证据的法律地位及相关的技术侦查措施,这无疑为互联网犯罪的侦查提供了有力的法律支持。但由于电子数据作为证据是首次入法,法律规定也比较简略,对于如何取得电子数据证据并使用还有一些问题亟须立法明确。

以淘宝代运营为由实施的新型诈骗犯罪案件调研分析

曹晓静*

近年来,电商经济发展迅猛,其中淘宝网因其超大的市场份额而备受青睐。由于部分卖家对网络技术和电商运作知识不甚了解,淘宝代运营公司应运而生。淘宝代运营,指淘宝商家把店铺日常经营、管理、营销、推广的工作委托给专业的淘宝代运营公司,由其提供网络销售平台搭建、品牌营销推广、淘宝装修设计、日常运营管理等服务。代运营公司主要分以下三类:一是全案型,也就是俗称的一站式服务类型公司,卖家只要投入资金,剩下的包装、物流、货源等都由代运营公司负责;二是单店托管型,是最常见的代运营形式,通常情况是基础服务费加上销售提成的模式;三是客服、直通车等模块托管型。近期,笔者对我省检察机关办理的此类案件进行了调研,梳理了此类案件的特点,剖析了办理此类案件过程中存在的问题,并有针对性地提出了处理此类案件的对策建议,以期对司法实践有所裨益。

一、以淘宝代运营为由实施的新型诈骗犯罪的基本情况

经过对这些案件的研究分析,此类案件呈现以下特点:

(一)案发原因比较特殊

因被害人报案而案发的很少,公安机关主要是根据阿里巴巴投诉大数据寻找犯罪线索。造成上述情形主要是因为从事代运营业务的公司较多,主要依靠网络开展业务,相关职能部门难以监管,自然也就很难发现其实施犯罪行为。且因此类案件中被害人多与涉案公司签订了合同,当单个被害人报案时,公安机关也很难判断涉案公司是否涉嫌犯罪。

(二)犯罪主体年轻化、学历较高

李某某等 16 人诈骗案中,14 人为 1990 年之后出生;李某升、李某华等 20 人诈骗案中,17 人为 1990 年之后出生;苏某某等 7 人诈骗案中,7 人均为

---

* 作者单位:浙江省人民检察院。

1990年之后出生。且这些犯罪嫌疑人中很多具有大专以上学历。主要原因在于：一是此类诈骗犯罪需依托网络，因此，犯罪主体多为接触网络较多且受过一定教育的年轻人；二是此类公司虽然打着"电子商务"或者"网络科技"等旗号，但实际上仍是劳动密集型行业，便宜的劳动力对公司存续尤为重要。因此，这些公司招聘员工首选工资较低的刚毕业大学生，且这些公司的招聘多通过正当、正常途径，对于社会经验较少的年轻人具有较强的迷惑性。

（三）被害人范围广，犯罪嫌疑人涉案金额大

此类犯罪通过互联网实施，涉及的被害人分布在全国各地，且多数案件被害人数量众多。这既影响案件管辖权的确定，也在一定程度上给办案人员取证工作特别是被害人陈述的取得带来了不小的难度。此外，此类案件被害人受骗时间具有持续性，短时间被害人难以发觉，这些都给办案工作带来了一定难度。因涉案被害人众多，犯罪嫌疑人涉案金额也普遍较大，如徐某等36人诈骗案，涉案金额2000余万元；杭州某网络科技有限公司诈骗案，涉案金额1700余万元。

（四）形成了较为稳定的犯罪组织

该类案件往往呈现公司化运营的特点，且内部结构清晰，作案分工明确。如前述李某升、李某华等20人诈骗案中，主犯通过成立甲电子商务有限公司、乙电子商务有限公司等公司，对外以做服装批发为由进行招聘，公司设有技术部、业务部、财务部三个部门。业务部分成三个大队，大队下有若干小队，并实行垂直管理，对外具体实施诈骗；技术部负责网店的开通、装修等单方链接，促使诈骗进一步得逞。又如徐某等36人诈骗案中，主犯成立杭州某电子商务有限公司，分为销售部、售后部等部门。销售部分为众启部、智联部、泰鼎部、盛世部，每个部下设小组，承担具体实施诈骗的职责；售后部下设两个小组，负责对被害人的淘宝店铺进行所谓的"装修"和"增值"服务，为销售人员实施进一步诈骗提供条件。

（五）犯罪行为隐蔽性强

该类犯罪十分隐蔽，主要表现在以下四方面：一是涉案公司多经合法注册。因行业准入低，对资金、规模等无明确规定，加之目前我国注册公司的手续十分简便，绝大多数涉案公司都具有合法公司的外在形式。以某市8家涉案公司为例，这些公司皆进行了工商登记，具有合法营业资格，部分受害人表示在工商网站上核查后才决定加盟。还有许多涉案公司组织结构严密，员工众多，在城区中心租有高档写字楼。一些案件中的被害人正是因为到公司现场参观过，或是看到了公司的营业执照的照片、公司内部的小视频才相信了公司的

实力。二是频繁变换公司相关信息。部分涉案公司频繁更换公司名称、办公地址、法人代表等信息，或者注销公司整体并入其他类似模式公司，改头换面，使得被害人投诉无门，也规避监管和司法介入。三是多以微信公众平台和微信朋友圈作掩护。广告宣传是此类犯罪中的重要一环，许多涉案公司以支付报酬的方式由知名微信公众平台代发广告或者在朋友圈投放虚假广告。公众号拥有庞大的用户基数，用户对相应公众号存在较大信赖感，极易上当受骗，而朋友圈作为个人私密空间，更具有隐蔽性。犯罪嫌疑人将联系方式制作成二维码和虚假广告一起发布在微信公众号或者朋友圈，受害人扫码添加销售人员微信号后，销售人员通过专业话术推销产品，骗取大量客户加盟。四是多以合同形式作掩盖。此类犯罪中涉案公司多与被害人签订有代运营服务合同，目的有两个：其一，使被害人放松警惕，认为有合同就有法律保障，一旦出现纠纷被害人也会认为是违约行为而非诈骗；其二，逃避公检法机关的查处，因为从单个合同来看很难和经济纠纷相区别，也更难被作为犯罪行为予以打击。

（六）行为手段比较类似

目前，大量中小代运营商进入市场，由于竞争力弱、利润低、回报周期长，部分公司转向非法运营，作案手法迅速在同行中复制。该类案件的大致作案过程如下：第一阶段，虚假广告宣传。行为人设立公司，招聘人员，利用被害人在淘宝网、阿里巴巴平台开设网店不会开店经营，不会装修网店、上新货物、推广销售、没机会上活动等现实情况，通过伪造证书，冒充淘宝知名电商金牌运营机构来包装自己，在各大网站、微信公众号（群）等网络平台投放虚假广告，以此骗取被害人主动联系与其合作。第二阶段，与被害人签订合同。待有被害人联系后，再由相关人员根据公司统一的话术模板与被害人网络聊天，以提供货源一件代发、店小二服务、推广宣传、销售返利、年终奖励、订单额外补贴、提升淘宝店铺信誉等级等方式吸引被害人，却隐瞒公司并无真实的稳定货源、后台力量严重不足以支撑对外宣传承诺的服务、已加盟的网店基本上处于无生意状态的真相，致使被害人陷入合同的承诺可以实现的错误认识中，从而以不同档次的套餐形式加盟该公司或者购买相关服务，并签订合同。第三阶段，未实质性履行合同。在被害人加盟或者购买服务后，公司仅协助被害人申请网店、网店装修，并从网上下载数据包及图片（来源于阿里巴巴等网上批发网站），让被害人网店上货，之后基本上不再提供服务。当无法达到合同约定目标，有被害人投诉时，相关人员或以"假拍"方式稳定被害人情绪，或以合同等级太低为由诱导被害人升级套餐以获得更好的推广，或直接将被害人拉黑不再与被害人联系。

二、办理以淘宝代运营为由实施的新型诈骗犯罪案件存在的主要问题

由于以淘宝代运营为由实施的诈骗犯罪是随着电商经济的快速发展而产生的一种新型犯罪，在犯罪手段、犯罪模式等方面与传统的诈骗犯罪有显著区别，所以司法人员在办理此类案件中对于案件的定性、量刑等法律适用问题存在一些认识上的分歧，主要表现在以下几个方面：

（一）关于案件的定性

关于此类案件的定性目前争议较大，主要有以下四种意见：

第一种意见认为，此类行为不构成诈骗类犯罪而仅是民事欺诈行为。代运营公司一般均实际提供了开设网店、网店装修等服务，即使服务与支付价款不完全等价，但至少在基础交易部分是合理的，不能认定具有非法占有目的。代运营公司与被害人签订合同，针对单个合同而言，均系被害人真实意思表示，且代运营公司进行的"刷单""刷流量"行为，被害人均知晓，而在签订合同过程中使用的某些"话术"实际上也是营销手段，并非诈骗。至于其后的"假拍诱骗客户升级"行径，无法在刑法中找到对应条文，最为相近的罪名是强迫交易罪，虽然"诱骗"与"强迫"他人消费存在相似之处，都达到了让别人购买的目的，但二者行为性质和危害程度完全不同，不构成强迫交易罪，当然也不能构成诈骗罪。

第二种意见认为，此类行为构成合同诈骗罪。此类案件中的公司多是依法注册成立的公司，淘宝代运营在其经营范围内。其在经营活动中，以非法占有为目的，明知没有履行能力，通过虚假广告招揽客户，并与客户签订服务合同，骗取对方当事人的财物，行为符合合同诈骗罪的构成特征。

第三种意见认为，此类行为构成诈骗罪。首先，该类案件中涉案公司实际没有合同履行能力，以诈骗为目的成立公司，为取得被害人信任而签订合同，合同只是诈骗的一种手段，无正常的经济合同属性，且犯罪嫌疑人在诈骗过程中的话术行为，是受害人处分财产的重要因素。其次，合同诈骗中的"合同"，必须能够体现一定的市场秩序，凡是与社会主义市场经济秩序无关的合同，都不应归于合同诈骗中的"合同"范畴。而此类行为中所谓的"刷钻""刷流量"等业务，其本身即为游离于正常经济秩序之外的灰色产物，不属于受合同法保护的对象。再次，合同诈骗必须发生在合同签订、履行过程中。而在此类案件中，涉案公司从事的一系列活动，系为整体意义上的诈骗行为，同被害人签订所谓的合同，只不过是这一整体诈骗行为中的一个小环节，该环节的存在与否，不足以影响其整体诈骗性质的认定。最后，合同诈骗罪中的

"合同",首先应限定为合同法意义上的"合同",不能仅因有形式上合同的出现,即认定为合同诈骗罪。而合同法意义上的"合同"必须符合该第9条规定的合同基本条款,包括合同标的、数量、质量、价款或报酬、履行期限、地点及方式、违约责任和解决争议的方法等。而在该类案件中,代运营公司与被害人签订的并不是合同法意义上的合同。

第四种意见认为,此类行为不能构成诈骗类犯罪,可以虚假广告罪、非法经营罪等罪名定罪处罚。依据《关于办理利用信息网络实施诽谤等刑事案件适用法律若干问题的解释》第7条规定,违反国家规定,以营利为目的,通过信息网络有偿提供删除信息服务,或者明知是虚假信息,通过网络有偿提供发布信息等服务,扰乱市场秩序,达到一定数额标准的,应以非法经营罪定罪处罚。代运营平台通过网站、通讯群组组织大量"刷手"进行虚假交易并在电商平台上发布好评信息或者删除差评,都是为了提升商家信誉和商品声誉,具有相同的违法性。且依据《国务院互联网信息服务管理办法》规定,从事经营性互联网信息服务需取得国家许可。实践中,行为人一般都明知炒信行为本身处于灰色地带,代运营平台方通常未履行相关审批手续,往往并不符合上述规定,具有违法性。因此,代运营平台组织的网络虚假交易行为可以认定为非法经营罪。此外,代运营平台行为人以网络虚假交易方式营造虚假信用并进行虚假宣传,这与虚假广告行为在本质上具有相同的社会危害性,可以虚假广告罪对发布虚假广告的淘宝代运营公司进行刑事评价。

(二)关于犯罪数额的认定

如前所述,此类案件被害人众多,且分布在全国各地,不能全部到案,因此关于犯罪数额认定是办案中比较突出的难点问题。关于犯罪数额的认定主要有两种意见:

一种意见认为,宜按照严格证据锁链的要求,认定犯罪数额需有犯罪嫌疑人的供述、被害人陈述、合同、相关支付记录等书证予以证明。比如,在李某某案中,各犯罪嫌疑人的犯罪数额系根据被害人陈述、合同、支付记录、客户增值服务信息登记表等证据证实。但实际上各犯罪嫌疑人供述的诈骗金额远远高于上述对应的涉案金额,原因在于很多被害人不愿配合调查、或者联系不到被害人,无法核实合同和李某某收款记录的数额。对于销售部门的各犯罪嫌疑人,承办人结合工作微信记录和客户增值服务信息表等对其参与诈骗的被害人逐个进行了确认,但因无法取得部分被害人陈述,这部分被害人被骗的金额未计入诈骗金额。

另一种意见认为,最高人民法院、最高人民检察院、公安部《关于办理电信网络诈骗等刑事案件适用法律若干问题的意见》(以下简称《办理电信网络诈骗意见》）规定："办理电信网络诈骗案件，确因被害人人数众多等客观条件的限制，无法逐一收集被害人陈述的，可以结合已收集的被害人陈述，以及经查证属实的银行账户交易记录、第三方支付结算账户交易记录、通话记录、电子数据等证据，综合认定被害人人数及诈骗资金数额等犯罪事实。"此类案件涉及的被害人动辄成百上千，要求公安机关逐一收集被害人陈述既不实际也不经济，既然可以认定共同犯罪，那么就无需纠结于每一个犯罪嫌疑人的具体诈骗数额，可以按照上述规定将犯罪行为和犯罪数额作一整体认定，然后根据各犯罪嫌疑人在共同犯罪中的作用划分主从犯进行量刑。

（三）关于宽严相济刑事政策的把握

此类案件涉案人员众多，案发后不少涉案人员的家属多次上访，且为集体访，存在较大的社会稳定风险隐患。涉案人员中还有不少为刚毕业大学生或者刚就业年轻人，如何把握好打击面，既有效依法打击犯罪又贯彻落实宽严相济刑事政策，做到宽严有度、宽严有据是办案中比较突出的问题，特别是对其中从事销售、售后等工作的普通员工处理尺度的把握。据了解，目前舆论普遍认为司法机关对此类犯罪处理过严，打击失范。主要理由如下：一是大部分普通员工是刚毕业的大学生，他们通过正常招聘途径到经过工商注册的公司上班，诈骗只是公司老板所为，他们听命于公司的行为不应认定为诈骗；二是绝大多数公司经过合法的工商注册，代运营业务也存续了很多年，一夜之间公司从合法被认定为非法，存在执法失当问题。比如，有一些涉案代运营公司已存续多年，监管部门却从未查处。有业务员反映公司在被投诉后，当地工商局、公安局到过其公司调查，后来都没有对公司作出任何处罚，导致他们认为此种行为并不违法。

三、妥善处理以淘宝代运营为由实施的新型诈骗犯罪案件的对策建议

以淘宝代运营为由实施的新型诈骗犯罪案件定性争议大、案件涉及面广、社会影响大、信访舆情严重。要妥善处理此类案件就需要司法机关、行政监管部门、电商企业等各方加强协作，综合施策，打防结合。

（一）准确把握法律政策界限

1. 关于案件定性

如前所述，目前关于此类案件的定性意见分歧较大。综合考虑各种因素后，笔者倾向认为对此类案件以合同诈骗罪定罪处罚较为妥当。

首先，从主观方面分析，涉案犯罪嫌疑人根本无履行合同的意愿和能力，非法占有目的比较明显。虽然目前关于民事欺诈与诈骗类犯罪特别是合同诈骗罪的区别尚存争议，但一般来说是否具有非法占有目的是区别两类行为的最重要的特征。而实际履行合同的能力的有无则是合同诈骗罪中判断是否具有非法占有目的的关键因素。代运营属新兴行业，目前关于此类行业的行业准入较低，尚无相关规定明确经营此类业务需要的具体条件。但从以下三点分析可以认定涉案公司根本无履行合同的意愿和能力：一是从客户资金的流向看。正规的代运营公司前期包括人力成本投入较低，要履行对客户的承诺必须将大部分资金投入后期工作中；而涉案代运营公司客户资金一经打入就会在各相关犯罪嫌疑人之间进行分成，投入到后期工作的资金很少，涉案公司对于是否能够履行对客户的承诺并不在意。二是从公司承接的业务范围看。涉案代运营公司在与客户签订合同时根本没有考虑公司规模和是否有履行合同的能力，只要有客户愿意签合同公司就会接受。但是实际上无论是一站式服务还是单店托管类型的代运营，因涉及货源、物流、包装、售后等多项服务，需要投入很大的人力、财力成本，因此，代运营公司能够操作的客户是很有限的，普通规模的代运营公司同一时段能操作的客户一般也就三至五家，处于该行业顶尖的代运营公司能操作的客户至多也就十几家。以前述上海宝尊电子商务有限公司为例，其托管店铺为17家店铺，17个品牌。其他国内知名的淘宝代运营公司服务能力也大致相同，比如，上海悦为网络科技有限公司，托管店铺为10家店铺，9个品牌；广州营易网络技术有限公司，托管店铺为4家店铺，4个品牌；杭州网营科技股份有限公司，托管店铺为5家店铺，5个品牌。上述这些公司均为代运营行业内的领军企业，具有一流的服务能力和几百人的服务团队，但其能够服务的客户数量也是极其有限的。虽然上述公司服务的单个客户规模较大，和涉案公司接触的被害人有很大差别，但上述事实仍能够证明涉案代运营公司根本不考虑是否有履行合同的能力，而动辄同时服务几十个甚至几百个客户，可以推定其根本无履行合同的意愿和能力。三是从不能履约后的态度看。具有履行合同诚意的行为人发现自己违约或者对方指出违约时，虽然可能会有辩解，或者和对方当事人就责任承担问题发生分歧，但仍有解决问题的意愿。而此类案件中，由于涉案公司根本没有履行合同的诚意，根本就不打算履行或者完全履行合同的义务，在纠纷发生后，要么诱骗被害人升级服务继续行骗，要么采取拉黑被害人的手段拒绝承担任何责任。综上，犯罪嫌疑人明知自己根本没有实际履行合同的能力，仍采取多种手段骗取对方当事人的信任与自己签订合同，合同签订后又不积极设法创造履约条件履行合同以避免对方经济损失，可以认定其没有履行合同的意愿和能力，签订合同只是其诈骗的手段。

其次，从客观行为分析，犯罪嫌疑人在签订、履行合同的过程中使用了欺骗手段骗取了被害人的财物。《刑法》第224条对于合同诈骗罪客观方面的构成要件有明确规定,其中第三项为"没有实际履行能力,以先履行小额合同或者部分履行合同的方法,诱骗对方当事人继续签订和履行合同的"。此类案件中涉案犯罪嫌疑人在没有实际履行能力的情况下,以帮助开设网店、装修网店、"刷单""刷流量"等部分履行合同的方法诱骗被害人继续履行合同,其行为符合合同诈骗罪的构成要件。有以下三点需要说明:一是不能将合同诈骗罪限定为完全没有交易的情形,不能因行为人为被害人实施了某种行为或者存在交易行为,就否认合同诈骗罪的成立。有的即使履行部分合同,也是为了骗取对方信任,以达到骗取其财物之目的,此类案件即属于此种情形。二是涉案公司和被害人签订合同,被害人系根据合同约定的服务套餐支付相应的价款,被害人处分财产的行为是基于合同约定,而非基于其他的欺诈行为及话术。根据法条竞合的处理规则,在合同签订、履行过程中的诈骗行为应认定为合同诈骗罪。三是对合同诈骗罪中合同的认定不能过于局限,要求所涉合同必须具备合同法规定的合同要件,只要涉及经济内容即通过市场行为获取利润的合同,即使是口头合同也应认定为合同。

再次,从侵害客体分析,此类行为不仅严重侵害了被害人的财产权还对淘宝代运营市场的正常秩序造成了严重损害。淘宝代运营市场需求巨大,但从目前实际情况看,正规的代运营公司经营普遍比较艰难,与之形成鲜明对比的是非法代运营公司屡屡犯罪得手,被害人数量众多,涉案金额巨大。导致这种现象的主要原因就在于代运营能否成功不仅取决于代运营公司的营销能力,最根本的还在于产品本身的质量、品牌自身的知名度等原因,因此,正规的代运营公司不可能不考虑这些因素而给客户保证销量、信誉。而非法代运营公司则不会有这些顾虑,他们根本不在意合同是否能实际履行,因而,可以给被害人许下许多根本不可能实现的承诺,欺骗被害人签订、履行合同。比如,在此类案件中对于店铺销量、信誉提升基本都有明确约定,但实际上犯罪嫌疑人并无真正提高店铺销量、信誉的有力措施,而仅仅依靠"刷单""刷流量"进行,而淘宝公司对于刷单行为有严格控制,代运营公司根本无法达到合同承诺。但此类案件中,被害人或是由于对淘宝相关规则不了解、不熟悉,或是因为没有摆正心态希望稳赚不赔,往往更加容易选择非法代运营公司。这就导致了代运营行业整体环境不佳,形成了劣币驱逐良币的态势。比如,某电子商务有限公司原与政府部门合作阿里巴巴产业带平台项目,经非法代运营公司传授推广、销售、专用话术等作案方法,在短时间内从合法代运营转向非法代运营。

最后,从量刑标准分析,以合同诈骗罪定罪处罚更能体现罪责刑相适应。按照刑法规定和相关司法解释,诈骗罪和合同诈骗罪均有三年以下有期徒刑或者拘役、三年以上十年以下有期徒刑、十年以上有期徒刑或者无期徒刑三个量刑档次，但数额标准不同，诈骗罪定罪量刑标准远低于合同诈骗罪（诈骗罪的数额标准分别为6000元、10万元、50万元；合同诈骗罪的数额标准分别为2万元、20万元、100万元）。如前所述，此类案件大量发生和相关职能部门监管不力有关，被害人主观恶性相对较低，特别是大量从事销售的普通员工涉案数额较大，以合同诈骗罪定罪处罚更为妥当，也更有利于化解社会矛盾，实现案结事了。

另外，关于案件定性尚有两个问题需要说明。一是认定此类案件中犯罪嫌疑人的行为涉嫌合同诈骗罪，就不宜再对犯罪嫌疑人涉嫌非法经营和虚假广告等其他行为单独评价。因为犯罪嫌疑人的合同诈骗行为是多种行为复合而成的，虽然呈现出一定的阶段性，但其犯罪行为是在一个总的犯罪故意下实施的，宜在总体上进行评价而不应人为割裂，且其他行为作为合同诈骗罪的犯罪手段已经被合同诈骗罪所评价，不宜再重复评价。二是笔者认为此类案件的犯罪嫌疑人应以合同诈骗罪定罪处罚，主要是根据调研中典型案件情况所作的分析，实践中个案情况比较复杂，上述分析可能无法涵盖所有案件。比如，目前已经出现了个案不符合合同诈骗罪的构成要件，应以诈骗罪定罪处罚的情况。比如，郭某坤等15人诈骗案中，涉案公司业务员使用虚假包装过的QQ、微信等通讯工具通过互联网搜寻并结识男性网友，先以谈男女朋友等方式与被害人接触，后以考验感情、赚取高额利润等为由鼓动并介绍被害人开设淘宝网店，业务主管或经理则冒充客服，以提供网店代运营服务为名，假借收取加盟费、网店装修费、VIP升级费、推广费等名义层层递进骗取被害人的财物。在这种情形下，在诈骗过程中虽然存在合同，但使对方产生错误认识的主要不是合同而是合同之外的欺骗行为，应以普通诈骗罪定罪处罚。

2. 关于犯罪数额的认定

对于因被害人众多无法逐一收集被害人陈述的，笔者认为，可以参照前述《办理电信网络诈骗意见》的规定，认定共同犯罪的被害人人数和诈骗数额。比如，徐某等36人诈骗案中，涉案被害人共2000多人，在案仅600余人，因而无法根据被害人被骗数额来认定犯罪数额。而扣押在案的财务U盘中有每个业务员每个月的业绩统计表，属于较为客观的书证，因此，案件承办人结合已收集的被害人陈述、统计表上所有业务员的业绩总数来认定公司总业绩，也就是公司法人代表、犯罪嫌疑人徐某的犯罪数额，总计2180万余元。笔者认为，以这种方法认定共同犯罪总的犯罪数额并将其认定为公司发起人和股东的犯罪数额并无不妥。

但不宜将上述数额也认定为其他犯罪嫌疑人、被告人的犯罪数额并区分主从犯量刑。首先，按照刑法关于共同犯罪的基本理论，对于主犯应当按照其参与的或者组织、指挥的全部犯罪处罚,对于从犯应当按照其参与的全部犯罪处罚。此类案件中大部分犯罪人员分工明确,采用一对一方式实施诈骗,并以此为基础提成,对于这部分犯罪人员来讲,他们只参与了其中一部分犯罪分享的也仅是这部分的犯罪收益,却要对全部犯罪数额承担刑事责任,既不公平也有违刑法规定。其次,按照此种方法认定犯罪数额难以量刑。不同的犯罪数额针对不同的量刑档次,按照被告人参与的具体诈骗认定犯罪数额和按照整个团伙的诈骗金额予以认定可能差一个,甚至两个量刑档次。在这种情形下,即使法官按照刑法规定对于从犯减轻处罚,但按照刑法规定减轻处罚只能在下一个量刑幅度内量刑,很难做到罪责刑相适应,且对于同样被认定为从犯的人员也很难分别量刑。因此,笔者认为对于其他犯罪嫌疑人、被告人特别是公司普通员工的犯罪数额还是应按照刑法规定按其参与的具体数额认定。对于无法取得其陈述的被害人,如果有犯罪嫌疑人供述、合同、网络聊天记录、支付证明等予以证明,可以将这部分被害人的被骗数额计入诈骗数额,不需犯罪嫌疑人的供述、被害人陈述、合同、相关支付记录全部对应。

3. 关于贯彻落实宽严相济刑事政策

此类案件涉案人员众多,普遍学历较高、年纪较轻,虽然按照犯罪构成要件分析他们构成犯罪,但一律予以追诉打击显然不利于社会和谐稳定,也不符合绿色司法的要求。为此,在明确对于涉案公司的经理、股东、总监等主犯和骨干人员予以严厉打击的同时,有必要适度限制打击范围,合理框定打击圈。鉴于诈骗类犯罪,犯罪数额是反映社会危害性的重要因素之一,且易于实践操作,建议以犯罪数额为标准进行层次划分:

一是对在相关犯罪中从事前台、售后等工作领取固定工资未参与犯罪分成的人员的处理。这部分人员中有的从事的是一般的事务性工作,属于刑法中的"中立的帮助行为",不宜作为犯罪处理;有的从事的行为对诈骗犯罪的帮助不大,在共同犯罪中起作用较小,犯罪收益也较小,可以认定为犯罪情节显著轻微,不予追诉。调研中,对这部分人员要从轻处理基本无争议。

二是对在相关犯罪中从事销售等工作并参与犯罪分成的普通员工的处理。调研中较能达成一致的是,要按照犯罪数额分化处理,并结合已查办人员的情况统筹考虑。但具体以多少数额为分界线,目前各方分歧很大。有的倾向于以3万元为提起公诉的数额标准;有的则倾向于以5万元或者10万元为提起公诉的数额标准;还有的提出宜以合同诈骗罪数额巨大(20万元)标准为界,对犯罪数额在20万元以下涉案人员可以作相对不起诉处理,也即对可能判处3年以下有期徒刑或者拘役的犯罪嫌疑人均可作相对不起诉处理。

综上,笔者认为,鉴于目前此类案件在法律适用上存在一些争议,各地执法尺度不一,不仅影响了打击效果,也易引发信访舆情,建议浙江省公、检、法三家就此类案件的办理进行座谈研讨,尽快以会议纪要形式对相关问题进行明确,以统一法律适用。

(二) 建议相关职能部门加大监管力度

经过调研,笔者认为此类案件爆发式发生,监管不力是重要原因之一。目前,公安机关已经查处了大量案件,在妥善消化存案的同时,政府相关职能部门要加大监管力度,运用行政手段对代运营行业进行统一整治。

一是加强淘宝代运营行业整顿。代运营公司成立只要通过简单的公司注册,资金和规模要求都比较低,公司注销或并入其他同类型公司手续方便,这给市场监管带来一定的难度。行政主管部门要加强淘宝代运营公司资质审核工作,制定明确的准入条件,严把行业准入标准,定期不定期对代运营公司进行检查,防止部分公司从合法向非法演变。对于公司从事虚假宣传活动以及其他不规范经营行为的,要加大行政处罚力度。

二是强化网络广告的监管。淘宝代运营诈骗的重要环节之一就是虚假广告宣传,因此相关部门要加强对淘宝代运营公司广告的审查力度。市场监管部门要加强与电信、公安、文化等相关职能部门的协作与配合,加大对互联网广告等新型广告监管的人力物力投入,形成监管合力。同时,加强对腾讯、淘宝等网络平台公司的指导,完善服务端管理,净化网络广告环境。电信运营方、相关行政管理部门应与微信平台管理者多方合作,启动监测服务平台,引入动态实时监管机制,对疑似虚假广告及时预警拦截和备案。同时积极利用群众力量,畅通申诉举报平台投诉渠道,发挥舆论监督作用。

三是电商企业要主动加强管理。建议淘宝网实施淘宝代运营公司备案制度,并加强对代运营淘宝店的网络巡查,针对非法代运营行为建立防控机制,加强网络后台数据管控,并对店铺投诉率、服务满意度进行监测。当发现异常数据时,不仅要向司法机关移送违法犯罪线索,也要与行政主管部门加强沟通便于行政监管工作的开展。

(三) 加强预防淘宝代运营诈骗宣传

各职能部门和电商企业要通过大众传媒、官方新媒体公众号、微信、淘宝等平台开展多种形式的法治宣传活动,提高商家的法治意识,克服急功近利和侥幸心理,引导他们寻找合法代运营公司,拒绝"刷单""刷流量"等不正当竞争行为。同时要进一步畅通维权渠道,在微信、淘宝网等平台建立专门的投诉渠道,完善异地维权制度,降低维权成本。

网络犯罪新态势：人工智能技术用于网络犯罪情况的调研报告

腾讯安全管理部刑事法律中心

人工智能（AI，artificial intelligence），是研究、开发用于模拟、延伸和扩展人的智能的理论、方法、技术及应用系统的一门技术科学。经过60多年的演进，特别是在移动互联网、大数据、超级计算、传感网、脑科学等新理论新技术以及经济社会发展强烈需求的共同驱动下，人工智能加速发展，呈现出深度学习、跨界融合、人机协同、群智开放、自主操控等新特征。2017年国务院《新一代人工智能发展规划》将发展人工智能技术提升到战略高度，指出："人工智能是引领未来的战略性技术……当前，我国国家安全和国际竞争形势更加复杂，必须放眼全球，把人工智能发展放在国家战略层面系统布局、主动谋划，牢牢把握人工智能发展新阶段国际竞争的战略主动，打造竞争新优势、开拓发展新空间，有效保障国家安全。"

然而，伴随着人工智能时代的到来，人工智能的使用将给社会、法律、哲学、伦理等方面带来的影响也是复合性的。对人工智能产品的合理应用，将会带来更多行业的重大变革，促进社会的深度和快速发展，推动经济社会各领域从数字化、网络化向智能化加速跃升。但是如果使用者不当利用，甚至将其作为实现犯罪意图的工具，也将给社会安全稳定带来新的挑战和威胁。近期腾讯安全管理团队已经发现不法人员开始将人工智能技术应用于网络犯罪之中。2017年腾讯安全团队协助警方，打击了一个利用人工智能技术破解互联网验证码策略的"打码"平台，成为全国首例利用人工智能犯罪的案件。该案的出现，意味着网络犯罪进入更高的智能化阶段。

一、人工智能"打码"平台的社会危害性

（一）突破验证码安全策略，威胁账号和公民信息安全

在互联网黑产行业中，不法分子窃取网站数据库后，需要验证确认账号与密码之间的对应关系，将有价值的数据通过验证方式筛选出来，这一过程在黑色产业中被称为"晒密"（意即撞库）。而互联网公司抗制"晒密"最核心的安全策略就是验证码体系。所谓验证码一般呈现为字符、拼图滑块和选择图片

等形式，其防范技术原理是，提出的问题容易被人类解答，而机器无法解答，譬如提供一个通常只能由人类肉眼识别的变形字符图片，以此确认执行操作的是人类，而不是利用机器批量自动化的操作。黑产人员的行为与正常登录存在明显差别，他们往往掌握海量账号密码，晒密需求也是数以亿计，由此其必然需要通过机器自动化操作的方式进行批量登录，而不是由人工操作登录行为。这就是验证码技术防范黑产的原理所在。

　　黑产人员为了对抗验证码策略，也为了进一步提高"晒密"效率，专门从事批量识别验证码的"打码"平台应运而生。传统的"打码"平台以人工操作为主，即"码奴"（专门从事该项工作的人员）通过人眼识别再反馈的方式进行。同时，打码平台通常会与"晒密"软件作者合作，通过在软件中嵌入动态链接库组件来增加软件的功能，以实现验证码的请求和读取结果返回的通讯交互。"打码"平台的出现，使得黑产人员批量"晒密"的效率大大提升，由此公民账号密码信息遭遇更大的泄露风险。而利用人工智能机器识别的"打码"平台又将传统"打码"平台的效率提升了上千倍，使得危害性进一步加剧。

　　（二）"打码"平台与大量黑灰产业勾连，为网络犯罪提供帮助

　　当前，"打码"平台已经成为网络黑产中的一环，成为数据清洗商重要的帮助工具。犯罪行为人借助"打码"平台获取大量准确的账号密码后，即可进一步地掌握大量深层次公民信息，进而实施窃取财产、精准诈骗等犯罪活动。除此之外，大量需要批量登录账号才能实现的网络黑色、灰色产业，譬如，刷单炒信、"薅羊毛"（通过批量登录大量获取认证奖励、充值返现、购物卡券等商家提供的小额财产利益）、"黄牛"抢号、网站"水军"、群发营销广告和不法信息等，也均借助打码平台得以迅速猖獗泛滥，严重威胁网络安全和公民利益。

二、人工智能用于网络犯罪的新特点

　　2017年7月，腾讯守护者计划安全团队协助浙江警方，打击了目前国内最大的通过AI技术破解互联网验证码的"打码"平台"快啊答题"，并由此挖掘出一条从盗号撞库、破解验证码到贩卖公民信息、实施网络诈骗的全链条黑产，目前，已有90余人涉案被采取强制措施，其中平台负责人及核心人员以提供侵入、非法控制计算机信息系统程序、工具罪被批准逮捕。由此案可发现人工智能用于网络犯罪的若干新特点。

　　（一）人工智能用于网络犯罪体现了犯罪的高技术性

　　人工智能自从进入公众视野，已经在多方面体现出超越人类智能的优势，而将其运用于犯罪也使得网络犯罪的技术性特征进一步凸显。人工智能"打

码"平台借助了深度学习框架,创建神经网络,通过下载几乎全世界的所有字体,对神经网络进行训练,使其能够像培养儿童一样自主学习,不断强化其图文转换能力,再将这种神经网络与具有图像接受和处理结果返回功能的服务端进行网络连接,构成一个自动识别和反馈验证码的应用系统。

(二)人工智能用于犯罪使得黑产犯罪成本降低、犯罪效率提升

黑产人员运用 AI 技术训练机器,极大提升了单位时间内识别验证码的数量。在人工打码时代,最熟练的"码奴"识别并输入一个验证码也需要一秒钟时间,高昂的人力资本和较为漫长的工作周期,使得被验证"清洗"的数据相对有限,该种犯罪的危害性尚较易控制。而将人工智能运用于打码,平均一秒可以实现 2000 次识别,识别率高达 80%,且验证速度和准确率还会随着训练加深而不断提升。

(三)人工智能用于犯罪大幅增加黑产营利

上述打码平台在 2017 年一季度内破解验证码 259 亿次,总累计破解验证码 1204 亿次。而接入该平台提供验证码识别服务的"撞库"软件有 100 多款,接入平台的用户达 1.1 万余人。从 2016 年 6 月到 2017 年 3 月,短短 8 个月的时间平台资金进账高达 1650 万元。黑色产业以趋利性为典型特征,高额的营利回报反过来更加刺激了黑产的动力,加速了黑色产业猖獗泛滥的趋势。

三、关于打码平台的法律适用

目前已公开的涉及"打码"的案件数量不多,以"打码"作为关键词搜索,在裁判文书网上可查询的案件数量在 10 个以下,主要为被告人利用能够"调用第三方打码平台发送非常规图形验证码的功能"的恶意程序实施非法获取计算机数据,或向他人提供该种恶意工具。

如卢某、陆某巧、卢某庆等非法获取计算机信息系统数据案([2017]浙 0603 刑初 724 号),被告人陆某巧、卢某庆使用"钓鱼网站"(木马软件)窃取他人 QQ 账号、密码的方式,分别将所获得的 QQ 账号、密码导入"若水"扫号软件中,通过该软件筛选可以使用的 QQ 账号、密码出售给他人以非法获利。经鉴定,涉案"若水"扫号软件是恶意程序,该程序具有通过调用第三方打码平台发送非常规图形验证码的功能,该功能可以实现绕过腾讯 QQ 安全防护系统的人机识别验证机制,向腾讯 QQ 服务器发送非常规网络请求的目的。再如任某平、张某等提供侵入、非法控制计算机信息系统程序、工具案([2017]晋 0106 刑初 583 号),被告人开发了黑米华为、黑米魅族抢购软件,并在 2015 年开发了专门针对天猫网站的黑米天猫(淘宝)抢购软件,在其官方网站上大量销售。经鉴定黑米天猫软件为恶意程序,具有以非常规的方式构

造网络请求发送给淘宝网站服务器，具有实现模拟用户手动登录淘宝账号并进行批量下单的功能，同时具有通过调用第三方打码平台发送非常规图形验证码绕过淘宝安全防护系统的人机识别验证机制的功能。

上述案件，根据行为人具体的行为性质，主要涉及《刑法》第285条第2款非法获取计算机信息系统数据罪和第285条第3款提供侵入、非法控制计算机信息系统程序、工具罪。然而，可以发现上述案件都是针对集成了"打码"平台功能的程序、工具（譬如撞库晒密工具），而针对"打码"平台本身认定的案例目前仍未发现。

我们认为，"打码"平台如果系人工识别，难以将其认定为程序、工具（集成于撞库工具中另当别论），但基于其为下游黑灰产业提供帮助的行为考察，根据下游犯罪情况及行为人明知情况，可能涉嫌《刑法》第287条之二帮助信息网络犯罪活动罪，在能够证明存在共谋的场合，亦存在认定共同犯罪的空间。而在通过人工智能技术识别的场合，尤其是将人工智能机器识别作为某种特定的程序、工具向他人提供使用的，则可能涉嫌《刑法》第285条第3款提供侵入、非法控制计算机信息系统程序、工具罪。

四、对策建议

（一）关注头部威胁源，斩断黑产利益链条

近年来，网络犯罪猖獗和泛滥的深层次原因是形成了环节繁多、分工精密的产业链条。"打码"平台的大量出现，尤其是人工智能被用于"打码"平台，极大降低了下游黑灰产业的违法犯罪成本，提升了黑产的违法收益。下游黑产的巨大利益驱动，反过来也促使上游提供技术支持和帮助的人员动力提升、人员增长、技术迭代，形成了对网络安全影响巨大的威胁源体系。由此，根本上遏制网络犯罪，需要抓住头部要害，斩断彼此勾连的利益链条。

（二）法律适用问题仍待司法解释、指导案例给予清晰指示

针对"打码"平台等可能为下游网络犯罪提供帮助的黑色产业，《刑法修正案（九）》增设了帮助信息网络犯罪活动罪，但在实践适用中仍存疑问。下游犯罪"查证属实"需要证明到何种程度；行为人"明知"如何通过客观证据证明或推定；在下游既包括违法犯罪行为，也包括性质不明的"灰色"行为时，"明知"的内容如何把握；帮助信息网络犯罪活动罪与共同犯罪之间的界限和辨析等问题，仍有待司法解释进一步明确。针对人工智能"打码"平台，能否认定为"专门设计用于侵入、非法控制计算机信息系统、非法获取计算机信息系统数据的程序、工具"也尚需统一认识。法律适用的精确，将有助于网络犯罪的精准打击。

新时代下网络安全面临的新形势新挑战

腾讯安全管理部刑事法律中心

习近平总书记强调指出:"没有网络安全就没有国家安全,没有信息化就没有现代化"。网络已被视为继陆地、海洋、天空、外空之外的第五空间,维护网络安全已成为维护国家安全新的战略制高点。新时代下,网络安全呈现出新形势新特征,尤以网络黑产、网络资金等领域为典型代表。

一、DDOS 攻击仍是网络安全典型威胁

近年来,黑客攻击仍然是持续影响网络安全的典型威胁,尤其是具有简单暴力特征的分布式拒绝服务攻击(以下简称 DDOS 攻击,Distributed Denial of Service),呈现越加严峻的趋势特征。DDOS 攻击目标范围广泛,虽然基于网络犯罪普遍存在的趋利性特征,目前,遭受攻击最多的领域仍是游戏、电商甚至境外比特币市场等高盈利性产业,但值得关注的是,无论境外还是境内,均已发生针对政府网站、大型媒体的攻击事件,在部分攻击事件中,政府网站被攻击导致连接中断,造成恶劣影响。此外,DDOS 攻击往往同时伴随着木马植入、勒索利益等行为,故对全球网络安全构成更大威胁。从世界范围看,中国已经成为 DDOS 攻击目标的第一大国,其次分别是美国、韩国,同时中国也是僵尸网络存量最大的国家。

当前,黑客 DDOS 攻击集中三方面特点:一是攻击强度不断攀升。从 2012 年到 2017 年,5 年间攻击流量峰值从 300G 达到了 2017 年的 1.4T。二是攻击手段、设备不断丰富。从由个人计算机组建僵尸网络,发展到基于物联网的遍布街头的摄像头和日常家庭中的路由器,黑客运用的武器不断更新,更易取得,且危害性伤害力更大。三是分工精细化和产业化水平不断提升。DDOS 攻击已经从黑客单独实施全程攻击的传统模式,发展成由发单人、攻击实施人、肉鸡商、流量出量人、黑客软件作者、资金担保人等多个犯罪个体共同参与实施的产业化犯罪形态。DDOS 攻击链条的产业化不仅降低了攻击的实施门槛,现在黑产分子实施一次攻击行为成本十分低廉,而且还给发现和斩断整个利益链条进一步增加了困难。

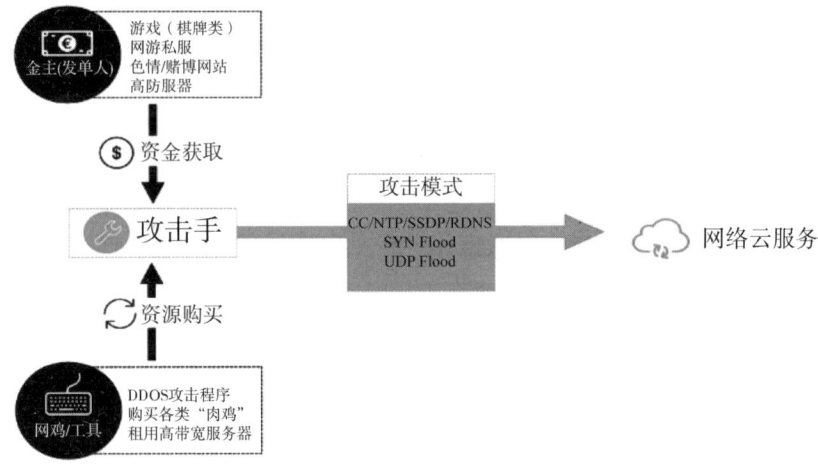

DDOS 攻击示意图

二、黑客渗透对政企网络安全形成危害

黑客通过非法途径入侵网络系统，提取管理员权限，实施渗透破坏的行为，长期以来给政企网络安全带来严重危害。通过入侵渗透，黑客可实施拖库（窃取数据库）、窃取国家机密或商业机密等核心数据、篡改数据库、破坏计算机信息系统等多种性质恶劣、危害严重的犯罪行为。

2017年9月，江苏常州警方打掉一个通过黑客渗透手段入侵政务网站，篡改内部数据后，制作虚假国家资质凭证的大型黑产团伙。该团伙利用黑客渗透，侵入政务网站，获取权限添加查询功能，或直接修改制作山寨网站提供查询服务，以实现所制假证通过网上"验证"环节。人力资源和社会保障、教育等60余个政务网站遭黑客渗透，严重危害政府公信力和国家网络安全。

三、网络劫持威胁国家数据的传输安全

网络劫持，是黑产团伙通过技术手段，非法控制用户上网行为，以此达到网络流量的引流，甚至诱导用户安装木马程序，非法获取用户网络行为的核心数据。常见的网络劫持有流量劫持、域名劫持。网络劫持严重危害国家基础网络的数据传输安全，如果行为发生在运营商网络节点或相关要害位置，用户和互联网行业均无法有效对抗，危害大、影响恶劣。

2016年3月，重庆警方打掉一个由黑客、运维公司和运营商内部员工相勾结的黑产团伙。该团伙在运营商骨干网络核心位置非法架设嗅探服务，劫持过百万用户的网络行为核心数据，而后伪造用户信息发布传播色情、病毒和恶

意广告等有害信息,谋取巨额非法利润,严重危害国家基础网络的数据传输安全和用户个人信息安全。

四、暗网存在及巨大安全威胁日渐外显

暗网,是指那些只能用特殊软件、特殊授权或对计算机做特殊设置才能连接,而使用一般的浏览器和搜索引擎无法发现和连接的网络内容。近年来,暗网的存在及其给网络安全带来的巨大威胁逐渐受到各方关注。不法分子利用暗网加密通联、规避监管,从事非法交易、网络攻击甚至恐怖活动的态势,逐渐为外界认知。暗网的存在被公众大规模感知系基于2017年6月份中国留学生章莹颖在美遇害事件。该案嫌疑人勃兰特·克里斯坦森被怀疑多次在"暗网"浏览"绑架101"网站,并将犯罪手法最终实现于现实世界。此后国内媒体对暗网的报道也逐渐增多,根据腾讯指数监测显示,近三个月以来,全网关于"暗网"话题的信息传播总量共计近50万条,日均近4000条。鉴于暗网话题的垂直专业属性,舆论热度量级已相当可观,社会公众对暗网呈现出较高关注态势,形成多个传播讨论高峰,并引发部分忧虑。

暗网的巨大危害性突出体现在:一是暗网活动具有匿名性,难以监控和追溯。基于暗网所采用的复杂的多层代理多次跳转的技术原理,在暗网上活动的人不会暴露真实IP地址,这使得暗网上的行为难以被监控追溯,同时由于暗网中的交易主要使用的是比特币等加密货币,比特币本身脱离金融监管和去中心化的特点,进一步增加了暗网交易的隐秘性。二是暗网中存在大量非法交易平台。如此前被境外曝光的"丝绸之路"。同时,涉及交易种类繁多,诸如非法药品、毒品、危险物质、黑客装备、枪支、色情交易、信用卡诈骗、信息买卖甚至人体器官买卖等,已成为违法交易聚集的重要场域,一旦流入现实社会则势必将对社会稳定和谐带来极大威胁和隐患。三是暗网为恐怖活动等各类严重威胁国家安全的犯罪提供隐秘联络、策划空间。基于暗网的高度隐秘性,使得原本在公开互联网上便难以监管的网上勾联、秘密传输更加隐蔽,恐怖组织等犯罪组织在暗网中可以利用比特币进行资金筹集,依靠镜像网站进行思想传播,并通过暗网黑市平台采购物资,给国家安全造成极大威胁。已有信息显示暗网与一系列恐怖组织的联系活动存在关联,发生于2015年的巴黎系列恐怖袭击,"伊斯兰国"的联络策划即与暗网有关。

五、网络非法集资成社会安全稳定风险

随着互联网进程的不断推进,非法集资、传销等涉众型案件呈现网络化趋势,大量身披新型商业模式外衣的网络非法集资、网络传销层出不穷,发展速度快、涉众规模大、迷惑性更强。不仅侵害人民群众利益,还严重扰乱社会经

济秩序，威胁社会安全稳定。2017年5月的"民族资产解冻"煽动的"鸟巢聚集事件"、7月"善心汇"引发的"进京闹访事件"，无不凸显出此类案件威胁和冲击社会稳定。

通过对网络非法集资、网络传销等大量案件摸底调研发现，与传统案件相比，此类案件的核心特征和法律关系并未发生根本改变，将线下的面对面犯罪迁移至互联网，犯罪主体通过架设网站、APP作为主运营平台，进行参与人员的信息注册、层级搭建和返利计算等，同时借助互联网信息传播和网上银行、第三方支付的即时、便利等特点，速度更快，影响范围更广。犯罪团伙发展速度的"天花板"一次次被突破，部分犯罪设定的入门费相对较低，又多打着"大众创新""分享经济"等噱头，迷惑性更强。"e租宝"从2014年2月至2015年12月，非法集资762亿元，受骗群众达90万人；"云在指尖"传销组织从2014年底至2016年2月，发展会员247万人，人员层级总数达52层；"善心汇"传销组织从2016年5月至2017年7月，发展会员500多万，遍布全国31个省区市。

六、网络资金支付容易被违法犯罪利用

近年来，以第三方支付为代表的移动支付发展迅速，其快捷方便的特点，在极大改善支付体验的同时，对监管也带来了挑战。以第三方支付平台为代表的网络资金支付业务被违法犯罪分子所利用，成为违法犯罪资金收拢和转移的渠道之一。从数据上看，第三方支付机构涉及犯罪资金转移支付虽然总体占比不大（占据超过90%以上绝对比例的仍是银行等传统金融机构），但在毒品犯罪、网络赌博、电信诈骗、传销、非法集资等犯罪中已成为常用的支付或转移渠道之一。

以网络赌博为例，当前网络赌博的典型形态包括：一是境外庄家、境内代理。境外庄家利用境外网络赌博合法化或监管不严的环境，在境外开设一个或数个赌博网站，后通过境内多层级"代理""会员"开展运营，搭建起呈金字塔形态的庞大网络赌博组织。从数量来看，美国和亚洲周边国家是主要的境外赌博网站聚集区域。二是境外赌博网站，境内开设支付接口。境外赌博网站通过雇佣境内人员以及与黑产分子共谋，在境内开设第三方支付接口，用于赌博资金的收拢和进一步结算甚至跨境转移。同时，境外赌博网站境内充值，可能成为资金非法转移渠道，存在洗钱风险。三是赌博网站和资金收取端采取多种逃避监管策略。赌博网站经营者为了逃避监管和对抗支付平台风控策略，采取频繁更换地址域名或者支付接口的反侦查措施，往往一个站点使用了较短的时间，或者一个支付接口有几笔大额进账之后，就迅速抛弃，转而使用不为监管机构和风控平台掌握的新的站点和支付接口，为打击治理行动制造新的困难。

面对新时代下网络安全新形势、新挑战，政府、企业、网民等社会各方更应协同联动、携手共进：

一是政企互动，共创安全。一方面，互联网企业应利用自身技术优势，协助政府完善电子政务系统和关键信息基础设施的安全保障工作。发现安全防护的薄弱环节，切实防止政务系统和关键信息基础设施受到攻击、渗透以及政务信息被窃取、篡改。另一方面，面对网络传销、赌博、洗钱等互联网犯罪活动，互联网企业要及时感知动态趋势，将发现的新情况、新问题及时向主管机构反应，积极配合公安、司法机关开展线下打击行动。同时，主管机关进一步加强给企业提供指导，共同推进政策落地，提升治理效果。

二是多方参与，实现共治。新形势下，维护国家安全和网络安全必须探索形成政府、互联网企业、学界、网络运营商等多方参与的治理模式，明确技术标准，协商措施推进，促进能力共享。同时，强化社会共治意识，提高公民参与度。畅通网民举报通道，调动网民共建网络安全的参与积极性。

三是技术革新，制度配套。首先，不断增强技术防控识别和打击能力。针对各种线上违法犯罪行为，根据信息流、资金流、用户举报等多个维度，建立大数据识别和打击模型，并通过机器学习的方式，不断完善精准识别和打击能力。其次，利用平台智库和技术资源，主动布局对暗网、人工智能、物联网等新领域的安全治理。同时，充分利用技术能力，将被动防御转型为主动防御。打造全天候、全方位感知网络安全态势系统，对重大安全风险隐患，做到智能感知、及时发现。

五、【典型案例】

丁某非法控制计算机信息系统案

【基本案情】

被告人丁某，男，1998年2月7日出生。

被告人丁某于2014年2月起，在其位于上海市杨浦区眉州路130弄22号2楼的居住地内，使用电脑通过专用软件扫描互联网上存在漏洞的服务器，即"肉鸡"。选取"肉鸡"时丁某主要选择使用linux系统的服务器，因为使用这一系统的外国人居多，流量较为丰富。抓取成功后，专用软件会生成"肉鸡"的报告列表，表中记录存有漏洞的服务器的IP、用户名和密码。被告人丁某则利用用户名和密码进行登录，同时往"肉鸡"中植入木马病毒。一旦植入成功，中毒的"肉鸡"会自动回连丁某的服务器。丁某利用存储在自己服务器内的控制软件来掌控"肉鸡"。一旦黑客需要对他人的计算机系统进行流量攻击时，丁某就将自己控制"肉鸡"的软件提供给黑客，黑客只要在软件列表中填写目标IP地址和开放端口就可让全部"肉鸡"共同向指定目标发起流量攻击，导致系统的瘫痪或崩溃。被告人丁某则以每G流量人民币100元的价格赚取报酬。经查，被告人丁某非法控制他人计算机信息系统共计370台。

【诉讼过程】

被告人丁某一案由北京市公安局公共交通安全保卫分局侦查终结，于2014年12月16日移送北京市朝阳区人民检察院审查起诉。2015年6月19日，北京市朝阳区人民检察院审查起诉以被告人丁某涉嫌非法控制计算机信息系统罪向北京市朝阳区人民法院依法提起公诉。

【案件结果】

北京市朝阳区人民法院依法组成合议庭，公开审理了此案。法院经审理认为：被告人丁某犯非法控制计算机信息系统罪，判处有期徒刑1年6个月，罚金人民币二千元。被告人丁某未上诉。

【典型意义】

计算机信息系统包括计算机以及相关配套设备、设施（含网络）。通过"木马"病毒，远程控制他人的计算机服务器，实现非法控制他人的上网流量，进而获利的行为属于非法控制计算机信息系统。

了解掌握专业技术知识，准确认定行为人的行为模式。计算机犯罪具有较强的专业性，办案人员一方面要加强与侦查机关、网络技术人员的沟通联系，另一方面要重视相关电子证据的固定以及鉴定意见的调取。

引入法益保护的审查理念，准确认定行为人的行为性质。非法使用他人的上网流量，属于"网络盗窃"的一种，但其又与传统盗窃存在根本区别。"上网流量"这一虚拟财产与现实生活中的公私财产不同，行为人对"上网流量"的获取不会排除他人的持有和使用，即无法实现"非法占有"，它最本质的危害还在于计算机信息系统被他人非法控制而处于不安全的危险之中。此外，如果适用传统的盗窃罪进行评价，还会导致打击犯罪的障碍。因为从技术层面上对流量的耗费很难测算，财产损失数亦难以确定，相反非法控制计算机信息系统罪有明确的司法解释，具有较高的可操作性，可以实现罪责刑相适应，进而有效打击犯罪。

考量司法打击的成本及难易程度，合理把握证明标准。2011年8月1日最高人民法院、最高人民检察院《关于办理危害计算机信息系统安全刑事案件应用法律若干问题的解释》中对非法控制计算机信息系统罪的追诉标准进行了明确规定，其中非法控制计算机信息系统的数量标准最为常用。司法实践中在证明被非法控制的"台数"时一般无须逐一核实，只要有一台查证属实即可。

（撰稿人：北京市朝阳区人民检察院公诉处　徐华玲）

王哲非法获取计算机信息系统数据案

——利用黑客技术手段窃取公司企业用户邮箱行为如何定罪

【基本案情】

被告人王哲,男,1984年11月24日出生,汉族,大学本科文化,北京市人。因涉嫌非法获取计算机信息系统数据罪,于2013年12月10日被北京市公安局昌平分局刑事拘留,同年12月24日被取保候审。

被告人王哲系电脑技术人员。2013年8月,王哲发现北京263企业通信有限公司(以下简称"263公司")的计算机系统存在网络漏洞。同年8月9日至8月10日,王哲为炫耀计算机水平,利用远程登录攻击指令入侵263公司的计算机信息系统,通过修改网站源代码获取任意管理员的登录权限,秘密将所有使用263公司邮件的16000余个"域"(一个"域"代表一个公司)下面的30000多名公司员工用户的邮箱通讯录(该通讯录不对外公开)导出到自己的笔记本电脑中。此外,王哲还设置了可修改所有使用263公司邮件的用户邮箱密码、从而可随意进入任意邮箱的超级密码"youwilldie",修改密码并顺利进入263公司客户企业账户下的18个员工邮箱。经查,王哲在窃取并导出该公司企业用户通讯录后,并未对外公布或使用。2013年8月12日,263公司发现系统被入侵后自行修复网络漏洞。

【诉讼过程和案件结果】

2014年6月16日,北京市昌平区人民检察院以被告人王哲犯非法获取计算机信息系统数据罪向北京市昌平区人民法院提起公诉。同年7月30日,北京市昌平区人民法院以王哲犯非法获取计算机信息系统数据罪,判处其有期徒刑3年,缓刑5年,罚金人民币6000元。

【典型意义】

利用黑客技术手段窃取公司企业用户邮箱的行为是否构成犯罪?如何界定非法获取计算机信息系统数据罪中"身份认证信息"的性质和数量?

一、分歧意见

第一种意见认为,被告人王哲的行为构成破坏计算机信息系统罪。王哲利用远程控制手段入侵263公司服务器,通过修改网站源代码获取任意管理员的登录权限,属于修改了该服务器的应用程序;用户邮箱通讯录属于263公司存储的非公开信息数据，王哲设置超级密码对存储的企业用户邮箱密码进行修改并登陆的行为，属于修改存储数据；而提供企业用户邮箱服务是263公司的主要业务，其用户邮箱通讯录的泄露会造成企业用户的不安全感，并直接影响公司信誉从而导致客户流失，属于后果严重。因而，王哲的行为应认定为符合《刑法》第286条第2款中"违反国家规定，对计算机信息系统中存储、处理或者传输的数据和应用程序进行删除、修改、增加的操作，后果严重"的情形，应当以破坏计算机信息系统罪定罪处罚。

第二种意见认为，被告人王哲的行为不构成犯罪。根据《刑法》第285条第2款之规定，违反国家规定，侵入前款规定（国家事务、国防建设、尖端科学技术领域计算机）以外的计算机信息系统或者采用其他技术手段，获取该计算机信息系统中存储、处理或者运输的数据……情节严重的，处3年以下有期徒刑或者拘役，并处或者单处罚金。而最高人民法院、最高人民检察院《关于办理危害计算机信息系统安全刑事案件应用法律若干问题的解释》（以下简称《解释》）第1条第2项认定构成非法获取计算机信息系统数据罪"情节严重"的情形，是指获取第（一）项（支付结算、证券交易、期货交易等网络金融服务的身份认证信息）以外的身份认证信息500组以上的；……本解释所称"身份认证信息"，是指用于确认用户在计算机信息系统上操作权限的数据，包括账号、口令、密码、数字证书等。被告人王哲窃取的仅仅是263公司的企业用户邮箱通讯录，并未实际窃取每个邮箱的密码或口令，而用户必须同时掌握"账号+密码/口令"，才能确认在计算机信息系统上拥有操作权限，司法解释中对于"身份认证信息"的认定中账号、口令、密码、数字证书等并非是选择性信息，因此，王哲所窃取的企业用户邮箱通讯录仅仅属于"账号"，不能称之为"身份认证信息"，同时其行为不符合其他犯罪情形，故不构成犯罪。

第三种意见认为，被告人王哲的行为构成了非法获取计算机信息系统数据罪，但建议对于获取计算机信息系统数据的数量予以明确界定。被告人王哲出于炫技目的，采取黑客技术入侵263公司服务器并窃取大量公司企业用户邮箱通讯录，属于采取非法手段获取计算机信息系统数据，且数量已远远超出司法解释规定"情节特别严重"的数量标准，完全符合该罪的构成要件，应定罪处罚。但实践中，对于《解释》中"组"的认定还存在争议，需要司法解释予以明确。

二、分析意见

笔者同意第三种意见，被告人王哲构成非法获取计算机信息系统数据罪，且情节特别严重，应当承担刑事责任。理由如下：

第一，王哲不构成破坏计算机信息系统罪。

根据《解释》第4条："破坏计算机信息系统功能、数据或者应用程序，具有下列情形之一的，应当认定为刑法286条第1款和第2款规定的'后果严重'：（一）造成十台以上计算机信息系统的主要软件或者硬件不能正常运行的；（二）对二十台以上计算机信息系统中存储、处理或者传输的数据进行删除、修改、增加操作的；（三）违法所得五千元以上或者造成经济损失一万元以上的；（四）造成为一百台以上计算机信息系统提供域名解析、身份认证、计费等基础服务或者为一万以上用户提供服务的计算机信息系统不能正常运行累计一小时以上的；（五）造成其他严重后果的。"王哲仅入侵了263公司的一台服务器，且其获取管理员权限的最终目的是窃取企业用户邮箱，破坏应用程序仅是其手段行为，并未造成多台计算机信息系统的软硬件不能正常运行或数据删减，更不涉及违法所得，至于第5项的"其他严重后果"，适用时应当与前四项相当，王哲虽修改了18个企业员工邮箱密码并登陆邮箱，但并未实施进一步侵害行为，且263公司在两天后就立刻发现并修复漏洞，并未给公司和客户造成实际损害，不宜将预测性隐形损失评价为既然的"严重后果"。

第二，被告人王哲所窃取的企业用户邮箱，属于《解释》中的"身份认证信息"。

对于一组身份认证信息的理解，是指可以确认用户在计算机信息系统上操作权限的认证信息的组合，应结合其非法获取身份认证信息的方法来判断该身份认证信息在被非法获取时是否可用为依据[①]。虽然王哲窃取的是16000余组企业用户邮箱通讯录，不包含每个邮箱的操作密码，但其通过入侵服务器获取管理员权限，并设置了可随意修改所有用户邮箱密码的"万能密码"，在非法获取邮箱通讯录的同时已经实际上拥有了现实的邮箱操作权限，事实上不必再获取密码或口令就已经掌握了账户、密码等确认用户权限的完整身份认证信息组合，故可认定为王哲窃取的企业用户邮箱通讯录属于身份认证信息。

第三，王哲的行为属于《刑法》第285条规定的"情节特别严重"。

根据《解释》第9条："实施前款规定行为，数量或数额达到前款规定标准5倍以上的，应认定为第285条规定的'情节特别严重'。"本案中，被告人王哲非法获取的企业用户通讯录，属于该解释中的身份认证信息，仅从上位数据"域"的数量，已经达到16000余个，而各企业员工邮箱通讯录更多达30000余个，远超过500组的5倍以上，符合司法解释中规定的"情节特别严

[①] 最高人民法院刑事审判第一、二、三、四、五庭主办：《刑事审判参考》（总第83集），法律出版社2012年版，第85页。

重",故依法应判处 3 年以上 7 年以下有期徒刑,并处罚金。

第四,司法解释对于计算机信息系统数据数量中"组"的界定需要进一步明确。

目前《解释》仅在第 1 条规定了非法获取身份认证信息"500 组"以上属情节严重的入罪标准,第 9 条规定达到 500 组 5 倍以上数量属于情节特别严重。但《解释》并未对"500 组"中的"组"的具体界定予以明确规定——是类比公民个人信息的认定,仅个人邮箱用户"账号、口令、密码、数字证书"中任几项组合构成的"一条信息"即可成立一组,还是以计算机中每个公司代表的"域"的数量来计算"组"?本案中被告人王哲窃取邮箱通讯录的数量,仅上位数据"域"的数量已经远超过 500 组的 5 倍,符合"情节特别严重"情形,但倘若本案中非法获取的公司企业邮箱通讯录不足 2500 个而员工个人邮箱通讯录数量超过 2500 个时,被告人王哲的行为属于"情节严重",还是"情节特别严重"?有待司法解释对"组"的界定予以进一步明确。

(撰稿人:北京市昌平区人民检察院 杨文)

胡某非法获取计算机信息系统数据案

【基本案情】

胡某，男，1989年9月生。

2015年7月至2016年8月末，胡某在河北省廊坊市其家中，使用专门用于侵入计算机信息系统的程序及包含大量用户名密码的样本数据，对百度公司（公司注册地址为北京市海淀区上地十街10号）的计算机信息系统实施撞库攻击，非法获取百度公司储存的用户身份认证信息217526组并将部分数据出售，非法获利人民币6万元。

【诉讼过程】

胡某因涉嫌非法获取计算机信息系统数据罪，于2016年9月1日被北京市公安局海淀分局刑事拘留，于2016年10月8日经北京市海淀检察院批准，于同日被北京市公安局海淀分局逮捕。北京市海淀区人民检察院指控胡某非法获取计算机信息系统数据，于2017年3月14日向北京市海淀区人民法院提起公诉。

【案件结果】

2017年6月9日，北京市海淀区人民法院作出一审判决：被告人胡某违反国家规定，采用技术手段获取计算机信息系统中储存的数据，情节特别严重，构成非法获取计算机信息系统数据罪，判处有期徒刑3年10个月，并处罚金人民币6万元；追缴被告人胡勇违法所得人民币6万元予以没收。

【典型意义】

在办理非法获取计算机信息系统数据案件中，犯罪嫌疑人利用技术手段，通过计算机信息系统身份认证机制对样本数据进行穷举验证的行为，应认定属于《刑法》第285条第2款规定的"获取计算机信息系统中存储、处理或者传输的数据"。

计算机信息系统技术快速普及并飞跃发展，为保护计算机信息系统安全，我国立法机关在2009年《刑法修正案（七）》中增加规定了非法获取计算机信息系统数据罪。为解决司法实践中制约依法惩治该类犯罪的主要问题与分歧，2012年，最高人民法院、最高人民检察院《关于办理危害计算机信息系统安全刑事案件应用法律若干问题的解释》（以下简称解释），该《解释》从获取数据的性质和数量（既要求数据性质为身份认证信息，又规定了数量标准)、犯罪所得、经济损失等方面，明确了非法获取计算机信息系统数据罪中"情节严重"的认定标准。但在司法实践中，新的计算机技术层出不穷，有些甚至会对法律关系产生颠覆式的冲击，而当这类技术运用于犯罪时，司法人员对技术原理背后的法律逻辑判断将对认定罪与非罪、此罪与彼罪产生重大的影响。

本案中，行为人胡某采用的"撞库攻击"在本质上是典型的穷举法，其核心原理：用户身份认证信息，是指在计算机及计算机网络系统中确认操作者身份的过程，其目的是确定该用户是否具有对某种资源的访问和使用权限，其常用的实现方式是账号、密码验证。理论上，所有的账号和密码均是有限字符组合而成，行为人只需对所有组合进行一一匹配验证，则一定可以获得正确的用户身份认证信息。在计算机信息技术语境下，这种行为由两类具有完全不同功能的程序结合完成：第一类程序负责按照行为人的要求对字符进行组合，生成"字典表"，该类程序往往被称为"字典生成工具"；第二类程序负责调用"字典表"，并利用目标计算机信息系统的用户身份验证机制对已生成的组合进行一一验证，并记录可以通过验证机制的账户密码组合，这类程序往往被称为"破解器"。如果用户在注册不同网站账户时，偏向使用同一账户与密码，那么行为人就可以通过收集互联网已泄露的用户身份认证信息，生成对应的"字典表"，尝试批量登录其他网站，而这就是"撞库攻击"。

从立法技术角度来看，《刑法》第285条第2款规定了"其他技术手段"为兜底条款，说明立法者已经注意到在实践中存在诸多非法获取计算机信息系统数据的行为，此类行为花样繁多，其特征也难以进行客观描述，不能进行详细分类，我们势必要对行为的技术原理和行为人主观目的进行分析、合理界定。

从计算机技术层面看，正如前文所述，行为人对用户身份认证信息的获取不仅包括"从无到有"，更包括"从不明到明确"，其判断标准是真实性的确认，而不是物理意义上的占有，否则将缺乏评价的意义[①]。行为人收集互联网已泄露的用户身份认证信息属于对"字典表"的优化，这种优化对于真实性而言，仅仅是提高了可能性，仍然需要行为人后续的验证行为来确定。这种验证行为在本质上对计算机信息系统安全造成了侵害，违反了国家规定和他人意志，从而在实质上具有违法性，属于非法获取计算机信息系统罪的"获取"。而"撞库攻击"以计算机信息系统技术为基础，解释为"其他技术手段"符

---

① 如果评价为物理意义上的占有，则行为人生成具有所有组合的"字典表"时，即已经完成了获取。

合公民预期，没有超出立法者的本意，在保持犯罪构成要件完整的基础上进一步加强了对公民个人信息和计算机信息系统安全的法益保护，在维护罪刑法定主义和促进社会发展之间寻求了合理的平衡。

（撰稿人：北京市海淀区人民检察院科技检察部　白磊）

胡某、周某非法提供控制计算机信息系统程序案

——新型网络游戏类犯罪案件的证据审查及定性分析

【基本案情】

2011年初犯罪嫌疑人周某在玩《完美国际》网游时得知该款游戏有外挂，并通过其他玩家认识了设计《完美国际》游戏外挂"水晶辅助"程序的开发者胡某。周某发现售卖"水晶辅助"外挂程序可以挣钱的商机后便与胡某商议，提出给其外挂程序做代理，即由胡某将设计好的"水晶辅助"程序卖给自己，自己通过淘宝销售给其他玩家。胡某听后表示同意。从2011年3月份起直至2015年7月份被抓获，胡某通过淘宝多次将设计的"水晶辅助"外挂程序卖给周某，周某则通过支付宝转账付款给胡某。周某购买后，将上述外挂程序挂到自己的淘宝网店"简爱网游"上，以不同的绑定方式（对应不同的价位）向玩家进行兜售。通过统计犯罪嫌疑人胡某支付宝中与"水晶辅助"有关的交易记录，胡某自2011年2月19日起至2015年7月27日间获利约90万元，通过统计犯罪嫌疑人周某支付宝中与"水晶"有关的交易记录，周某自2014年7月28日至2015年8月5日获利137235元。2014年5月份，完美世界（北京）网络技术有限公司接到玩家举报，称有玩家使用"水晶辅助"外挂非法软件，破坏了《完美国际》游戏的平衡，后于淘宝网发现了售卖"水晶辅助"外挂的"简爱网游"店铺。经完美世界网络公司委托，2015年6月北京网络行业协会电子数据司法鉴定中心出具司法鉴定意见书认定："完美国际水晶辅助"外挂程序"水晶.exe"是一款可侵入、控制运行《完美国际》游戏的计算机信息系统的工具。2015年7月，民警在河南潢川、广东佛山将胡某、周某抓获。

【典型意义】

一、如何进行网络游戏类犯罪案件的证据审查工作

本案审查思路：

（一）查找争议点，确定关键证据

通过查阅卷宗及提讯犯罪嫌疑人，我们发现本案中胡某制作游戏外挂并由周某在淘宝销售并获利的事实较清楚，犯罪嫌疑人及辩护律师并无异议。犯罪

嫌疑人及律师提出异议的焦点问题系本案中的游戏外挂是否系侵入、非法控制计算机信息系统的程序、工具，并通过审查证据和发现的争议点，锁定关键的定罪证据系本案中的司法鉴定书及与获利金额相关的证据。

（二）以庭审可能出现的问题为预设，从程序和实体上分别重点审查关键证据中存在的问题

1. 程序问题排查

（1）鉴定意见书程序审查

首先，对鉴定意见书作出机关——北京网络行业协会电子数据司法鉴定中心的鉴定资质、鉴定范围及鉴定人资格进行书面审查，确定鉴定机关合法，并对委托机关进行审查。

其次，对鉴定意见书鉴定检材来源和鉴定方法进行审查，以确定检材来源合法，鉴定方法合理。

我们对上述问题进行审查时发现，此案鉴定意见书的委托程序和取证程序均存在瑕疵。此份鉴定意见书系由被害单位完美世界（北京）网络技术有限公司自行委托，所提取检材系从犯罪嫌疑人周某网店内购买并下载（上述过程有屏幕录像），并非公安机关委托鉴定，且检材并非由公安机关从胡某处勘验、检查时提取到的外挂程序，目前也未调取到两名犯罪嫌疑人通过网络传送"水晶辅助"的直接客观证据。对此，犯罪嫌疑人胡某曾提出辩解称，只认可自己电脑内提取的"水晶辅助"外挂系自己制作，不确定周某网店内出售的是否系自己制作，且嫌疑人辩护人也对检材的来源提出异议。虽然，本案中周某的供述及周某与胡某之间的QQ聊天记录能证实胡某是"水晶辅助"外挂的制作者，并不断提供给周某外挂的卡密以便其用于销售，但在此份鉴定意见书证据提取程序上依然存在一定程度的瑕疵。

（2）对于获利金额相关证据程序审查

进行审查时发现，此案中关于获利金额的证据是公安机关现场勘验及远程勘验时获得，系通过登录胡某、周某支付宝后提取到的支付宝交易记录，并非通过支付宝公司调取的支付宝记录，且周某的支付宝记录仅有2014年7月28日至2015年8月5日间的部分记录。

2. 案件实体问题排查

（1）对司法鉴定书进行实体审查的方法

由于对司法鉴定书进行实体审查，涉及到诸多对网络游戏专业技术问题的分析，而此系我们自身知识水平所不能及，因此，在进行此工作时，我们采取了询问鉴定人并听取鉴定人意见、询问被害单位相关技术人员、询问专家（包括技术专家及法律专家）、启动同步专业审查程序等方式。

(2) 本案中司法鉴定意见书认定的内容

本案的司法鉴定意见书系北京网络行业协会电子数据司法鉴定中心受完美世界（北京）网络技术有限公司委托作出。鉴定人通过进入犯罪嫌疑人周某的淘宝店铺（简爱网游）下单购买水晶外挂后，在取证平台上进行功能检验。鉴定意见书认定《完美国际》游戏服务器具备自动处理数据的功能，且具有后台支持的计算机、网络设备和通信设备等硬件和对其进行运营维护的管理人员及相关制度。因此，《完美国际》游戏服务器属于计算机信息系统。通过鉴定证实，水晶外挂具备"无限跳跃""无限视野""无限高度""隐藏建筑""开启穿门"功能。鉴定人对"水晶.exe"运行后生成文件的调试分析证实当勾选"水晶.exe"中的"无限高度""无限跳跃""隐藏建筑""无限视野"时，游戏主程序所在内存相对应位置的代码逻辑被修改，发现"水晶.exe"通过设置钩子程序，在《完美国际》主程序"ElementClient.exe"运行时，注入了"GameGuard.des"和"3dcfl924.cry"。GameGuard.des 的作用是阻止《完美国际》游戏程序对外挂程序"水晶.exe"的检测。"3DCFL924.cry"的作用则是通过设置钩子程序注入主程序，让自己编写的函数在游戏运行中得到执行，实现修改《完美国际》游戏程序存储、处理的数据以及运行逻辑规则的功能，从而修改了《完美国际》游戏客户端功能。当《完美国际》游戏客户端与《完美国际》计算机信息系统（服务器）进行数据交互时，该计算机信息系统接收到的是"水晶.exe"修改后的指令和数据，从而实现对其内部存储、处理数据的修改操作。因此，认定"完美国际水晶辅助"外挂程序是一款可侵入、控制运行《完美国际》游戏的计算机信息系统完成上述功能的工具。

(3) 此份鉴定意见书存在的问题

我们发现此份鉴定意见书的论证逻辑存在一定问题且取证范围不完整。本案中鉴定机关将游戏的服务器（而非服务器和客户端）认定为计算机信息系统，但鉴定机关仅通过分析外挂程序对客户端进行修改，并未对服务器是否接受客户端发送的修改后的数据进行取证或固定，便认定服务器已经接收了客户端已修改的指令和数据，且实现了对服务器内部存储、处理数据的修改操作，即作出"水晶辅助"系侵入、控制计算机信息系统的程序的结论，在逻辑推理方面存在问题，取证范围不完整，论证不完整，因此，存在漏洞。

所谓"非法控制"，根据全国人大法工委刑法室的解释，"是指通过各种技术手段，使得他人的计算机信息系统处于掌控之中，能够接受其发出的指令"。而本案中鉴定意见书仅证实外挂对客户端进行了修改，是否对服务器产生影响，服务器是否接受了外挂修改后的数据指令，鉴定意见书中并没有客观数据体现。

（4）关于获利金额存在的实体问题

犯罪嫌疑人胡某、周某在讯问中均提到两人之间存在胡某假装顾客，并指使他人假装顾客从周某淘宝店内购买"水晶辅助"或游戏点卡以帮助周某淘宝店铺提高等级的刷单行为，但两人都无法准确指认哪些金额系刷单交易，因此，在准确计算两人的获利金额上也存在巨大困难。

通过这个案件，可以看出，办理新型网络犯罪案件对侦查方向的确定、证据提取固定及证据审查分析等各方面的要求都更高，我们认为办理这类案件有以下几点经验值得分享：

1. 及时发现问题，同步引导侦查

由于新型网络犯罪案件中电子类证据易灭失，后期补正难度极高，因此，证据的提取和固定尤为重要。如本案中，由于公安机关在前期调取证据不全面，后期则补充调取难度极高。因此，对于这类案件前期和审查过程中，应及时与侦查人员沟通，争取关键证据的保存。

2. 重视证据的程序合法性审查

在办理新型网络犯罪案件时，证据提取的程序合法性审查尤为重要。由于新型网络犯罪案件中，电子证据较多，电子证据又具有易被篡改的特点，这就要求我们在审查该类证据时，对证据的提取程序合法性审查格外关注。

3. 全面讯问，及时发现案件可疑点

由于新型网络犯罪案件中的犯罪嫌疑人相对于普通案件，可能具备更多的专业技术知识，我们在技术知识上存在劣势，为了不在法庭处于被动地位，在讯问犯罪嫌疑人时，不能走过场，尽可能在审查起诉中，发现案件中犯罪嫌疑人可能提出的辩解点，进行补救和提前准备。

4. 避免轻信鉴定意见书，查微析疑，细致求证

虽然鉴定人系专业技术人员，但在审查鉴定意见书时，仍不应过度信赖，可以通过召开专家咨询等多种形式，对鉴定意见书进行审查，对于存在问题的鉴定意见书依法不应予以采信。

5. 有效甄别犯罪手段，准确定性量刑

新型网络犯罪案件类型多样，如同为游戏外挂类案件，可能因外挂类型、内容不一样，侦查方向和应适用的罪名也会出现巨大差异，且由于此类案件判例相对较少，相关法律规定并不完善，因此，在选择适用罪名时，应深入仔细分析和判断。

二、关于本案定性

（一）本案不应认定为提供非法控制计算机信息系统的程序、工具罪

第一，从侵犯客体来看，我们认为本案不符合提供非法控制计算机信息系

统程序、工具罪的构成要件。

从此罪名侵犯的客体来看，提供非法控制计算机信息系统程序、工具罪是刑法第六章妨害社会管理秩序罪中的第一节扰乱公共秩序罪中的一个罪名。而事实上，网络游戏外挂侵害的主要是网络游戏公司的经济利益，破坏的是网络游戏的平衡性，对其他网络游戏玩家产生不公平，可能使得游戏公司的玩家部分流失。我们认为本案中的网络游戏外挂尚谈不上扰乱了公共秩序。因此，认定该罪名不甚合理。

第二，即使本案的鉴定意见书能够证实游戏服务器接收了外挂修改后的数据、游戏服务器与客户端之间确实存在交互，是否就能够由此认定此游戏外挂对服务器达到了"非法控制"的程度，并能以此来认定该罪名，这一点仍值得商榷。最高人民法院研究室编著的《网络犯罪刑事诉讼程序意见暨相关司法解释理解与适用》一书中关于制作、销售网络游戏外挂程序的处理一章中提到："最高人民法院研究室认为，对于制作、销售网络游戏外挂程序的行为，要全面综合判断行为的社会危害性，秉持刑法的谦抑性，慎用刑事制裁手段。对于社会危险性严重、确需追究刑事责任的制作、销售互联网游戏外挂程序行为，也应妥善选择适用罪名。对制作、销售网络游戏外挂程序的行为应以侵犯著作权定罪处罚，不宜适用非法经营罪、破坏计算机信息系统罪等其他罪名。"从该书中相关论述可见，最高人民法院研究室对于制作、销售外挂类案件更主张适用侵犯著作权类犯罪，而非本罪名。

（二）本案不构成侵犯著作权罪

将网络游戏外挂以侵犯著作权罪认定的判例以上海《冒险岛》游戏外挂为典型代表，具体案情如下：

2007起，被告人张某伙同黄某针对《冒险岛》网络游戏研究制作外挂程序，取名"CS辅助"，并通过网络进行销售。经鉴定，涉案的"CS辅助"通过内存挂钩方式入侵《冒险岛》网络游戏客户端程序，获得对该程序内存地址、数据修改的控制权。调用、复制了《冒险岛》124项客户端软件功能数据的数据命名、数据结构、运行方式，通过改变数据的数值、参数，以加强应用功能。

上海市浦东新区人民法院以侵犯著作权罪判决此案，后被告人上诉，上海市第一中级人民法院维持原判。

从上述判决来看，该案中的"CS辅助"外挂在功能上与本案的"水晶辅助"存在相似性，都是通过修改客户端数据来加强应用功能。因此，我们认为，从侵犯的客体和保护法益的角度，本案认定侵犯著作权更为合适。侵犯著作权则规定在刑法第三章破坏社会主义市场经济秩序罪中的第七节侵犯知识产权罪中，此类罪名从根本上保护的法益是国家、社会的经济利益，从这点上讲，如能够鉴定出"水晶辅助"具有大量复制游戏客户端功能数据的情况，认定侵犯著作权罪更适合本案的定罪量刑。但是由于公安机关在侦查起初就依照非法提供控制计算机信息系统程序罪要求完美世界（北京）网络技术有限公司委托鉴定，且由于证据固定及原始鉴定环境不可回溯的问题，该案在审查起诉阶段也无法再次鉴定"水晶辅助"是否有大量复制《完美国际》客户端功能数据的情况。同时，本案中外挂对原客户端数据的复制能否达到侵犯著作权的标准也值得商榷。故本案与《冒险岛》案件存在一定差异，本案无法认定为侵犯著作权罪。

（三）本案不构成非法经营罪

从司法实践来看，制作、销售互联网游戏外挂程序的行为不少被以非法经营者追究刑事责任。持此观点的主要依据是最高人民法院《关于审理非法出版物刑事案件具体应用法律若干问题的解释》（以下简称《非法出版物犯罪解释》）第11条或者第15条规定，认为出版、印刷、复制、发行本解释第一条至第十条规定以外的其他严重危害社会秩序和扰乱市场秩序的非法出版物，情节严重的，以非法经营罪定罪处罚。对于网络游戏外挂属于非法出版物的主要依据系2003年12月23日新闻出版总署、信息产业部、国家工商行政管理总局、国家版权局、全国扫黄打非工作小组办公会在《关于开展对"私服"、"外挂"专项治理的通知》，该通知指出："私服""外挂"违法行为属于非法互联网出版活动，应依法予以严厉打击。

但我们认为，《非法出版物犯罪解释》第11条主要是针对内容上有问题的非法出版物的行为，网络游戏外挂程序属于非法出版物，但不同于内容上有问题的出版物，且过去多以非法经营罪定罪处罚，是因尚未有计算机类犯罪罪名或侵犯产权类犯罪罪名可以明确适用，在存在上述适宜罪名规定后，不宜再以非法经营罪定罪处罚，以避免非法经营罪的适用范围被无限扩大。因此，本案亦不宜认定为非法经营罪。

综上，我们认为本案不符合提供侵入、非法控制计算机信息系统罪的犯罪构成，因前期侦查方向原因，也无证据证实是否构成侵犯著作权罪，而由于非法经营罪过去是作为兜底罪名来处理该类型案件的，侵犯知识产权类罪名及侵犯计算机类罪名完善后，非法经营罪便不应再继续适用。故本案最终对胡某、周某作存疑不起诉处理。

（撰稿人：北京市海淀区人民检察院 王赫 郭抗抗）

罗燕丽、罗儒景、韦琪信用卡诈骗案

【基本案情】

罗燕丽，女，1984年11月26日出生，广西壮族自治区宾阳县人；

罗儒景，男，1987年2月15日出生，广西壮族自治区宾阳县人；

韦琪，女，1996年8月16日出生，广西壮族自治区宾阳县人。

2015年6月至2016年1月间，罗燕丽、罗儒景、韦琪通过向他人手机发送植入木马病毒链接的短信，窃取他人银行卡号、身份证号等信息资料，后使用窃取的孟钦武等11人的银行卡信息，通过北京京东世纪贸易有限公司、国美在线电子商务有限公司等电商平台的快捷支付功能进行购物、消费共计人民币118997.7元。其中，孟钦武人民币8682.57元（自行追回人民币4000元，损失人民币4682.57元）、韦昌慧人民币6902.92元、张勇人民币253.4元、徐慎衍人民币21244.5元、王长红人民币25275.9元（自行追回人民币8000元，损失人民币17275.9元）、杨庆刚人民币9008元（自行追回人民币4000元，损失人民币5008元）、方宣人民币15892.4元（自行追回人民币10608.9元，损失人民币5283.5元）、陈惟彪人民币10159.95元，胡兴宽人民币4971.86元、曹枫人民币6952.06元、郭康林人民币9654.14元。2016年1月24日，罗燕丽、罗儒景、韦琪被抓获归案。

行为人发送的短信内容为："机主姓名＋看你家人做的那些好事＋植入木马病毒的链接"，收件人点击链接后木马病毒开始自动运行，手机中的短信、通讯录等内容会被发送至行为人预设的邮箱中。行为人从众多短信中筛选出银行卡号、身份证号等信息资料并以上述购物、消费的方式加以利用，后将所购商品出售套现从中获利。

【诉讼过程】

本案由北京市公安局侦查终结，以罗燕丽、罗儒景、韦琪涉嫌盗窃罪，由北京市人民检察院第二分院于2016年6月3日移交北京市大兴区人民检察院审查起诉。北京市大兴区人民检察院于2016年11月21日以信用卡诈骗罪将罗燕丽、罗儒景、韦琪提起公诉至北京市大兴区人民法院。

【案件结果】

北京市大兴区人民法院于2016年12月29日以信用卡诈骗罪判处罗燕丽、罗儒景有期徒刑5年6个月，并处罚金人民币5万元；判处韦琪有期徒刑5

年，并处罚金人民币 5 万元。责令罗燕丽、罗儒景、韦琪退赔人民币 92388.8 元，发还各被害人。扣押在公安机关罗燕丽的手机八部、粉色 MIPAD 一部、笔记本电脑三台、无线数据终端一部；罗儒景的白色小米手机一部；韦琪的粉色手机一部，变价后与冻结罗燕丽的银行账户内存款一并折抵退赔款，不足部分继续追缴。

【典型意义】

一、在法律适用方面

本案属于窃取他人信用卡信息并通过互联网使用的情形。2009 年 12 月 3 日最高人民法院、最高人民检察院《关于办理妨害信用卡管理刑事案件具体应用法律若干问题的解释》第 5 条第 2 款第 3 项规定，窃取、收买、骗取或者以其他非法方式获取他人信用卡信息资料，并通过互联网、通讯终端等使用的，属于《刑法》第 196 条第 1 款第 3 项所称的"冒用他人信用卡"。本案的情形完全符合上述司法解释的规定，应当认定为信用卡诈骗罪。依法准确适用法律。

二、在事实认定、证据采信方面

对于犯罪事实的认定，公安机关通过侦查实验，确定行为人所使用的电子设备能够导入通讯录并群发短信；通过对行为人电子设备的勘验、检查，提取了行为人在京东、国美等电商平台的登录账号；从京东、国美等电商平台调取了行为人所使用账号的购物消费明细；根据上述购物消费明细，从上海快钱、中国银联等快捷支付平台调取了行为人所使用账号购买的商品数量、价格、银行卡卡号、银行卡户名等信息，据此确定了本案中的 11 名被害人。通过公安机关的反向侦查，证实本案 11 名被害人的财产损失确系本案行为人造成。

对于犯罪数额的认定，以被害人银行卡交易明细显示的在相应时间段内转出的数额为基础，结合报案材料、被害人陈述进行准确认定。案发后被害人自行追回的损失不从犯罪数额中扣除，但在责令行为人退赔时予以扣除。既依法严厉地打击犯罪，又依法保障行为人的合法权益。

（撰稿人：北京市大兴区人民检察院　周宇）

袁某非法获取计算机系统数据案

【基本案情】

被不起诉人袁某，男，1982年生，浙江省杭州市人。

被不起诉人袁某系"白帽子"，又称"正面黑客"，其识别计算机系统或网络系统中的安全漏洞后，并不恶意攻击或非法利用，而是将该漏洞信息发布至乌云网①。这样，运营商可以在系统漏洞被其他人（如黑客）利用之前进行修补，袁某也可以通过在乌云网发布漏洞信息提升自己在专业技术领域的知名度。

2015年12月3日至4日间，被不起诉人袁某在浙江省杭州市使用"SQL-map"软件（该软件自带缓存功能，会自动将测试信息存储到本地的一个隐藏文件夹）侵入位于北京市朝阳区酒仙桥京东方科技园内由上海花千树信息科技有限公司运营的"世纪佳缘"网站服务器，发现该网站的漏洞并将相关漏洞情况上报到乌云网，同时，获取了该网站服务器内的数据700余组，包含登录用户名、密码、真实姓名、手机号等信息。

【诉讼过程】

本案于2016年5月31日由北京市公安局朝阳分局侦查终结，以被不起诉人袁某涉嫌非法获取计算机信息系统数据罪，移送北京市朝阳区人民检察院审查起诉，经过两次退回补充侦查，北京市朝阳区人民检察院于2016年11月22日作出不起诉决定，认为：被不起诉人袁某违反国家规定，侵入他人计算机信息系统，获取该计算机信息系统中的数据，触犯了《刑法》第285条第2款规定，犯罪事实清楚，证据确实、充分，但其未将获取的数据用于牟利或从事其他违法犯罪活动，犯罪情节轻微；系初犯，认罪态度较好。根据《刑法》第37条的规定，不需要判处刑罚。依据《刑事诉讼法》第173条第2款的规定，决定对袁某不起诉。

---

① 乌云网（WOOYUN）是一个位于厂商和安全研究者之间的安全问题反馈平台，其用户被称为"白帽子"，用户可以在线提交发现的网站安全漏洞，企业用户也可以通过该平台获知自己网站的漏洞。该网站曾披露京东商城、支付宝、网易等国内知名网站的高危漏洞，在业界有一定影响。2016年7月20日，乌云官方网站关闭。

【案件结果】

2016年11月22日，北京市朝阳区人民检察院作出对袁某相对不起诉决定。

【典型意义】

"正面黑客"挖掘计算机信息系统漏洞，同时获取系统数据的行为，构成非法获取计算机信息系统数据罪，但综合考虑其情节，可以从轻处罚。

一、本案不符合《刑法》第253条之一侵犯公民个人信息罪的犯罪构成，符合非法获取计算机信息系统数据罪的犯罪构成

第一，袁某获取的是否属于公民个人信息目前存疑，其中虽然有"真实姓名、手机号、邮箱"等信息，但其是否属于真实的公民个人信息目前存疑。根据在案证据，袁某获取的最重要的部分为"确认用户在计算机信息系统上操作权限的数据"，属于"身份认证信息"；第二，在案证据显示，袁某并未将其获取的计算机数据进行出售或者提供给他人，不属于253条之一的犯罪构成。

第二，袁某主观上具有获取计算机信息系统数据的故意。对于袁某在主观上是否明知使用该软件会获取到数据，即是否具有获取计算机信息系统数据的主观故意问题，我们认为，可以根据袁某对所使用软件的掌握知悉程度、被侵入服务器的系统日志等，对犯罪的主观方面进行分析判断。本案中，系统日志及司法鉴定意见中显示袁某获取了大量数据，进行了跨库检索，超出一般漏洞检测所需限度，因此，可以认定其具有非法获取计算机信息系统数据的犯罪故意。

第三，袁某客观上实施了获取计算机信息系统数据的行为。袁某的行为由两部分构成，即漏洞检测和获取计算机信息系统数据。如果只进行漏洞检测，而不进一步对计算机信息系统进行非法控制或者获取数据，不会涉及刑事犯罪层面。本案中，袁某获取了涉案系统中的700余组数据，属于最高人民法院、最高人民检察院《关于办理危害计算机信息系统安全刑事案件应用法律若干问题的解释》第1条规定的"身份认证信息"，已经达到"情节严重"的标准，应当认定为非法获取计算机信息系统数据罪。

二、应对袁某作出相对不起诉处理

"白帽子"与黑客虽然都是使用类似攻击手段查找漏洞，但二者的不同点体现在两方面：一是目的不同，二是后果不同。"白帽子"虽然使用攻击手段进行漏洞检测，但其目的是提升计算机及网络系统的安全水平，同时提升自己的技术知名度，而黑客的目的是通过攻击手段侵入计算机系统从而获取不正当

利益。"白帽子"一般会对检测到漏洞向计算机信息系统的运营者直接告知，或者向漏洞平台报告由漏洞平台进行告知；而黑客则非法对计算机信息系统进行控制、破坏、盗取数据等。

针对袁某的处理，需考虑其主观恶性和社会危害性综合进行评价。客观上，袁某获取了部分计算机信息系统内的数据，数量刚达立案追诉标准，但其并未将数据用于营利或者其他违法犯罪活动，未造成严重后果，结合"白帽子"安全产业的发展和社会效果，应当对袁某作出相对不起诉处理。

三、"白帽子"更好地为互联网安全贡献力量需要做好顶层设计

目前我国已经设立了国家互联网应急中心（CNCERT）、国家信息安全漏洞共享平台（CNVD），上述机构与社会第三方平台有一定的合作关系，收集"白帽子"发现的互联网安全漏洞，但是第三方合作平台并未获得对全网网站进行安全检测的授权。

互联网安全漏洞平台应进行注册登记，在平台注册的"白帽子"应进行实名登记，平台应与网站达成网络安全服务协议，使"白帽子"的检测行为变为有权检测，并接受国家有关部门的监管。漏洞平台对漏洞复现的过程应当谨慎进行，不能随意公开漏洞，对漏洞信息存储也应采取防护措施，防止过早公开。对于尚未修复或者修复困难的漏洞应采取措施隐去特定信息，进行模糊化处理，避免漏洞被黑客掌握从而引发新的攻击。如果公开的漏洞没有尽到必要的保护措施，造成该网站被二次攻击或者其他后果，漏洞平台应当承担相应责任。

（撰稿人：北京市朝阳区人民检察院　王爱强）

方根田、徐文斌、方承誉开设赌场案

【基本案情】

方根田,男,浙江省人,1969年出生,住浙江省常山县青石镇某某村某号。

徐文斌,男,浙江省人,1982年出生,住浙江省常山县天马街道某某小区某幢东单元某室。

方承誉,男,浙江省人,1960年出生,住浙江省常山县青石镇某村某号。

2016年4月23日至7月22日,被告人方根田、徐文斌在腾讯QQ平台上组建名为"妙妙"的QQ群,以"久旺"网站的开奖数据(0-27)为依据,召集胡志勇、胡建、方小庆等参赌人员,以押数字的大小和单双等方式进行赌博,并雇用郑康等六人(均另案处理)负责记账、给参赌人员上分、下分以及结算资金等。参赌人员通过微信、支付宝、财付通等方式将赌资汇到被告人方根田等人指定的账户后,郑康等人员在电脑为参赌人员上分,上分后即可押注。4月23日至7月22日,上述网络赌场非法获利达129万余元。被告人方承誉明知被告人方根田等实施网络赌博,仍为其办理银行卡用于资金结算、取款等,并从中获取每个月2000元的好处费。

2016年7月22日,上述网络赌场被公安机关查获后,被告人方根田、徐文斌、方承誉协商,给被告人方承誉17.4万元作为顶罪的好处费。被告人方承誉将该17.4万元先后交给曾元明、方家维(另案处理)保管。7月25日,被告人方承誉到常山县公安局投案,并交代自己是网络赌场的经营者。当日,被告人徐文斌向常山县公安局投案。公安机关从熊志土、吴歆、郑康处共扣押U盾十一个,账单三份,手机五部,银行卡十二张,电脑主机四台。7月30日,公安机关从方家维处扣押到17.4万元赃款。8月14日,被告人方根田、徐文斌分别向公安机关退出违法所得30万元、15万元。

【诉讼过程和案件结果】

常山县公安局以被告人方根田、徐文斌、方承誉涉嫌赌博罪于2016年12月28日向常山县人民检察院移送审查起诉。常山县人民检察院审查起诉后认为三被告人的行为应认定为开设赌场罪,于2017年2月10日向常山县人民法院提起公诉。一审常山县人民法院经开庭审理,以开设赌场罪判处被告人方根田有期徒刑3年,缓刑4年,并处罚金25万元;判处被告人徐文斌有期徒刑3

年,缓刑 3 年 6 个月,并处罚金 20 万元;判处被告人方承誉有期徒刑 1 年,缓刑 1 年 6 个月,并处罚金 2 万元。

一审宣判后,被告人方根田、徐方斌和方承誉均未提起上诉。

【典型意义】

开设赌场罪是指为赌博提供场所、设定赌博方式、提供赌具等组织赌博的行为。本案的赌博场所是设立在网络上的 QQ 群里,地点是固定的,而这 QQ 群是庄家专门用于玩家押注的。方根田、徐文斌作为庄家运营 QQ 群,利用"久旺"网站及其开奖的数据为依托,通过该 QQ 群接受他人投注,并在整个赌博过程中对赌博方式、投注限额、赔付比例、赌资管理等各环节设置了相应的流程和规则,同时还雇用了他人专门管理 QQ 群,且工作人员分工明确。由此可见,被告人的行为实质上是在互联网这一虚拟空间为参赌人员提供了可供赌博的场所,方根田、徐文斌正是在自己的组织、支配之下对这个赌博场所进行控制和经营,其行为符合开设赌场罪的构成要件。

(撰稿人:浙江省常山县人民检察院 徐华仙 徐媛苑)

梁建想、林双进提供侵入、非法控制计算机信息系统程序、工具案

【基本案情】

被告人梁建想，男，广东省人，1982年出生。

被告人林双进，男，浙江省人，1972年出生。

2013年1月至2014年7月，被告人梁建想为了获取利益，通过其淘宝店铺"金冠y家"将一款特制U盘（内有远程控制计算机功能的程序）销售给代理商被告人林双进等人及直接销售给他人，并通过支付宝账户收取货款，违法所得共计人民币75867元。2014年1月至2014年8月，被告人林双进为了获取利益，将一款"风语者"手机防盗追踪软件（可通过互联网获取手机通话录音、短信内容和手机位置）以及从被告人梁建想处购进的特制U盘，通过其淘宝店铺"数点红软件中心"销售给他人，并通过支付宝账户收取货款，违法所得共计人民币56290元。经盘石软件（上海）有限公司计算机司法鉴定所鉴定，上述特制U盘挂载后自动运行其中的可执行文件"MyUDisk.exe"，"MyUDisk.exe"具备突破计算机系统安全保护措施，未经授权对计算机系统实施远程控制的功能。上述"风语者"手机防盗追踪软件存在突破计算机系统安全保护措施，获取未授权数据、信息的行为。

【诉讼过程】

2014年12月24日，梁建想因涉嫌提供侵入、非法控制计算机信息系统程序、工具罪被刑事拘留，2015年1月30日被逮捕。

2014年12月2日，林双进因涉嫌提供侵入、非法控制计算机信息系统程序、工具罪被刑事拘留，12月25日被取保候审。

该案侦查终结后，移送浙江省宁海县人民检察院审查起诉。浙江省宁海县人民检察院经审查认为，被告人梁建想、林双进提供专门用于侵入、非法控制计算机信息系统的程序、工具，情节特别严重，其行为均触犯了《刑法》第285条第3款之规定，犯罪事实清楚，证据确实充分，应当以提供侵入、非法控制计算机信息系统程序、工具罪追究其刑事责任。2015年10月10日，宁海县人民检察院以被告人梁建想、林双进犯提供侵入、非法控制计算机信息系统程序、工具罪向宁海县人民法院提起公诉。

【案件结果】

2015年12月16日，宁海县人民法院一审判决被告人梁建想犯提供侵入、非法控制计算机信息系统程序、工具罪，判处有期徒刑3年，缓刑4年，并处罚金人民币7万元；被告人林双进犯提供侵入、非法控制计算机信息系统程序、工具罪，判处有期徒刑3年，缓刑3年，并处罚金人民币五万元。

一审宣判后，梁建想、林双进均未提出上诉。

【典型意义】

根据《刑法》第285条第3款的规定，提供用于侵入、非法控制计算机信息系统的程序、工具罪，是指提供专门用于侵入、非法控制计算机信息系统的程序、工具，或者明知他人实施侵入、非法控制计算机信息系统的违法犯罪行为而为其提供程序、工具，情节严重的行为。

一、客观方面：被告人制作专门程序、工具供他人实施违法犯罪活动

本罪的客观方面表现为两种情况：一是提供专门用于侵入、非法控制计算机信息系统的程序、工具；二是明知他人实施侵入、非法控制计算机信息系统的违法犯罪行为而为其提供程序、工具。

（一）犯罪对象：专门抑或其他程序、工具

本罪的犯罪对象是专门用于侵入、非法控制计算机系统的程序、工具以及其他程序、工具。一是这种程序和工具必须具有对计算机信息系统安全造成侵犯的可能性，在功能上可以实现对计算机信息系统的非法控制和侵入；二是这种程序不以专门性为必要，可以具有其他用途，但在不当使用时即会产生危害后果。

最高人民法院、最高人民检察院《关于办理危害计算机信息系统安全刑事案件应用法律若干问题的解释》（以下简称《解释》）第2条对于这种类型的犯罪对象进行了明确的界定：（1）具有避开或者突破计算机信息系统安全保护措施，未经授权或者超越授权获取计算机信息系统数据的功能的；（2）具有避开或者突破计算机信息系统安全保护措施，未经授权或者超越授权对计算机信息系统实施控制功能的；（3）其他专门设计用于侵入、非法控制计算机信息系统、非法获取计算机信息系统数据的程序、工具。被提供者是否实际使用专门的"程序、工具"，不影响犯罪的成立；若提供的不是专门的，而是普通的程序、工具，只有被提供者实际使用，才能认定提供者构成犯罪。

（二）本罪的客观行为：提供

这里的"提供"并不限于有偿提供，对于"提供"的判断也要建立在行

为人会造成危害后果的基础之上，如果提供行为所造成的社会危害性并不严重到和计算机犯罪的实行行为相当的程度，就不宜将其认定为犯罪。

本案中，梁建想为获利制作了专门的远程控制软件并保存在U盘中，该U盘被挂载后自动运行其中的可执行文件，该程序具备突破计算机系统安全保护措施，未经授权对计算机系统实施远程控制的功能。梁建想将制作的U盘通过林双进有偿提供给他人使用，另外，林双进从他人处购进手机监听监控软件，并有偿提供给他人使用，促使他人利用该程序、工具实现侵入、非法控制计算机信息系统而从事非法活动，危害计算机信息系统的安全，均符合本罪客观方面的基本特征。

二、主观方面：被告人故意提供程序、工具从中获利

（一）本罪包括直接故意和间接故意

本罪属于典型的故意犯罪，除了直接故意外，也包括行为人明知自己的提供行为可能会造成危害计算机信息系统安全的后果，但依然放任该危害后果发生的间接故意。虽然行为人的提供行为不一定意味着其希望他人使用该工具实现危害后果的发生，完全可能出现他人未使用行为人提供的程序、工具的情形，或者使用该程序、工具从事正当操作的情形，但不影响本罪的成立。

（二）"明知"的证明与推定

"明知"只需要行为人对于他人有实施侵入、非法控制计算机信息系统的一种或某种违法犯罪行为的可能性即可，不需要其认识具体的违法犯罪行为的内容、后果。

本案中，梁建想制作内有远程控制软件的U盘，林双进从梁建想等人处购进U盘及手机监听监控软件，并以330元至880元不等的价格售卖，作为专门提供他人侵入、非法控制计算机信息系统的程序、工具，希望或放任他人侵入、非法控制计算机信息系统而获取数据，进而实施违法行为，符合本罪主观方面的基本特征。

三、情节方面：被告人的犯罪行为达到情节严重的标准

根据《解释》第3条的规定，提供侵入、非法控制计算机信息系统的程序、工具，具有下列情形之一的，应当认定为《刑法》第285条第3款规定的"情节严重"：（一）提供能够用于非法获取支付结算、证券交易、期货交易等网络金融服务身份认证信息的专门性程序、工具五人次以上的；（二）提供第（一）项以外的专门用于侵入、非法控制计算机信息系统的程序、工具二十人次以上的；（三）明知他人实施非法获取支付结算、证券交易、期货交易等网络金融服务身份认证信息的违法犯罪行为而为其提供程序、工具五人次

以上的；（四）明知他人实施第（三）项以外的侵入、非法控制计算机信息系统的违法犯罪行为而为其提供程序、工具二十人次以上的；（五）违法所得5千元以上或者造成经济损失1万元以上的；（六）其他情节严重的情形。实施前款规定行为，具有下列情形之一的，应当认定为提供侵入、非法控制计算机信息系统的程序、工具"情节特别严重"：（一）数量或者数额达到前款第（一）项至第（五）项规定标准五倍以上的；（二）其他情节特别严重的情形。该《解释》从使用次数、违法所得、经济损失数额等方面对情节严重进行了界定。

本案中，梁建想、林双进获利额分别为75867元、56290元，均属于情节特别严重。

（撰稿人：浙江省宁海县人民检察院　张葵葵）

"秦火火"寻衅滋事案

——如何理解把握网络型寻衅滋事案的危害后果

【基本案情】

秦志晖（网名秦火火），男，28岁，汉族，高中文化，原北京华讯天下信息技术有限公司沈阳分公司社区部总监，湖南人。

2011年7月23日，甬温铁路浙江省温州市相关路段发生特别重大交通事故（即7·23甬温线动车事故）。在事故善后处理期间，犯罪嫌疑人秦志晖为了利用热点事件进行自我炒作，提高网络关注度，于2011年8月20日使用昵称为"中国秦火火_f92"的新浪微博账户（UID号：1746609413）编造并散布虚假信息，称原铁道部向7·23甬温线动车事故中外籍遇难旅客支付3000万欧元高额赔偿金。该微博被转发11000次，评论3300余次，引发大量网民对国家机关公信力的质疑，原铁道部虽于当夜即通过媒体辟谣，但秦志晖的行为仍对事故善后工作开展造成了不良影响。

【诉讼过程和案件结果】

7·23甬温线动车事故系特别重大铁路交通事故，引发社会广泛关注，秦志晖在该事故善后处理期间，编造政府机关天价赔偿外籍乘客的信息并在网络上散布，起哄闹事，不仅造成网络空间的混乱，也在现实社会引发不明真相群众的不满，扰乱了政府机关的善后工作。检察机关以涉嫌寻衅滋事罪对秦志晖批准逮捕，后起诉至法院。2014年4月，法院以秦志晖犯诽谤罪判处有期徒刑2年，以犯寻衅滋事罪判处有期徒刑1年6个月，合并执行有期徒刑3年。

【典型意义】

2013年9月15日，最高人民法院、最高人民检察院发布了《关于办理利用信息网络实施诽谤等刑事案件适用法律若干问题的解释》（以下简称《解释》）。《解释》的出台无疑对打击在网络空间恶意捏造、散布虚假信息的行为具有进步意义。但同时《解释》第5条的规定在司法实践中引发了一定争议，争论的核心问题是"公共场所"是否包括"信息网络空间""网络秩序"是否等同于"现实社会秩序""严重混乱"的标准是什么。

一、"信息网络空间"是否属于"公共场所"

一种观点认为，"信息网络空间"只能承载人的言论而不能承载行为，而刑法规定的寻衅滋事罪所惩罚的应当是现实公共场所发生的行为，认为"信息网络空间"属于公共场所，实质上改变了立法原意，属于违反罪刑法定原则的类推解释。另一种观点认为，"信息网络空间"是公共场所的一种新形式和载体，是一种相对合理的扩张解释，没有违反罪刑法定原则。

笔者认为，结合《解释》第 5 条第 2 款规定以及最高人民法院、最高人民检察院相关负责人答记者问的内容，认定公共场所包括"信息网络空间"是一种合理的扩张解释，符合社会现实的发展。

（一）"信息网络空间"具备公共场所的开放性和公众参与性等本质特征

有学者将公共场所定义为：供不特定人或者多数人进行工作、学习、经济、文化、社交、娱乐、体育、参观、医疗卫生、休息、旅游和满足部分生活需要而使用的各种处所。[①] 公共场所需要具备开放性和公众参与性两个特征，而信息网络空间也同样具备这两个本质属性。一是开放性。随着信息网络的迅猛发展，尤其是互联网、通信网、广播电视传输覆盖网"三网合一"趋势明显的背景下，信息网络空间逐步由单一的数据计算载体转变为信息共享和交流的平台。信息网络空间没有准入限制，具有高度开放性。二是公众参与性。根据 2014 年 7 月 21 日发布的《中国互联网络发展状况统计报告》显示，截至 2014 年 6 月底，我国网民规模达到 6.32 亿，互联网普及率达到 46.9%。互联网发展从"广泛"向"深入"转换，各项网络应用深刻改变网民的生活。信息网络空间已经不再是一个传统意义上的"虚拟空间"，而是人们生活的基本活动平台之一。在这个平台上，网民不仅可以发表言论，还可以买卖商品、观看视频、发送邮件等，内容不仅涉及生活的方方面面，而且越来越展现出广泛的公众参与性。

（二）认定"信息网络空间"属于公共场所符合现实需要

公共场所有狭义和广义之分。狭义的公共场所包括学校、医院、广场、商场、车站等人们可以活动的现实场地。广义的公共场所不仅包括上述现实场地，同时也包括信息网络空间这种虚拟的平台。在解读《解释》第 5 条第 2 款规定时，应对场所的范围作广义的理解。而且这种理解既符合法理，也符合社会发展需要。《刑法》第 293 条第 4 项规定，在公共场所起哄闹事，造成公共场所秩序严重混乱的，以寻衅滋事定罪处罚。但这是 1997 年制定的刑法，当时信息网络空间尚未发展得如此迅猛，立法者难以预见到网络空间会逐步具

---

① 王作富：《刑法分则事务研究》（下），方正出版社 2003 年版，第 1440 页。

备传统意义上公共场所应有的本质属性,甚至将逐步成为人类的"第二社会"。将网络空间纳入公共场所范畴,是在基于公共场所本身含义特征的基础上作出的合理的扩大解释,没有超出词语可能具有的含义,符合国民的可预测性标准。①

本案中,秦志晖为提高自身网络知名度,在没有查明事实真相的情况下,编造铁道部天价赔偿外籍遇难乘客的虚假信息,并在其微博上发布,属于在公共场所起哄闹事的一种表现。

二、"网络秩序"是否等同于"现实社会秩序"

从广义上看,网络秩序和现实社会秩序都属于公共秩序的范畴。但单纯违反国家有关网络秩序的管理规定能否评价为《解释》所规定的"造成公共秩序严重混乱",存在不同认识,即网络秩序能否等同于现实社会秩序。一种观点认为,网络社会和现实社会已经成为互相交织、不可分割的整体。单纯破坏网络秩序,即使对现实社会秩序未造成影响,仍具有评价为犯罪的可能。另一种观点认为,寻衅滋事罪中的"造成公共场所秩序严重混乱"应是对现实社会秩序的破坏,因此在网络型寻衅滋事案件中,如果只是违反网络秩序管理规定,但没有对现实社会产生影响的,不能认定为犯罪。

笔者认为:信息网络空间的行为只有对现实生活产生了与对应罪名相一致的影响才能作为刑事法律调整的对象,也就是说,在考量网络型寻衅滋事行为结果时,应作狭义的理解,即限定在现实社会秩序被破坏的范围内。

(一)对"公共秩序"作限制性解释符合体系解释的要求

"按照体系解释的要求,解释者在解释一个刑法条文时,必须根据该条文在整个刑法中的地位,联系相关法条的含义,阐明其规范意旨。体系解释最重要的目的之一在于避免断章取义、避免自相矛盾、以便刑法整体协调。"② 也就是说,同一概念在刑法体系中的含义应当是统一的。《刑法》第291条聚众扰乱公共场所秩序、交通秩序罪的规定以及2013年7月15日最高人民法院、最高人民检察院发布的《关于办理寻衅滋事案件适用法律若干问题的解释》(以下简称《寻滋解释》)第5条规定,均不包括网络秩序,可入罪的行为结果皆为现实领域的公共秩序严重混乱。尤其《寻滋解释》列明了车站、码头、机场、医院、商场、公园、影剧院、展览会、运动场等公共场所秩序造成混乱的情况,但没有提及网络公共秩序混乱的情况。为了保持刑法规制的一致性,

---

① 蔡宇彬:《网络型寻衅滋事罪研究——以张家川杨辉案为例》,兰州大学2014年硕士学位论文。
② 张明楷:《刑法分则的解释原理》,中国人民大学出版社2011年版,第283页。

也应对网络型寻衅滋事的结果作限制性理解，即限定在现实社会秩序被破坏的范围内。

（二）产生现实的危害结果才具备刑罚可罚性

"网络虽然增加了人的认知范围和活动领域，但网络空间的利益多数仍是现实空间中利益的延伸，差别只在于表现形式不同。可以说，传统刑法对网络空间的适用困境，有相当一部分是人为臆造出来的，还有相当一部分完全可以借助适度扩张解释的方法加以解决，真正具有入罪化必要性的领域是有限的。"[1] 也就是说，公共秩序的破坏属于物理性混乱，单纯地在信息网络空间内起哄闹事，并未破坏现实社会的正常公共秩序，其行为就不具备刑罚可罚性。在虚拟的信息网络空间内散布虚假的信息只有与现实社会产生联系，并造成了严重后果，才能作为犯罪处理。

本案中，公安机关调取了网友的评论内容等证据材料，可以证实秦志晖的不实言论造成了群众对政府的不满情绪，迫使原铁道部在人民网上发布了关于动车事故具体赔偿金额的澄清声明。故秦志晖的行为已经对现实社会秩序造成了严重影响。

三、实践中如何判定"公共秩序严重混乱"

《解释》没有对"严重混乱"作进一步的细化规定，如何评价在很大程度上取决于司法机关的主观判定，容易导致认识争议和执法差异。根据前期办案情况，笔者认为，应当全面考量网络行为和现实秩序的混乱程度，综合评价是否造成了"社会秩序严重混乱"。

（一）考量行为人在网络上实施的行为的严重程度

一是要考量网络平台的性质和开放程度。随着信息网络的发展，网络平台趋于多样化，有的属于信息发布平台，有的属于讨论区，有的对社会公众完全开放，有的对特定群体限制性开放。实践中，应区分平台的性质和开放程度，来判断行为人的行为可能造成的后果的严重程度。二是考量网络平台的知名度和用户人数。随着网络平台的发展，新生的技术平台不断涌现，实践中应充分考虑不实信息发布平台在网民中的辨识度以及注册的用户人数，来判断行为人的行为可能造成的影响的广度。

（二）考量现实秩序被破坏的程度

一是要考量不实信息发布的时间。例如，是否选择重大、敏感节日前后发

---

[1] 于志刚：《网络犯罪与中国刑法应对》，载《中国社会科学》2010年第3期，第122页。

布消息或者在重大事件发生、处理期间发布不实消息。在特别时期发布不实消息造成的影响显然比非敏感时期发布不实消息造成的影响要更加恶劣。二是要考量是否对公众的正常心理造成了重大负面影响，甚至引发了群体性事件。实践中可以通过公众对虚假信息的留言或者评论来审查判断信息接收者的心态，例如，是否造成对政府职能部门非常态的不满。三是要考量社会秩序被破坏的情况。行为人散布的虚假信息被大量转发、评论或者被媒体报道，混淆视听，蛊惑群众，严重扰乱了生产、生活、工作、营业、教学、科研等社会秩序的，即可认定"造成公共秩序严重混乱"，并不必然要求具体的"公共场所秩序"被破坏。需要注意的是，虽然在信息网络上发布了虚假信息，但是信息被及时、有效的删除，没有被大量转发、评论或者报道，尚未造成广泛影响的，不宜认定为"造成公共秩序严重混乱"。

本案中，秦志晖在知名网络平台新浪网站上发布了虚假信息，根据后期取证，该虚假信息被转发11000次，评论3300余次，而且从评论的内容看，引发了不明真相的群众对政府强烈的不满情绪，同时扰乱了事故善后处理工作，迫使职能部门在当晚不得不作出澄清公告，以上足以说明秦志晖的行为已经对正常的现实社会秩序造成了严重影响，符合网络型寻衅滋事犯罪的构成要求。

（撰稿人：北京市人民检察院审查逮捕部　张京晶
　　　　　北京市人民检察院第三分院审查逮捕部　王欢）

张杰侵犯著作权案

【基本案情】

被告人张杰（曾用名张燕波），男，1989年8月20日出生于山东省沂源县，汉族，高中文化，农民。因涉嫌侵犯著作权罪，于2013年7月31日被北京市公安局海淀分局刑事拘留，经本院批准，同年9月6日被北京市公安局海淀分局逮捕。

2013年3月起，被告人张杰在其经营的网站"2345热播"（网址为www.2345rb.com）、"星级S电影"（网址为www.xjsdy.com）上，未经著作权人许可，通过网络传播他人影视作品。经查，上述两个网站侵犯乐视网信息技术（北京）股份有限公司（住所北京市海淀区学院南路68号19号楼六层6184号房间）、合一信息技术（北京）有限公司（住所北京市海淀区海淀大街8号中钢国际广场A座5层D区）及北京搜狐互联网信息服务有限公司（住所北京市海淀区中关村东路1号院9号楼搜狐网络大厦10层01-02房间）享有独家信息网络传播权的影视作品共计600余部。同年7月31日，被告人张杰被公安机关抓获。

【诉讼过程和案件结果】

本案由北京市公安局海淀分局侦查终结，以被告人张杰涉嫌犯侵犯著作权罪，于2013年11月1日移送本院审查起诉。2013年12月16日海淀检察院将张杰起诉至海淀法院。2014年1月23日，海淀区人民法院判决认定张杰的行为构成侵犯著作权罪，并依法判处其有期徒刑6个月，罚金人民币2万元。

【典型意义】

一是全国首例成功判决案例，具有典型性示范作用。该案系全国首例利用P2P技术侵犯他人著作权获得成功判决的刑事案件，也是公安部开展"剑网"行动以来北京市检察机关所办理的第一起网络视频侵权案件。该案的成功办理，为此类案件的办理起到指导性和示范性作用，为后期上海等地判决此类案件提供了参考。海淀检察院知识产权检察处高效高质办理该案，从最初批准逮捕到判决仅历经了4个多月。

二是积极走访被侵权方，及时调取关键性证据。在批捕案件阶段，在受理案件之初，案件承办人就多次走访和接待被侵权方，倾听被害企业诉求，引导著作权人按照科学合理规范的方式提供配套侵权证明文件，出具被侵权作品的总数和被侵权作品的明细，按照所列明细的顺序将作品的权属证明材料电子版刻录成光盘随卷移送，为后续证据审查工作顺利开展奠定了基础。

三是搭建司法实务和理论交流平台，解决新型疑难案件争议问题。互联网日新月异的发展，导致新型案件不断涌现，海淀检察院发挥区域学术资源优势，以此案所反映出的法律问题为切入点，召开互联网领域著作权刑事司法保护研讨会，研究网络视频侵犯著作权刑事司法保护问题。该研讨会对网络时代刑法中"复制发行"行为、"以营利为目的"的判断等问题进行研讨，为推进公、检、法三家在法律适用和证据审查的认定上达成共识起到积极作用，也为该案成功判决奠定了理论基础。

本案的成功办理体现了海淀区人民检察院立足检察职能，深入推进社会治理创新，打击互联网环境下侵犯著作权罪的决心和力度。

（撰稿人：北京市海淀区人民检察院　白云山　杨岱君）

于浩宬等人敲诈勒索案

【基本案情】

被告人于浩宬,男,黑龙江人,1990 年出生,无业。
被告人路俊雄,男,黑龙江人,1990 年出生,无业。
被告人王鹏,男,黑龙江人,1989 年出生,无业。
被告人梁延君,男,黑龙江人,1990 年出生,无业。
被告人回站轩,男,黑龙江人,1989 年出生,无业。
被告人吕东振,男,黑龙江人,1988 年出生,无业。
被告人孙文涛,男,黑龙江人,1983 年出生,无业。
被告人赵汉青,男,黑龙江人,1989 年出生,无业。
被告人张唯,男,黑龙江人,1990 年出生,无业。
被告人于雾,男,黑龙江人,1989 年出生,无业。
被告人吕福东,男,黑龙江人,1992 年出生,无业。
被告人侯玉健,男,黑龙江人,1992 年出生,无业。
被告人尹飞,男,黑龙江人,1984 年出生,无业。
被告人张宇,男,黑龙江人,1991 年出生,无业。

2014 年,被告人于浩宬以其父亲于洪伟的名义成立快眼网络科技有限公司(以下简称快眼公司),并租用哈尔滨市松北区观江国际 B 区 13 幢 3 单元 2501 室、观江国际 B 区 8 幢 4 单元 1601 室、观江国际 A 区 28 幢 1 单元 1302 室作为工作地点。同年 7 月初至 2015 年 8 月期间,于浩宬利用快眼公司通过社会招聘、熟人介绍等方式纠集被告人路俊雄、张唯、于雾、梁延君、王鹏、吕东振、吕福东、张宇、回站轩、赵汉青、孙文涛、侯玉健、尹飞等人组建极光组、巅峰(后改为骑士)组和总裁组。于浩宬另招聘关某(另案处理)等人收购"流量"(俗称肉鸡),三个小组成员以流量攻击的方式(俗称 CC 攻击、DDOS 攻击)向全国各地的棋牌类网站和私服游戏服务器进行攻击,致使棋牌类网站和私服游戏服务器瘫痪,对网络安全造成影响,进而向被害人以"过滤费""广告费"名义索要"保护费",并要求被害人将费用汇入指定的财付通账号,共敲诈勒索"过滤费"等保护费合计人民币 342.1 万余元(以下元均为人民币)。各个组员根据 1000 - 2000 元不等的底薪加提成来获利,具体的提成计算方式为各自组员勒索数额的 10%。

【诉讼过程和案件结果】

2015年8月19日至同年8月20日，于浩成等14人因涉嫌敲诈勒索罪，被金华市公安局江南分局刑事拘留，同年12月21日被逮捕，2016年2月24日侦查终结移送金华市婺城区人民检察院。2016年9月6日，婺城区人民检察院以于浩成等14人犯敲诈勒索罪向金华市婺城区人民法院提起公诉。2017年1月3日，金华市婺城区人民法院作出一审判决，认为被告人于浩成等人以非法占有为目的，以流量攻击的手段对计算机系统功能进行干扰致使服务器瘫痪、网站不能正常运行从而威胁他人，强行索取他人财物，其行为均已构成敲诈勒索罪，系共同犯罪。依照《刑法》第274条等规定，判决被告人于浩成犯敲诈勒索罪，判处有期徒刑12年10个月，并处罚金20万元。被告人路俊雄犯敲诈勒索罪，判处有期徒刑9年，并处罚金10万元。被告人王鹏犯敲诈勒索罪，判处有期徒刑6年，并处罚金6万元。被告人梁延君犯敲诈勒索罪，判处有期徒刑5年10个月年，并处罚金5万元。被告人回站轩犯敲诈勒索罪，判处有期徒刑4年3个月，并处罚金3万元。被告人孙文涛犯敲诈勒索罪，判处有期徒刑4年，并处罚金2万8千元。被告人吕东振犯敲诈勒索罪，判处有期徒刑3年6个月年，并处罚金2万5千元。被告人赵汉青犯敲诈勒索罪，判处有期徒刑3年，并处罚金2万元。被告人张唯犯敲诈勒索罪，判处有期徒刑2年1个月，并处罚金1万元。被告人于界犯敲诈勒索罪，判处有期徒刑2年，并处罚金1万元。被告人吕福东犯敲诈勒索罪，判处有期徒刑1年6个月，并处罚金3千元。被告人侯玉建犯敲诈勒索罪，判处有期徒刑1年6个月，并处罚金3千元。被告人尹飞犯敲诈勒索罪，判处有期徒刑1年6个月，并处罚金3千元。被告人张宇犯敲诈勒索罪，判处有期徒刑1年6个月，并处罚金2千元。一审判决后，被告人于浩成等人提出上诉。2017年4月1日，金华市中级人民法院二审终审裁定，驳回上诉，维持原判。

【典型意义】

一、本案认定为《刑法》第274条的敲诈勒索罪

敲诈勒索罪的行为构成是以非法占有为目的，对被害人使用威胁或要挟的方法，强行索要公私财物。本案发生在网络环境上，行为人和被害人虽不直接接触，但同样达到了威胁的后果。首先，行为人主动选择对象并主动攻击。行为人通过游戏网站找到私服服务器，利用事先收购的"流量"对服务器进行攻击，造成的后果是被攻击的计算机系统功能受到干扰，服务器瘫痪，玩家无法继续网络游戏。其次，行为人在攻击时主动留下了QQ等联系方式，待被害人与其联系后，主动索要具体数额的"过滤费""推广费"等，若不支付，则继续实施攻击。最后，被害人为了系统避免被攻击，保持正常游戏的功能，根

据行为人指定的账号汇入指定的数额。本案中先攻击后索要的行为完全达到了敲诈勒索罪中的"威胁"手段程度，实现了索要财物的目的，应当以敲诈勒索罪定罪。

二、本案当中 CC 攻击的行为属于手段行为，索要财物是目的行为，构成手段和目的的牵连犯

前者触犯《刑法》第 286 条规定，本案造成财产损失可评价为后果特别严重，后果特别严重的法定刑为 5 年以上有期徒刑。后者触犯《刑法》第 274 条规定，本案勒索财物 342.1 万余元，属于数额特别巨大，法定刑为 10 年以上有期徒刑，并处罚金。根据牵连犯择一重罪的处断原则，应当以敲诈勒索罪定罪处罚。

三、本案属于利用计算机实施犯罪，在定性时还要结合关于计算机犯罪的特殊规定

根据《刑法》第 287 条规定，利用计算机实施金融诈骗、盗窃、贪污、挪用公款、窃取国家秘密或者其他犯罪的，依照本法有关规定定罪处罚。本案属于利用计算机实施敲诈勒索犯罪，依照刑法也应当以敲诈勒索罪定罪处罚。在审查时要特别注意计算机犯罪的证据收集和固定。

流量（"肉鸡"）攻击是一种常见的黑客手段，但是该案的办理反映出了流量攻击不仅仅是一种简单的炫耀式的黑客行为，它还被用于实施犯罪活动。值得注意的是，在办理案件的过程中，发现流量攻击与敲诈勒索等犯罪活动已形成一条黑色产业链，有人专门负责使计算机中病毒，把中毒的计算机变成"肉鸡"后出售获利；有人收购"肉鸡"后转卖，有人购买"肉鸡"实施犯罪活动。"肉鸡"制造者、"肉鸡"提供者、"肉鸡"转卖者、"肉鸡"购买者等一系列与敲诈勒索者分工明确、相互配合。对此司机机关应当高度关注，从打击一个扩展至打击一串，要从源头打击计算机犯罪活动。

（撰稿人：浙江省金华市婺城区人民检察院公诉部　王悦）

刘小平等人非法获取计算机信息系统数据、盗窃案

【基本案情】

被告人刘小平,男,湖南人,1983年出生,无业。

被告人杨磊,男,江苏人,1991年出生,无业。

被告人吴浩,男,江苏人,1991年出生,无业。

被告人吴迟,男,江苏人,1991年出生,无业。

被告人高光明,男,江苏人,1993年出生,无业。

被告人冷新,男,江苏人,1991年出生,无业。

被告人吴振,男,江苏人,1991年出生,无业。

被告人张国林,男,江苏人,1981年出生,无业。

被告人王留伟,男,河南省,1983年出生,无业。

被告人刘松,男,江苏人,1996年出生,无业。

2014年12月至2015年4月期间,被告人刘小平利用自建的数据密库与自制计算机软件程序,针对5173网络交易平台(域名www.5173.corn)、中国平安银行万里通网站(域名www.wanlitong.corn)等多个网站进行"撞库",非法获取网站海量账号及密码。之后刘小平通过QQ将其非法获取到的账号和密码在网上销售给杨磊等人进行"洗号",从中非法获利。被告人杨磊等人利用5173网络交易平台存在的漏洞,将从刘小平处购得的他人账号登录后进行手机换绑操作,以购买手机充值卡密、Q币、游戏点券等方式多次将他人账户内资金和积分盗走并折现。被告人王留伟明知杨磊等人通过上述手段盗取他人账户资金和积分,仍将大量无实名登记的手机号提供给杨磊等人,用于账号手机绑定和账号资金、积分的消费支付验证,从而使杨磊等人顺利盗取他人账户内资金。经查明,被告人杨磊盗窃数额共计人民币227863元;被告人吴浩、吴迟、冷新盗窃数额共计人民币191340元;

被告人王留伟盗窃数额共计人民币123594.33元;被告人高光明盗窃数额共计人民币120272.62元;被告人刘松盗窃数额共计人民币52984.55元;被告人张国林盗窃数额共计人民币43533元;被告人吴振盗窃数额共计人民币7010元。

【诉讼过程】

2015年5月20日、21日,刘小平因涉嫌非法获取计算机信息系统数据

罪，杨磊等9人因涉嫌盗窃罪，被金华市公安局江南分局刑事拘留，同年6月26日被逮捕，9月25日侦查终结移送金华市婺城区人民检察院。同年12月10日，婺城区检察院以被告人刘小平涉嫌非法获取计算机信息系统数据罪，杨磊等9人涉嫌盗窃罪向金华市婺城区人民法院提起公诉。2016年7月5日，婺城区法院作出一审判决，认为被告人刘小平采用技术手段，非法获取计算机信息系统中存储的数据，情节特别严重，其行为已构成非法获取计算机信息系统数据罪。被告人杨磊等人以非法占有为目的，秘密窃取他人财物，其行为均已构成盗窃罪，系共同犯罪。依照《刑法》第285条第2款、第264条等规定，判决被告人刘小平犯非法获取计算机信息系统数据罪，判处有期徒刑5年6个月，并处罚金人民币6万元。被告人杨磊犯盗窃罪，判处有期徒刑5年6个月，并处罚金人民币6万元。被告人吴浩犯盗窃罪，判处有期徒刑5年，并处罚金人民币5万元。被告人吴迟犯盗窃罪，判处有期徒刑4年6个月，并处罚金人民币4万元。被告人冷新犯盗窃罪，判处有期徒刑4年6个月，并处罚金人民币4万元。被告人王留伟犯盗窃罪，判处有期徒刑4年，并处罚金人民币4万元。被告人高光明犯盗窃罪，判处有期徒刑3年8个月，并处罚金人民币3万元。被告人张国林犯盗窃罪，判处有期徒刑1年6个月，并处罚金人民币九千元。被告人刘松犯盗窃罪，判处有期徒刑1年6个月，缓刑2年3个月，并处罚金人民币6万元。被告人吴振犯盗窃罪，判处有期徒刑1年3个月，并处罚金人民币6千元。被告人上诉后，金华市中级人民法院于2016年12月2日作出驳回上诉，维持原判的二审判决。

【典型意义】

盗窃虚拟财产的行为在目前的司法实务中多数认定为非法获取计算机信息系统数据，但本案中被盗取的财产从形式上看虽属于虚拟财产，但从实质上看，涉案5173网站账户内的余额等值于人民币，而万里通等网站内的积分也可以用来购买话费、Q币等，从流通的实际属性上看，应认定为等同于人民币等现实货币。故被告人通过网站账号管理操作上本身存在的漏洞，通过换绑验证手机号码达到控制账户的目的，从而盗取账号内的余额、积分等，该行为应认定构成盗窃罪。对比来看，对于非法侵入网站，获取他人账号密码的行为应当认定为非法获取计算机信息系统数据罪，对利用取得的账号密码盗取用户账号内资金、积分的行为应当认定为盗窃罪。

本案系利用非法技术手段获取个人网上信息，从而实施网络盗窃的典型案例，以往的类似案件中，往往只有某一环节实施犯罪的人员在案，而本案中，从利用"撞库"等技术手段获取个人账号密码、提供未实名登记的手机号进行换绑操作、具体实施网络盗窃等行为前后衔接的整个犯罪链条被有力打击，此类区别于传统盗窃的新型犯罪中出现的新技术、新方法以及普遍存在于网络之中的黑色产业，司法机关应给予充分重视和打击。

（撰稿人：浙江省金华市婺城区人民检察院公诉部　赵　晨）

谢慧慧等九人非法获取计算机信息系统数据、掩饰、隐瞒犯罪所得、提供侵入、非法控制计算机信息系统程序、工具案

【基本案情】

谢慧慧，女，1981年6月22日出生。
王怀卿，男，1987年9月23日出生。
贾亚伟，男，1991年10月22日出生。
赵志博，男，1994年5月3日出生。
谢国春，男，1980年4月4日出生。
冯兴麟，男，1990年9月16日出生。
杨悠洋，男，1992年7月7日出生。
胡文贝，男，1986年9月10日出生。
姜胜平，男，1987年7月10日出生。

2016年下半年至11月17日间，被告人王怀卿、贾亚伟、赵志博、谢国春、冯兴麟单独或者伙同他人，以非法营利为目的，从被告人胡文贝、姜胜平等人处购买专门用于盗取腾讯公司"QQ""英雄联盟""地下城与勇士"、"穿越火线"等软件用户身份认证信息的木马程序，由被告人谢慧慧、"猫老""喜""军王"等"量商"通过非法途径上传至网站或网吧等处。用户登录时，木马程序自动盗取账号、密码发送至指定的服务器中。被告人王怀卿、贾亚伟、赵志博、谢国春、冯兴麟等人将数据提取后销售牟利。被告人杨悠洋明知数据为他人犯罪所得，仍予以收购并转卖牟利。

1. 2016年6月至9月1日间，被告人谢慧慧伙同杜永进（另案处理）等人，预谋从事"量商"业务，建立名为"小鸡快跑"的"YY"群（"YY"为一款即时通讯软件），陆续吸收被告人王怀卿、贾亚伟、赵志博、冯兴麟等人入群，形成稳定的"盗号"上下线关系。

期间，被告人谢慧慧伙同他人，以每组数据（包含1个账号和对应的密码）0.4-15元（以下均指人民币）不等的价格，收取被告人王怀卿、贾亚伟、赵志博、冯兴麟、谢国春及杜永进等人服务费，为其盗取数据提供网络接入、技术支持、交易结算等服务，收取王怀卿、贾亚伟、赵志博、谢国春、冯

兴麟、杜永进服务费共计 121630 元。

2. 2016 年 3.4 月至 8 月 9 日间，被告人王怀卿从被告人姜胜平等人处获取盗号木马，以 0.4-1.8 元/组的服务费价格，通过被告人谢慧慧及"喜"等"量商"盗取数据，出售给被告人杨悠洋、冯兴麟等人牟利。其中，支付给被告人谢慧慧 57391 元；销售给被告人杨悠洋得款 110765 元，销售给被告人冯兴麟得款 1050 元。

2016 年 8 月 9 日，民警抓获被告人王怀卿后，在其电脑及使用的服务器中提取到数据 20746 组。

3. 2016 年 7 月至 11 月 17 日间，被告人贾亚伟从他人处获取盗号木马，以 0.5 元/组的服务费价格，通过被告人谢慧慧及"喜""猫老"等"量商"盗取数据，销售给被告人杨悠洋等人牟利。其中，支付给被告人谢慧慧 4654 元，支付给"猫老"服务费 53641 元，支付给"喜"服务费 27205 元；销售给被告人杨悠洋得款 32769 元。

4. 2016 年 3 月至 11 月 14 日间，被告人赵志博从被告人胡文贝等人处获取盗号木马，以 2.5 元/组的服务费价格，通过被告人谢慧慧及其他"量商"盗取数据，销售给他人牟利。其中支付给被告人谢慧慧服务费 27250 元，盗取数据 1 万余组。

5. 2016 年 6 月至 10 月 20 日间，被告人谢国春伙同他人，以 11 元/组的服务费价格，通过被告人谢慧慧、"喜""猫老"等"量商"盗取数据，销售给他人牟利。其中，支付给被告人谢慧慧服务费 25963 元，盗取数据 2300 余组；支付给"猫老"服务费 9554 元，盗取数据 800 余组。

6. 2016 年 7 月至 9 月 29 日间，被告人冯兴麟从被告人胡文贝处获取盗号木马，以 0.5-0.7 元/组的服务费价格，通过被告人谢慧慧、"喜"等"量商"盗取数据，销售给他人牟利。其中，支付给被告人谢慧慧服务费 3342 元，盗取数据 4700 余组；支付给"喜"服务费 4050 元，盗取数据 5700 余组。

2016 年 9 月 29 日，民警抓获被告人冯兴麟后，在其电脑中提取到数据 4515 组。

7. 2016 年 7 月至 8 月 26 日间，被告人杨悠洋明知被告人王怀卿、贾亚伟等人盗取互联网用户账号、密码的事实，仍先后多次将数据收购后转卖牟利。其中，与被告人王怀卿、贾亚伟的交易金额共计 143534 元。

2016 年 8 月 26 日，民警抓获被告人杨悠洋后，在其电脑中提取到数据 37 万余组。

8. 2016 年 4.5 月至 11 月 16 日间，被告人胡文贝以非法营利为目的，开发了 10 余款专门用于盗取"英雄联盟""地下城与勇士""穿越火线"等软件账号、密码的木马程序，提供给被告人冯兴麟、赵志博等人使用，并提供网络接入、技术支持和维护服务，非法获利5564元。

9. 2016年6月至8月26日期间，被告人姜胜平以非法营利为目的，受被告人王怀卿委托，开发了6款专门用于盗取"英雄联盟""QQ飞车""穿越火线"等软件账号、密码的木马程序，提供给被告人王怀卿使用，并提供技术支持和维护服务，非法获利6494元。

【诉讼过程】

2016年9月4日，腾讯公司向江苏省常州武进新城派出所报警称，公司通过技术监测发现了一盗号木马程序，盗号量高达百万级。后公安机关对本案立案侦查，并从全国各地将犯罪嫌疑人抓获。2016年12月26日，江苏省常州市武进区人民检察院以被告人谢慧慧、王怀卿、贾亚伟、赵志博、谢国春、冯兴麟犯非法获取计算机信息系统数据罪，被告人杨悠洋犯掩饰、隐瞒犯罪所得罪，被告人胡文贝、姜胜平犯提供侵入、非法控制计算机信息系统程序、工具罪，向常州市武进区人民法院提起公诉。

【案件结果】

2017年3月16日，常州市武进区人民法院经审理认为，被告人谢慧慧分别伙同被告人王怀卿、贾亚伟、赵志博、谢国春、冯兴麟，采用技术手段非法获取计算机信息系统数据，其行为均已构成非法获取计算机信息系统数据罪，均属情节特别严重。被告人杨悠洋明知是非法获取计算机信息系统数据犯罪所获取的数据，仍予以收购、销售，其行为已构成掩饰、隐瞒犯罪所得罪，属情节严重。被告人胡文贝、姜胜平为他人提供专门用于侵入、非法控制计算机信息系统的程序、工具，情节严重，其行为均已构成提供侵入、非法控制计算机信息系统程序、工具罪。被告人王怀卿有立功表现，归案后能如实供述自己的罪行，依法可减轻处罚。被告人谢慧慧、贾亚伟、赵志博、冯兴麟、杨悠洋、胡文贝、姜胜平归案后均能如实供述自己的罪行，依法可从轻处罚。被告人谢慧慧、王怀卿、贾亚伟、赵志博、冯兴麟、杨悠洋、胡文贝、姜胜平有退赃情节，可酌情从轻处罚。被告人贾亚伟在原判有期徒刑刑罚执行完毕后5年内再犯应当判处有期徒刑以上刑罚之罪，属累犯，依法应从重处罚。后判决如下：

被告人谢慧慧犯非法获取计算机信息系统数据罪，判处有期徒刑4年，并处罚金人民币10万元。被告人王怀卿犯非法获取计算机信息系统数据罪，判处有期徒刑2年9个月，并处罚金人民币6万元。被告人贾亚伟犯非法获取计算机信息系统数据罪，判处有期徒刑4年，并处罚金人民币8万元。被告人赵志博犯非法获取计算机信息系统数据罪，判处有期徒刑3年，并处罚金人民币3万元。被告人谢国春犯非法获取计算机信息系统数据罪，判处有期徒刑3

年，并处罚金人民币 3 万元。被告人冯兴麟犯非法获取计算机信息系统数据罪，判处有期徒刑 3 年，并处罚金人民币 1 万元。被告人杨悠洋犯掩饰、隐瞒犯罪所得罪，判处有期徒刑 3 年，并处罚金人民币 5 万元。被告人胡文贝犯提供侵入、非法控制计算机信息系统程序、工具罪，判处有期徒刑 8 个月，并处罚金人民币 1 万元。被告人姜胜平犯提供侵入、非法控制计算机信息系统程序、工具罪，判处有期徒刑 8 个月，并处罚金人民币 1 万元。

【典型意义】

一、利用技术手段，非法获取计算机信息系统中存储、处理或传输的数据，情节严重的，构成《刑法》第 285 条规定的非法获取计算机信息系统数据罪

根据 2011 年最高人民法院、最高人民检察院《关于办理危害计算机信息系统安全刑事案件应用法律若干问题的解释》（以下简称《2011 计算机犯罪解释》）第 1 条的规定，非法获取身份认证信息 500 组以上（网络金融服务身份认证信息 10 组以上），或者违法所得 5000 元以上或造成经济损失 1 万元以上的，均可认定达到本罪追诉标准；同时，数额达到以上标准 5 倍以上的，构成本罪的"情节特别严重"，适用更高的法定刑档次。本案被告人通过木马程序获取的均属于特定软件用户的身份认证信息，符合本罪的犯罪对象及"情节特别严重"法定刑档次的规定性。

需要顺带说明的是，认定非法获取的计算机信息系统数据的数量时，不应以在办案时是否可以实际登录使用为标准，而应以被告人获取账号密码时（即行为时）是否有效为计算标准。本案获取用户身份认证信息的技术手段为"木马程序直接截获，"主要为以下两种方式：一种是木马程序模仿游戏的登录界面，用户输入账号密码后会登录真正的游戏程序，登录的同时木马程序将账号密码发送到预先设置的服务器上；另一种是木马程序一旦发现游戏启动，就开始记录键盘按键，等程序正常登录就开始发信。因此，从技术原理的角度看，可见盗取的账号密码在盗取时是有效的，在截获当时该认证信息也必定是有效的。故原则上可以认为，通过木马程序直接截获的手段非法获取数据的，应认为属于有效的数据，可以认定为犯罪数额。

二、提供专门用于非法获取计算机信息系统数据的程序、工具，或明知他人实施非法获取计算机数据犯罪行为而为其提供程序、工具，情节严重的，应以《刑法》第 285 条第 3 款提供侵入、非法控制计算机信息系统程序、工具罪认定

需要说明的是，虽然《刑法》第 285 条第 3 款罪状描述仅为"侵入、非

法控制",而没有涉及"专门用于非法获取数据的工具",但从刑法规范的逻辑观察,第285条第3款显然是基于前两款的工具犯,没有特定的理由缩小其适用范围。因此,通过侵入计算机信息系统非法获取数据的专门性程序、工具也应当纳入"专门用于侵入计算机信息系统的程序、工具"的范畴,这并未超越刑法用语的规范含义。也正是因此,《2011计算机犯罪解释》第2条规定,"专门用于侵入、非法控制计算机信息系统程序、工具"包括了"具有避开或者突破计算机信息系统安全保护措施,未经授权或者超越授权获取计算机信息系统数据的功能的"工具。同理,《刑法》第285条第3款后半段"明知他人实施侵入、非法控制计算机信息系统的违法犯罪行为而为其提供程序、工具",也包括了"明知非法获取数据的行为而为其提供程序、工具"。

三、明知是非法获取计算机信息系统数据犯罪所获取的数据,仍予以收购、销售的行为构成掩饰、隐瞒犯罪所得罪

对此,《2011计算机犯罪解释》给予了明确规定。从法理角度出发,掩饰隐瞒犯罪所得罪的对象并非限制于有体财物,非法获取的计算机信息系统数据和控制权没有超越"犯罪所得"的语义范畴,将非法获取的数据和控制权作为掩饰隐瞒的对象,没有突破罪刑法定原则。同时,通过掩饰隐瞒犯罪所得罪打击该等行为,也符合切断危害计算机信息系统安全犯罪的"黑产"链条的客观实际需要。

四、本案是互联网"全链条式黑产犯罪"的典型案例

当今危害计算机信息系统安全犯罪活动的重要特点在于"链路化"和"分工细化"。组织群组、提供工具、传授方法、获取数据、验证数据、倒卖销售、利用信息数据实施一系列电信诈骗、信用卡诈骗等犯罪活动等,已经形成固定模式,并基于工种细分形成愈发"专业化"趋势。针对该等行为,本案例较为全面地展示了"全链条式黑产犯罪"的多个具体环节,并针对不同行为提出了相应的刑法规制。

五、通过侵入计算机非法获取身份认证信息的行为,同时可能构成《刑法》第253条之一的侵犯公民个人信息罪

《2011计算机犯罪解释》将作为犯罪对象的"身份认证信息"界定为"确认用户在计算机信息系统上操作权限的数据,包括账号、口令、密码、数字证书等"。根据2017年6月1日正式实施的最高人民法院、最高人民检察院《关于办理侵犯公民个人信息刑事案件适用法律若干问题的解释》(以下简称《2017公民信息解释》)第1条对于公民个人信息范围的界定,"账号密码"显然属于公民个人信息。而且,无论该账号密码是否绑定身份证号以及手机号

都不受影响。因此，通过技术手段非法获取计算机系统中存储、处理或传输的数据可能同时构成非法获取计算机信息系统数据罪和侵犯公民个人信息罪。如果基于一个犯意前提，实施一个行为同时构成二罪的，在刑法理论上一般评价为"想象竞合"，择一重罪处理。在比较二罪轻重的场合下，虽然二罪总体的法定刑档次设置相同，但由于二罪的追诉标准和加重法定刑档次的"上档"标准存在数量区别（《2017公民信息解释》提供了具体追诉标准和"上档"标准），故可根据具体个案的犯罪数额和具体情节进行判断。

（撰稿人：江苏省常州市武进区人民检察院　徐雷艇）

徐方聪诈骗案

【基本案情】

被告人徐方聪，男，1990年3月11日出生。

2015年，被告人徐方聪了解到利用手机在苹果公司APP STORE购买游戏币，首次申请可以无条件退款后，在其家中利用上述方式多次购买"天天炫斗""全民奇迹"等手机网游游戏币，并编造虚假理由，以"未收到游戏币""未收到游戏装备""未成年人误充值"等为由，向苹果公司申请退款，并通过在网上开设的淘宝网店将骗来的各种游戏币卖给别人。经金华市价格认证中心鉴定，涉案游戏币价值人民币8342元。

【诉讼过程】

2015年10月26日，被告人徐方聪因涉嫌诈骗罪被金华市公安局江南分局刑事拘留，同年11月12日变更强制措施为取保候审。2016年4月21日，金华市婺城区人民检察院以被告人徐方聪涉嫌构成诈骗罪向婺城区人民法院依法提起公诉。

【案件结果】

2016年5月27日，婺城区人民法院经审理后认为，被告人徐方聪以非法占有为目的，虚构事实骗取他人财物，数额较大，其行为已构成诈骗罪。被告人徐方聪归案后如实供述自己的犯罪行为，系坦白，依法可从轻处罚；其已退赔被害人损失，可酌情从轻处罚。后依法作出一审判决：判决被告人徐方聪犯诈骗罪，判处有期徒刑6个月，缓刑1年，并处罚金人民币1万5千元。

一审判决后，被告人徐方聪未提出上诉。

【典型意义】

一、本案认定为《刑法》第266条的诈骗罪

诈骗罪的行为构成是行为人虚构事实、隐瞒真相，使被害人陷入错误认识并基于错误认识而处分财产。本案中被告人诈骗的对象是网游游戏币而不是购买游戏币的价款。被告人实施犯罪的直接目的是取得游戏币后出售赢利，其行为指向游戏币。同时，其通过退款重新取得的价款本身（应与其付款数额一致）是其作为隐瞒"没有真实付款意愿"的"工具"出现的，且本身就是被告人事先支付的，被告人并未因诈骗活动获得"额外的"金钱款项。故，应

认定本案的犯罪对象是游戏币。

本案中行为人没有真实付款的意思，在其付款之前就已经预谋利用 iOS 退款政策将支付的价款索回。被告人通过"事先付款行为"伪装支付费用的购买意思，骗取被害人处分财产游戏币的行为，满足诈骗罪的构成。实际上，本案类似于原本没有支付意思而用餐、住宿的案件，没有真实支付意思而骗取对方提供餐食或服务，应该认定诈骗罪，诈骗对象为提供的餐食。

二、本案中被告人对苹果公司"虚构的退款理由"不能理解为诈骗罪中的"骗"

作为诈骗罪实行行为的"骗"，是指导致财物占有人处分财产（至少是转移财产占有）的行为，易言之，并非一切虚构事实、隐瞒真相都可以理解为诈骗罪的实行行为。譬如，前述第一点所举的例子，甲原本没有支付意思而进入餐厅点餐，用餐后其向服务员谎称自己上厕所后再结算餐费，但其实际是逃跑。显然，甲点餐时已经实施了一个诈骗的行为，在用餐完毕后又再一次实施了一个"骗"的行为，但是后面的行为并不是诈骗罪中的"骗"。本案中，被告人对苹果公司申请退款中也实施了一定的骗术，但此时其意图非法获取的游戏币已经取得，编造退款理由只是为了顺利收回之前付出的成本，并非骗取财产行为本身。

三、本案的特殊之处在于在游戏用户与游戏服务商之间还存在着一个主体，即苹果公司 iOS 平台

这让本案存在"被骗者与被害人分离"的三角诈骗的争议。然而，根据苹果 iOS 平台与游戏服务商之间客观关系，苹果公司在收取用户购买游戏币的价款后，并非自主决定"交付"游戏币，而是通过通知游戏服务商，由游戏服务商通过修改用户游戏账户数据的方式进行"游戏币"交付。易言之，苹果公司并没有占有游戏服务商的游戏币，也没有直接处分游戏服务商财物的权限和地位，故受骗的主体与受害的主体均应理解为游戏服务商，而苹果公司只是被告人实施对游戏服务商诈骗行为过程中的环节和手段而已。据此，本案认定"直接诈骗"而不是"三角诈骗"更为适宜。当然无论哪种诈骗类型，都不影响其诈骗罪的定性。

本案系非法利用 iOS 系统退款政策恶意退款骗取财物认定犯罪的第一案。本案的宣判使得这种新型诈骗行为进入到公众和司法视野。值得关注的是，在本案办理的同时，与恶意退款诈骗行为前后衔接的一条黑色产业链逐渐浮出水面：包括"做号人（申请苹果账号用于退款）""退款人""苹果手机提供者""电商游戏币代充卖家"等一系列与诈骗行为分工明确、相互配合的环节，使得该等犯罪类型正在走向愈发"专业化"的趋势。对于该等新型诈骗犯罪以及相关的黑色"产业链",司法机关应给予足够关注。当然,对于其中通过证据能够认定存在犯罪共谋的人员,应按照共同犯罪打击惩处。

(撰稿人:浙江省金华市婺城区人民检察院公诉部　万斌)

董志超、谢文浩破坏生产经营案

【基本案情】

被告人董志超,男,1982年11月14日出生,原经营淘宝网店店主。

被告人谢文浩,男,1993年8月15日出生,原在校大学生。

2013年11月,北京智齿数汇科技有限公司在淘宝网注册成立名称为"PaperPass论文通行证"的网上店铺,主要经营论文相似度检测业务,由该公司南京分公司即智齿科技南京公司具体负责运营。2014年4月,在淘宝网经营相同业务的被告人董志超出于报复和谋取市场优势地位的目的,雇用并指使被告人谢文浩,多次以同一账号恶意大量购买智齿科技南京公司淘宝网店铺的商品共计1505单,使浙江淘宝网络有限公司以涉嫌虚假交易对智齿科技南京公司的商品作出"搜索降权"等市场管控措施(根据《淘宝规则》相关规定,卖家通过不正当方式获得商品销量、店铺评分、信用积分等不当利益的,将视情节予以处罚,如下调其商品搜索排名序位)。致使智齿科技南京公司的淘宝网店铺正常经营受到破坏,因其商品被搜索降权而造成损失人民币10万元余元。

【诉讼过程和案件结果】

南京市公安局雨花台分局以破坏生产经营罪,于2014年8月3日向南京市雨花台区人民检察院移送审查起诉。2015年2月11日,南京市雨花台区人民检察院以被告人董志超、谢文浩涉嫌破坏生产经营罪向南京市雨花台区人民法院提起公诉。2015年12月18日,南京市雨花台区人民法院作出一审判决,以被告人董志超、谢文浩构成破坏生产经营罪,判处被告人董志超有期徒刑1年6个月,缓刑2年,判处被告人谢文浩有期徒刑1年,缓刑1年2个月。

被告人董志超、谢文浩不服,以不构成破坏生产经营罪为由于2015年12月23日提出上诉。2016年12月19日,南京市中级人民法院作出二审判决,维持一审对被告人董志超、谢文浩破坏生产经营罪的定罪;因二审期间出现新证据,被害单位损失数额认定减少,改判被告人董志超有期徒刑1年,缓刑1年,判处被告人谢文浩免予刑事处罚。

【典型意义】

刑法的条文无法列举所有犯罪的手段行为,正确理解刑法应当以文义解释为起点,综合运用体系解释、目的解释、客观解释等多种解释方法,按照罪刑法定原则的要求,并结合时代的发展,从整个刑法体系中准确把握立法目的,以实现法益保护。

一、破坏生产经营罪保护的法益不仅包括财产所有权,也包括财产性利益

该罪保护的财产所有权与财产性利益均与生产经营相关。1997年刑法将破坏生产经营罪从分则第三章破坏社会市场经济秩序犯罪调整至第五章侵犯财产犯罪。对于财产的理解,《刑法》第92条中明文规定,不仅包括了财产所有权,也包括财产性利益。但破坏生产经营罪所保护的法益与《刑法》第275条故意毁坏财物罪保护法益有所区分。根据破坏生产经营罪文义的表述,对其保护的财产所有权和财产性利益应进行限缩性解释,应仅限于同生产经营相关的财产所有权和财产性利益。非属于生产经营的财产所有权和财产性利益不是本罪保护对象,如文化活动或者宗教活动中的财产所有权和财产性利益与生产经营一般并不相关。

二、传统农耕社会或工业社会所进行的生产经营属于本罪的生产经营,商业社会特别是互联网经济中的商业经营也属于本罪的生产经营

从刑法条文中本罪罗列行为方式来看主要是残害耕畜和毁坏机器,该两种行为方式主要反映了农耕时代和工业时代的传统生产经营方式,主要还是计划经济时代的生产经营模式,而我国早从计划经济转轨到市场经济,同时伴随科学技术进步、商业模式迭代和互联网经济发展,耕畜等传统农业生产经营几近淘汰,当今社会的生产经营早已超越了传统生产经营模式,而除了第一产业、第二产业以外的第三产业等也早已超越第一、二产业规模。理解本罪的生产经营必须结合时代发展进行客观解释,而不能局限视角。本案中"搜索排名"是互联网商业模式中的财产性利益的集中反映,在网购商业竞争模式中是具有核心竞争力的"生产资料"。

三、破坏生产经营罪中的破坏不仅可以是物理性破坏也可以是功能性破坏

本罪罗列毁坏机器设备、残害耕畜的破坏方式主要体现为物理性损毁,但不能就此理解"以其他方法破坏生产经营"中的破坏也仅限于物理性破坏。如我国刑法中破坏军婚罪、破坏选举罪等,都不是指对物理的破坏,而体现为对法律所保护法益的功能性破坏。电商平台中的"搜索排名"对于商家而言,

与机器设备、耕畜等生产资料具有同样的财产性利益,对排名的破坏就等于机器设备等生产工具受到了损害,恶意购买导致他人店铺被搜索降权,同样属于破坏生产经营行为。

(撰稿人:江苏省南京市雨花台区人民检察院 李迪)

袁烨利用O2O网络平台诈骗案

【基本案情】

被告人袁烨，男，1991年7月14日生。

2015年5月至2015年10月，袁烨在网上批量注册O2O网络平台——"饿了么"网络送餐平台的新会员账户，通过向网络"卡商"大量租赁手机号码，设置呼叫转移蒙蔽"饿了么"平台语音审核系统，利用电脑"安卓手机模拟"软件虚构大量新的手机设备环境，规避"饿了么"送餐平台的后台审核限制，非法获取该平台新用户首单5元至20元不等的优惠补贴资格，并以1元至4.5元不等的价格将这些首单优惠补贴资格在其本人经营的淘宝网店售卖，共计造成被害单位"饿了么"平台运营公司拉扎斯网络科技（上海）有限公司实际损失人民币9.8万余元。

【诉讼过程】

本案案发系被害单位拉扎斯网络科技（上海）有限公司报案称"寂如空城"的淘宝商家利用自制的外挂程序大量刷取"饿了么"新用户首单红包，且将能使用刷红包的新账号进行销售。经向支付宝公司调取"寂如空城"账号信息，该账号实名登记身份信息为袁烨，且绑定的中国银行账户、手机号码皆为该人。因此锁定犯罪嫌疑人为袁烨。

2016年4月27日，上海市普陀区长征派出所民警会同网络安全支队民警出差至河南省漯河市，在当地警方的配合下，于2016年4月30日至河南省漯河市孟庙镇抓获袁烨。

2016年8月3日上海市公安局普陀分局将袁烨涉嫌诈骗罪移送上海市普陀区人民检察院审查起诉，2016年9月2日退回补充侦查，决定延长审查起诉期限半个月。

2016年11月8日，上海市普陀区人民检察院以诈骗罪对被告人袁烨提起公诉，认为：

1.O2O网络平台补贴为财产性利益，是诈骗罪的犯罪对象。O2O网络平台商业模式的核心之一是在线支付，即消费者通过在线支付向网络平台支付消费金额，线下商户提供服务，网络平台向线下商户结算消费金额。在本案中，消费者在线下商户消费后，向"饿了么"平台支付扣除首单优惠补贴后的消费金额，"饿了么"平台向线下商户结算消费者支付的消费金额以及消费者首单优惠补贴。该优惠补贴实质上为消费者消极财产的减少，即消费者被免除了部分债务。消费者部分债务的免除以"饿了么"平台代为向线下商户支付首单优惠补贴的形式实现，该优惠补贴因此应认定为财产性利益，是诈骗罪的犯罪对象。"饿了么"送餐平台免除消费者的部分债务，并以向线下商户支付首单优惠补贴的形式为向消费者提供首单优惠补贴资格，首单优惠补贴资格为消费者获得该财产性利益的凭证。

2. 行为人获取补贴资格所采用的技术手段是"虚构事实、隐瞒真相"的犯罪手段。"饿了么"送餐平台运营后台为防止顾客针对首单优惠补贴资格（财产性利益凭证）进行刷单，对首单优惠补贴资格的获得采取了必须同时满足"新用户、新手机号码、新手机设备环境"三重限制条件，并对订餐的手机号码进行语音识别，以此方式筛选符合其补贴条件的客户群体。本案中，被告人袁烨为了规避这些限制，采用了租赁大量手机号码并设置呼叫转移至自己电话的方式蒙蔽送餐平台对新手机号码真实性的检验。同时，犯罪嫌疑人袁烨又利用"夜神""逍遥""蓝叠"等安卓手机模拟器软件在电脑上通过建立镜像虚构手机识别码、虚构新的手机硬件设备存在以规避平台后台对新手机设备环境要求的限制。从而虚构了向被告人袁烨购买"饿了么"首单优惠资格的客户符合"饿了么"平台补贴条件的事实，隐瞒了使用首单优惠资格的客户系平台老客户的真相，最终致使"饿了么"运营平台的审核因受到上述行为欺骗而自愿向被告人提供首单优惠补贴资格。该首单优惠补贴资格为财产性利益凭证，"饿了么"平台根据该财产性利益凭证向商户支付补贴款，消费者因此被免除了部分债务。被告人袁烨作案手法符合"虚构事实、隐瞒真相"的诈骗罪客观构成要件。

3. 诈骗财产性利益只需要被害人基于认识错误处分财产性利益，行为人或者第三者取得财产性利益即可构成；犯罪数额按照被害单位实际损失计算。对狭义财物成立诈骗罪，以转移财物的占有为前提。但是，在行为人诈骗财产性利益时，并不需要交付财产性利益，即不需要财产性利益从被害人占有转移给行为人或者第三者占有，只需要被害人基于认识错误处分财产性利益，行为人或者第三者取得财产性利益，进而使被害人遭受财产损失即可认定构成诈骗罪。在本案中，被告人虽未占有被害单位"饿了么"送餐平台支付给线下商户的补贴款，但其行为使购买其通过欺诈获得的首单优惠补贴资格的消费者获得了实质的财产性利益，其本人通过销售首单优惠补贴资格非法获利约 5 万元，被害单位因此遭受人民币 9.8 万余元的实际损失，被告人的行为已构成诈骗罪。

本案犯罪数额的认定，可参照最高人民法院、最高人民检察院《关于办理盗窃刑事案件适用法律若干问题的解释》第 5 条第 1 款第 2 项 "盗窃记名的有价支付凭证、有价证券、有价票证，已经兑现的，按照兑现部分的财物价值计算盗窃数额"的规定，以被害人的实际损失（即实际支出的补贴款金额）计算。在本案中，"饿了么"平台首单优惠补贴资格为财产性利益凭证，尚非有价支付凭证，但就依据被害人的损失来认定财物凭证的经济价值而言，本案参照该项规定，以被害单位的实际损失认定本案的犯罪数额，并无不妥。

【案件结果】

2016 年 12 月 29 日，上海市普陀区人民法院采纳指控意见，以诈骗罪判处被告人袁烨有期徒刑 2 年，缓刑 2 年，并处罚金人民币 8 千元，判决现已生效。

【典型意义】

行为人针对网络平台使用伪造、虚假的电子信息、程序等获取不正当财产性利益，构成诈骗罪。在该财产性利益的获得与使用依赖于特定的身份信息认证的情形下，其犯罪数额按照给被害单位造成的实际损失计算。

近年来，"互联网+"的新型产业日益增多，其中 O2O（Online to Offline）网络平台发展迅猛，已渗透到百姓生活的方方面面，成为生活中密不可分的一部分。O2O 网络平台依赖于线上信息平台聚合用户流量重构了线下服务资源分布的密度和空间，规模化是 O2O 网络平台的生存之本，各 O2O 网络平台因此以各种形式的补贴吸引客户群体。这些补贴也成为了犯罪分子的新目标。本案系采用技术手段骗取 O2O 网络平台补贴资格的新类型案件，对此类犯罪行为的正确定性可为进一步打击同类犯罪提供参考和借鉴。

一、行为人针对网络平台使用伪造、虚假的电子信息、程序等获取不正当财产性利益，其行为本身就是欺诈行为

该行为使得代表人们意思的网络平台产生误认而错误地处分财产，应当视为网络平台的所有者或设计者限于错误而处分财物。2009 年 12 月 3 日最高人民法院、最高人民检察院《关于办理妨害信用卡管理刑事案件具体应用法律若干问题的解释》第 5 条第 2 款规定，《刑法》第 196 条第 1 款第 3 项所称"冒用他人信用卡"包括"窃取、收买、骗取或者以其他非法方式获取他人信用卡信息资料，并通过互联网、通讯终端等使用的"的情形，明确了纷争已久的"机器能否被骗"问题，该解释的精神应当适用于所有使用伪造、虚假的电子信息、程序等获取不正当利益的情形。

二、O2O 网络平台向消费者提供的优惠补贴使得消费者应向线下商户支付的债务部分得以免除，该优惠补贴应认定为财产性利益，是诈骗罪的犯罪对象

优惠补贴资格为消费者获得该财产性利益的凭证。行为人诈骗财产性利益，只需要被害人基于认识错误处分财产性利益，行为人或者第三者取得财产性利益，进而使被害人遭受财产损失即可认定构成诈骗罪。在该财产性利益的获得与使用依赖于特定的身份信息认证的情形下，其犯罪数额的认定，可参照2013 年 4 月 2 日最高人民法院、最高人民检察院《关于办理盗窃刑事案件适用法律若干问题的解释》第 5 条第 1 款第 2 项"盗窃记名的有价支付凭证、有价证券、有价票证，已经兑现的，按照兑现部分的财物价值计算盗窃数额"的规定，以被害人的实际损失（即被害人实际支出的金额）计算。

（撰稿人：上海市普陀区人民检察院　张雅芳　胡敏颖）

刘涛非法控制计算机信息系统案

【基本案情】

刘涛，男，1992年4月生。

2015年至2016年间，刘涛在四川省德阳市通过黑客技术手段发现存在特定漏洞的2台Windows系统服务器，并向这2台服务器植入木马、新建管理员账号，获取2台服务器的管理权限、实现对服务器的非法远程控制。随后刘涛在这两个被其一次控制的Windows系统服务器中下载专用扫描软件、爆破软件、木马程序和"抓鸡"控制程序，使用上述非法程序二次扫描全网存在特定漏洞的Linux系统服务器，并破解上述Linux系统服务器登录密码、在服务器中植入木马、批量控制这些服务器。最后，刘涛将被其二次控制的68台服务器作为"肉鸡"（别称傀儡机，指受到黑客远程控制的电脑）出租给他人，试图牟取不法利益。

综上，刘涛共非法控制计算机信息系统70台，其中1台服务器系北京百度网讯科技有限公司（住所地位于北京市海淀区）管理。

【诉讼过程】

2015年10月8日，刘涛因犯破坏生产经营罪被浙江省长兴县人民法院判处拘役5个月，缓刑10个月。缓刑期间，刘涛因涉嫌破坏计算机信息系统罪，于2016年7月5日被北京市公安局海淀分局刑事拘留，于2016年8月11日经海淀检察院批准，因涉嫌非法控制计算机信息系统罪于同日被北京市公安局海淀分局逮捕。北京市公安局海淀分局以刘涛涉嫌非法控制计算机信息系统罪，于2016年10月8日向海淀检察院移送审查起诉。经审查，北京市海淀区人民检察院指控刘涛涉嫌非法控制计算机信息系统罪，于2017年1月19日向北京市海淀区人民法院提起公诉。

【案件结果】

2017年3月29日，北京市海淀区人民法院作出一审判决：被告人刘涛违反国家规定，对计算机信息系统实施非法控制，并出租他人非法牟利，情节严重，其行为已构成非法控制计算机信息系统罪，应予惩处，判处有期徒刑2年2个月，罚金人民币10万元；撤销〔2015〕湖长刑初字第721号刑事判决书对被告人刘涛破坏生产经营罪判处拘役5个月，缓刑10个月之缓刑部分，与所犯非法控制计算机信息系统罪并罚，决定执行有期徒刑2年2个月，罚金人民币 10 万元。

【典型意义】

使用黑客程序、软件工具对存在漏洞的网络服务器扫描发现、爆破密码，进而实现对计算机信息系统的远程控制，将被控制的计算机信息系统作为"肉鸡"使用，属于典型的《刑法》第 285 条第 2 款规定的"侵入计算机信息系统，对该计算机信息系统实施非法控制"的行为，应认定非法控制计算机信息系统罪。

进入 21 世纪以来，计算机信息系统技术快速普及并飞跃发展，为保护计算机信息系统安全，全国人大常委会在 2009 年《刑法修正案（七）》中增设了非法控制计算机信息系统罪。为解决司法实践中制约依法惩治该类犯罪的主要问题与分歧，2011 年最高人民法院、最高人民检察院颁布《关于办理危害计算机信息系统安全刑事案件应用法律若干问题的解释》（以下简称《解释》），该《解释》从被非法控制计算机信息系统的台数、违法所得、经济损失等方面，明确了本罪"情节严重"和"情节特别严重"的认定标准。

所谓对计算机信息系统实施"非法控制"，是指通过各种技术手段，拥有对他人计算机信息系统的控制权，实现能够给被控制计算机信息系统发送指令，要求其完成相应操作的目的。本案中行为人通过黑客程序发现存在漏洞的服务器，并向其中植入木马，实现对他人计算机信息系统的远程控制，即属于典型的非法控制行为。这种非法控制计算机信息系统的行为，一般是为了进一步实施其他更严重违法犯罪活动的前提准备，如行为人可能进一步通过被控制的计算机信息系统，实施分布式拒绝服务攻击等网络犯罪活动。

（撰稿人：北京市海淀区人民检察院科技犯罪检察部　白磊）

谢某俊盗窃案

【基本案情】

天翼电子商务有限公司上海分公司（以下简称天翼公司）系央行认可的第三方支付机构（网址：https//www.bestpay.com.cn）。2014年10月13日下午16时，天翼公司的系统平台新增上线"银联在线"大额支付充值通道，该通道可为用户资金账户充值提供网银支付充值能力。天翼公司风险管理系统于2014年10月14日甄别出有6笔银行对账不平账（其具体表现为报案人平台交易多而银联无对应交易）。2014年10月15日再次甄别出156笔不平账，10月16日上午9时关闭该通道。后经技术排查，天翼公司在13日上线的"银联在线"大额支付充值通道发现了一个系统漏洞。该漏洞表现为当支付请求提交到银行页面后，支付网关平台对于支付结果的判断依赖于向银行发送交易结果查询，银行对于交易结果的响应逻辑如下：respCod表示交易查询请求是否成功、orighRespCode表示原始的支付交易是否成功。在发现有缺陷的代码中，平台只判断了respCod成功，即认为交易是成功的。10月15日、16日凌晨归属地为福建省龙岩地区的大量手机号码批量注册新账户并利用系统漏洞进行恶意虚假充值，同时将充值资金转账至银行卡提现、购买电信充值卡、购买虚拟卡等变现。被告人谢某俊在得知天翼公司的翼支付平台存在技术漏洞后，利用该漏洞进行虚假充值，即从2014年10月15日晚上至10月16日凌晨，向47个账户虚假充值人民币392985元。被告人谢某俊在虚假充值成功后，在天翼商场进行消费、购买11888话费充值卡170490元，并成功提现人民币11100元。47个翼支付账户余额211395元被公安机关冻结。

【案件结果】

2016年1月12日，福建省龙岩市新罗区人民法院作出一审判决，认定被告人谢某俊以非法占有为目的，明知被害单位天翼商务有限公司上海分公司的翼支付平台存在系统漏洞，利用该漏洞在其个人控制的翼支付账户上虚假充值392985元，数额特别巨大，其行为已构成盗窃罪，判处有期徒刑11年2个月。

【典型意义】

利用支付平台漏洞进行虚假充值行为应认定为盗窃罪，完全充值但尚未转移的虚拟货币亦应认定为既遂金额。在互联网环境下，只要未将"商品"从互联网空间转移至现实空间，都无法完全脱离互联网的控制，都可能存在被关闭通道，甚至关闭服务器等手段停止交易的可能。如果只有将虚拟物品转变成现实物品才能认定为犯罪既遂，不利于打击网络犯罪。

关于本案的定性问题。本案定性为盗窃罪还是诈骗罪存在一定争议。我们认为，翼支付在线充值系统从属性上来说是一种软件或者机器，并非一般意义的人，软件和机器不能成为诈骗的对象，这点在许霆案中已达成共识，因此，本案不应认定为诈骗罪。电信天翼公司对翼支付在线充值系统存在漏洞并不知情，而被告人谢某俊利用该系统充值无需实际支付对价的漏洞进行虚假充值，并将充值后的资金用于购买商品和转账，其行为符合盗窃罪以非法占有为目的，秘密窃取他人财物的构成要件。

关于犯罪形态的问题。有观点认为本案是部分既遂部分未遂，被告人谢某俊虚假充值的虚拟货币仍然处在天翼公司可控制的账户下，被告人未将盗窃所得财物进行转移，天翼公司并未完全失去财物的控制权，应当以谢某俊转账后实际取得的 11000 元作为盗窃既遂金额。我们认为，虽然天翼公司对翼支付账户具有一定的控制权，但在没有司法授权的情况下无法完成冻结行为。当充值金额进入被告人谢某俊能够实际控制的翼支付账号时，盗窃行为已经完成。充值成功后谢某俊将一部分资金进行消费、转账，也印证了其对该资金已经具有支配和控制权。互联网环境下，只要未将"商品"从互联网空间转移至现实空间，都无法完全脱离互联网的控制，都可能存在被关闭通道，甚至关闭服务器等手段停止交易的可能。如果只有将虚拟物品转变成现实物品才能认定为犯罪既遂，不利于打击犯罪。因此，翼支付账户中被冻结的 211395 元也应当认定为盗窃既遂金额，上述观点得到法院的支持。

（撰写人：福建省龙岩市新罗区人民检察院　王小平　林昇）

古悦宏等人非法获取计算机信息系统数据案

——非法获取计算机信息系统数据罪中"侵入"与"工具"应如何理解认定

【基本案情】

2013年8月至2014年5月30日,被告人古悦宏雇用被告人郭敏、巴特尔、林浩新、古雪丽、林树祥等人租用韩国服务器,先后架设网址www.hsxwlw.com/home/login.asp、www.qibeike.com.cn、news.baofangtuan.cn/home/longin.asp的盗号网站,在该盗号网站上设置"珠宝""商务人士""招聘人员""选美"等不同类别盗号模板网页,并采用网络技术及欺骗手段骗取被害人登录网页使用QQ号及密码进行注册登记,从而盗取被害人的QQ号及密码,并将盗取得的不同类别的QQ号及密码有偿供给他人使用。2014年1月1日至2014年5月30日,被告人古悦宏、郭敏、巴特尔、林浩新、古雪丽、林树祥共计出售了5800余个盗号网站使用权的账户,该网站共非法盗取了180935组QQ账号及密码,非法获利人民币1570000余元。

【诉讼过程和案件结果】

本案由扬州市公安局江苏油田分局在侦查2014年3月18日张某被诈骗案过程中发现并循线侦查,同年4月23日、5月30日,六名被告人分别被抓获归案。同年12月4日,该分局以涉嫌非法获取计算机信息系统数据罪将被告人古悦宏、郭敏等六人移送至开发区人民检察院审查起诉。2014年12月25日,扬州经济技术开发区人民检察院以被告人古悦宏、郭敏等人涉嫌非法获取计算机信息系统数据罪向扬州经济技术开发区人民法院提起公诉。

2015年11月12日,古悦宏、郭敏等人因犯非法获取计算机信息系统数据罪,被扬州经济技术开发区人民法院分别判处有期徒刑1年9个月至4年9个月不等,并分别判处罚金。被告人郭敏、巴特尔、林浩新提出上诉后撤回上诉。

【典型意义】

一、准确认定了QQ号码及密码属于"身份认证信息"

本罪中的数据主要包括支付结算、证券交易、期货交易等网络金融服务的身份认证信息或者其他身份认证信息。依据最高人民法院、最高人民检察院《关于办理危害计算机信息系统安全刑事案件应用法律若干问题的解释》的相关规定，"身份认证信息"是指用于确认用户在计算机信息系统上操作权限的数据，包括账号、口令、密码、数字证书等。QQ号码及密码的组合，属于非法获取计算机信息系统数据罪保护的"身份认证信息"。

二、准确界定了非法获取计算机信息系统数据罪与提供非法控制计算机信息系统的程序、工具罪的区分

两罪虽属于同一法定刑幅度，但罪状有较大差异，准确认定罪名至关重要。公诉机关认为不构成提供非法控制计算机信息系统的程序、工具罪的理由：一是"钓鱼网站"并未侵入计算机信息系统。所谓"侵入"指通过终端设备对他人的计算机信息系统进行非法访问，或者对其进行数据截收的行为。本案中，钓鱼网站不同于木马、病毒，木马、病毒是通过技术手段直接对电脑进行控制而获得信息，钓鱼网站则是通过欺骗被害人的手段使被害人自己在网站上留下信息从而完成窃取信息，钓鱼网站本质上不会对计算机进行任何的"控制"行为。二是从立法本意上看，1997年刑法仅规定了"非法侵入计算机信息系统罪"和"破坏计算机信息系统罪"。但随着计算机技术的飞速发展，新类型的计算机信息系统犯罪给信息网络安全带来极其严重的威胁。《刑法修正案（七）》中规定了提供侵入、非法控制计算机信息系统的程序、工具罪。提供行为本属于非法侵入计算机信息系统犯罪、非法获取计算机信息系统数据罪等下游犯罪的共犯行为，但立法者将其独立规定为犯罪，其立法本意旨在彰显"提供行为"严重的社会危害性，将刑法干预和打击计算机信息系统犯罪的阶段向上游延伸，严厉打击提供木马病毒等这类侵入、控制型程序、工具的行为。因此，本案中被告人所出租的钓鱼网站，虽然也属于工具，但从该罪立法本意看，其不符合提供侵入、非法控制计算机信息系统的程序、工具罪中对程序、工具的界定。

（撰稿人：江苏省扬州经济技术开发区人民检察院　陈冯　王丹）

刘保玉、刘保华、张玉生等三人赌博案

——利用网络赌博的行为和赌资应当如何认定

【基本案情】

被告人刘保华,男,1976 年 12 月 17 日出生,无业。因涉嫌开设赌场罪于 2015 年 9 月 1 日被刑拘。

被告人张玉生,男,1955 年 10 月 3 日出生,无业。因涉嫌开设赌场罪于 2015 年 9 月 1 日被刑拘。

侦查机关认定的犯罪事实:2015 年 3 月,被告人刘保玉(在逃)、刘保华、张玉生经事先预谋,由刘保玉在老挝"金木棉百家乐"赌场实地驻扎,取得金木棉赌场的网上账号和密码后提供给刘保华。刘保华在太原市小店区某居民单元楼内利用互联网络对该赌场实行远程视频同步传输,组织参赌人员通过视频观看赌场实况并下注。现场下注情况由刘保华通过电话告知刘保玉(在逃),由刘保玉在赌场实地下注(赌资由刘保玉自己事先垫付)。张玉生负责招揽现场参赌人员。刘保玉等三人与参赌人员依据赌博网站盘口规则对输赢款物如数交割。赌资及输赢钱款由刘保玉与刘保华通过银行转账结算。2015 年 10 月 21 日案发当日,公安机关抓获现场参赌人员 13 名,当场收缴赌资 35300 元。经查,刘保玉等三人通过赌场返点获利(按照赌场规定,会员赢取赌资达到一定数额时可以获取千分之八的返点),截至案发三人共获利 13 万余元。2015 年 3 月至 10 月,刘保玉、刘保华二人银行卡转账 30 余万元人民币。

认定上述事实的证据有:书证(银行流水,转账记录)、证人证言(服务人员、房东、现场参赌人员的证言)、被告人供述及辩解、现场扣押的赌资等物证。

2015 年 9 月 18 日太原市公安局小店分局以涉嫌开设赌场罪对被告人张玉生、刘保华提请逮捕。2015 年 9 月 24 日,太原市小店区人民检察院以赌博罪依法批准逮捕三名被告人。2015 年 12 月 29 日太原市小店区人民检察院以被告人张玉生、刘保华犯赌博罪,向太原市小店区人民法院提起公诉。2016 年 2 月 29 日太原市小店区人民法院以被告人刘保华犯开设赌场罪判处有期徒刑 7 个月,罚金 5 千元,判处被告人张玉生犯开设赌场罪判处有期徒刑 7 个月,罚金 5 千元。

【案件结果】

2015 年 12 月 3 日，太原市公安局小店分局以涉嫌开设赌场罪对被告人张玉生、刘保华提请逮捕。2015 年 9 月 24 日，太原市小店区人民检察院以赌博罪依法批准逮捕三名被告人。2015 年 12 月 29 日，太原市小店区人民检察院以被告人张玉生、刘保华犯赌博罪，向太原市小店区人民法院提起公诉。2016 年 2 月 29 日，太原市小店区人民法院以被告人张玉生犯开设赌场罪判处有期徒刑 7 个月，罚金 5 千元，判处被告人刘保华犯开设赌场罪判处有期徒刑 7 个月，罚金 5 千元。

【典型意义】

一、三名被告人是否属于（网络）开设赌场罪，赌博网站给予的"返点"应当如何认定，是否属于抽头渔利

第一，对于刘保玉、刘保华、张玉生三名被告人行为构成何罪，有三种观点。一种观点认为，三人构成开设赌场罪，主要理由是涉案赌博场所从开设至案发经营共计 7 个月有余，存续时间长；赌博场所固定，三名被告人分工明确，有一定组织性。另一种观点认为，依据最高人民法院、最高人民检察院、公安部《关于办理网络赌博犯罪案件适用法律若干问题的意见（以下简称《意见》）第 1 条规定，本案主犯刘保玉的行为属于为赌博网站担任代理并接受投注，构成网络开设赌场罪。还有一种观点认为，构成聚众赌博罪。

第二，赢取赌资后网站给予的返点应当如何认定，存在形式说和实质说。形式说认为，从资金流向上来讲，赌博罪中的抽头渔利是庄家向赌客抽水，资金流向为赌客到庄家，而会员返点是由庄家向赌客反水，资金流向为庄家到赌客；从返点的性质来看，类似于商店给予会员的积分返券，其目的在于鼓励会员消费，而非以营利为目的。实质说认为，应根据行为人的客观行为对法益造成的侵害判断返点的性质。

二、三人罪名分析

我们认为：三名被告人的行为属于（普通）聚众赌博，构成赌博罪。理由如下：

（一）三人的行为不构成（普通）开设赌场罪

开设赌场是行为人为赌徒提供场所、赌具、筹码等多种有偿服务，营运商业性赌场的行为。聚众赌博是指为赌博提供场所、赌具，组织、招引他人参与赌博，从中抽头渔利的行为。二者所涉罪名都包含有聚集、招引、组织他人参与赌博的行为。笔者认为，区分二罪名的关键在于看行为人对赌博活动是否有明显的组织、控制和管理能力。"提供赌博场所行为的关键在于其提供的场所应当受提供者实际控制，如果提供人不能实际地控制该场所，则该行为就不应认定为提供赌博场所，而应认定为聚众赌博。"行为人对赌博活动的控制力主要从以下几个方面把握：一是对赌博场所的控制力，如行为人是否实际控制场所内的活动；二是对赌博内部组织的控制力，如赌博场所内是否有严密的分工与协作；三是对赌场经营的控制力，如是否提供赌具、制定赌博等。

就本案而言，行为人是否构成（普通）开设赌场罪，笔者认为应当重点围绕行为人对赌博活动是否有明显的控制力来予以认定。首先，从行为人对参赌人员的组织程度来看，本案场所虽然固定，但本案场所所起到的作用是聚集、招引、容留他人参赌的作用。本案参赌人员可以自由出入"赌场"、观看视频，自主决定是否下注，行为人对此并没有任何管理控制的权力。其次，从行为人对赌博活动的控制程度来看，在本案中，赌资由刘保玉与参赌者依据赌场盘口规则如数交割后交付老挝赌场，抽水最终由老挝赌场取得，赌博方式、赌博规则等完全通过网络实地传输的老挝金木棉赌场实地控制，行为人并没有因场所的固定而对整个活动过程有明显的控制和管理权力。最后，从行为本质来看，本案中网络传输只是整个赌博活动的一个环节。网络账号和密码在行为人的整个犯罪活动中并非起着唯一的决定性作用，也不是犯罪活动的全部方式，其赌博活动最终还要依赖于刘保玉在老挝金木棉赌场以参赌者的身份实地现场赌博而实现。可以说，网络视频是一个工具或媒介，其作用在于聚集、吸引，并最终促进了多人参与赌博活动的实现。综上，本案三名被告人的行为，事实上是凭借固定的场所通过提供网络视频的方式吸引、聚集多人参与到老挝赌场的赌博活动中来，并以此获取返水作为盈利方式，其行为重点在于聚集、吸引不特定的多人参与赌博活动，构成聚众赌博罪。

（二）三人的行为不构成（网络）开设赌场罪，也不构成（网络）聚众赌博，而构成（普通）聚众赌博

2010年8月31日，最高人民法院、最高人民检察院、公安部联合出台了《关于办理网络赌博犯罪案件适用法律若干问题的意见》（以下简称《意见》）第1条规定：利用互联网、移动通讯终端等传输赌博视频、数据、组织赌博活动，具有下列情形之一的，属于《刑法》第303条第2款规定的开设赌场行为：（1）建立赌博网站并接受投注的；（2）建立赌博网站并提供给他人组织赌博的；（3）为赌博网站担任代理并接受投注的；（4）参与赌博网站利润分成的。同时《意见》第3条第5款规定，有证据证明犯罪嫌疑人在赌博网站上的账号设置有下级账号的，应当认定为赌博网站的代理。实践中，由于一、二、四种情形多为赌博网站的股东、经营者、地区总代理人，一般定性不存在

争议。而对于第三种情形，实践中出现的行为人利用自己获取的网站账号和密码，没有发展会员，只是提供给多人使用，组织多人投注的行为应当如何认定产生了很大的争议。一种观点认为此种情形构成网络聚众赌博，否则实践中就没有网络聚众赌博行为的存在空间；另有一种观点从法益侵害的角度出发，认为此种情形虽然从形式上来看没有下级代理，但是实质上行为人与参赌人员之间发生了业务关系，形成了事实上的代理与被代理的关系，从本质上来讲属于网站代理，构成开设赌场罪。还有一种观点从折中的角度认为，应当依据行为人客观行为持续的时间长短来具体认定，时间较长的构成开设赌场罪，时间较短的成立聚众赌博罪。

笔者认为争议的焦点首先在于正确区分网络开设赌场与网络聚众赌博。首先，网络赌博是互联网不断发展的产物，其与传统赌博只是客观载体的不同，从本质上来讲二者都是一种以小搏大的射性行为。因此，区分网络聚众赌博与开设赌场始终不能脱离传统二罪的本质区别，即围绕行为人对赌博活动是否有明显的控制力来判断。其次，在互联网时代，网站成为主体事物在网络世界中的门户，账户和密码成为进入网站的身份认证。实体赌博中所需要的物理空间延伸到网络世界中体现为赌博网站的虚拟空间，以及进入赌博网站所需的账号和密码。只要有互联网的地方均可以参与赌博活动，因此，网络赌博的出现进一步弱化了传统开设赌场对物理场所的依赖性，而凸显了网络赌博中账号和密码的重要性。最后，网络赌场的发展不同于实体赌博通过设立场所、组织分工实现，而是通过层层代理的形式出现。一般是由国外网站在国内设立某区的总代理，总代理然后发展下级代理，代理逐渐呈金字塔的形式发展。一般是上家给下家一个账号和密码，下家再延伸出新的账号和密码，这样通过网络账号和密码不断地分出多层级的账号和密码，上下级代理之间实现赌博网站的组织、管理活动继而实现赌博网站的发展、壮大。因此，网络开设赌场的本质在于通过网站账号和密码的不断分层管理实现对参赌人员的组织管理、参赌资金的流转及各层级之间的管理和控制。如果行为人仅有账号和密码，通过会员的身份吸引不特定的人参与赌博，可以认为，行为人个人及会员账号发挥了重要的作用，而并非通过网站的功能发挥作用，应当认定为网络聚众赌博。由此，笔者认为，网络聚众赌博，是指以营利为目的，为他人提供赌博网站的账户和密码，组织多人网上投注的行为。网络聚众赌博行为关键在于提供账号、密码和网上投注，缺一不可。其与网络开设赌场区别在于是否对获取的账号密码有控制管理权力，一个重要的指标是是否有下级账号。

就本案而言，首先，刘保玉三人的行为不构成网络开设赌场罪，因被告人提供的账号和密码没有设置下级账号（仅仅是普通会员账号），客观上，虽提供给多人使用，但账号所起的作用更多的是招引作用，而行为人对赌博活动的控制力较弱，发挥作用主要是个人。其次，三人行为也不构成网络聚众赌博。从本案的整个犯罪过程来看，行为人刘保玉实施了提供账号和密码及在老挝现场下注参赌的行为，依据罗克辛教授提出的共同犯罪事实支配说，正犯对整个犯罪起支配作用，而正犯的犯罪支配包括行为支配、意思支配及功能支配。行为支配是指由行为人直接、单独地通过实施符合构成要件的行为而获得支配，故行为人刘保玉实施了符合（普通）聚众赌博构成要件的实行行为——聚众和赌博行为，其客观行为对整个犯罪发挥了支配作用，是本案正犯，构成（普通）聚众赌博。最后，依据前述（网络）聚众赌博，会员账号在整个作案过程中起着重要作用，包括招引、聚集和实现参赌者下注，因本案投注行为是现场投注，故本案构成普通聚众赌博，而非（网络）聚众赌博。

刘保玉、刘保华、张玉生三人获取的赌博网站给予的返点应当认定为抽头渔利，理由如下：

笔者认为，对于返点的认定，应当采用实质说。实质说的本质在于法益侵害，即围绕行为人的行为是否造成了法益侵害。首先，应围绕行为人的客观行为进行区分判断，看如果行为人利用账号和密码自己参与赌博，还是以账号、密码为工具吸引、组织他人参与赌博。如果是后者，此时会员账号只是一个便利工具，行为人的获利行为已经侵害了新的法益。其次，从行为人获利所依赖的客观行为来看，行为人获取的返点并非基于普通会员参与赌博而取得，而是聚集、引诱、吸引多人参与赌博后取得的利益，由此行为人获利已经超出了普通会员返点的性质，是建立在违法行为之上的非法利益，不能因形式上的资金流向而否定利益的非法性。再次，从立法原意上来说，因赌博属于妨害社会管理的行为，刑法设立抽头渔利的行为是为了打击通过赌博获取非法利益的活动，而并非侧重考虑赌博资金的流向。最后，从社会危害性来讲，赌博网站给予会员返点更激励会员参与赌博，由此滋生被告人不断地加大赌博的筹码，变相吸引、聚集更多的人参与赌博，从心理上、资金上进一步促进赌博活动的壮大，因此，应当将此种情形中的返点认定为抽头渔利。

（撰稿人：山西省太原市小店区人民检察院　王宏亮　张艳）

熊坤假冒专利案

——电商环境下假冒专利犯罪数额如何认定

【基本案情】

被告人熊坤,男,1986年3月6日出生,汉族,大学文化,经商,出生地为湖北省荆门市,户籍地湖北省荆门市东宝区金虾路某号。

2015年6月1日至2015年11月4日,被告人熊坤为提升其经营的天猫商城"豹克旗舰店"销量,未经专利权人授权许可,盗用奥特路(漳州)光学科技有限公司"一种防蓝光光学镜片"的专利申请文件并将专利号201410242224.3篡改为201510242224.3,用于网店销售的防蓝光眼镜产品广告宣传页面中,误导消费者。经厦门诚联兴会计师事务所有限公司审计:熊坤经营"豹克旗舰店"于2015年6月1日至2015年11月4日间销售防蓝光眼镜产品经营数额为人民币883273.93元。

此外,被告人熊坤为提升豹克旗舰店的信誉,于2015年7月至11月间,分别在"聚者良品""众划算"网络平台开展0元购、6.9元购虚假刷单的交易数额分别为182405元、116005元。

认定上述事实的证据如下:

(1)豹克旗舰店产品宣传页面照片等物证;(2)户籍证明、归案过程、淘宝销售记录、银行转账单等书证;(3)被告人熊坤的供述;(4)证人马富兴等人的证言;(5)厦门诚联兴会计师事务所有限公司出具的专项审计报告等鉴定意见;(6)漳州市公安局提取的天猫商城"豹克旗舰店"假冒专利产品详情截图、支付宝(中国)网络技术有限公司后台数据等电子资料。

【案件结果】

案件经审理,一审法院漳州市龙文区人民法院对公诉机关指控本案犯罪事实予以认定,对案件定性及犯罪数额认定采纳公诉机关意见。最后以被告人熊坤犯假冒专利罪,判处有期徒刑1年,缓刑2年,并处罚金人民币30万元。判决后,被告人未上诉,检察机关未抗诉,该案已生效。

【典型意义】

电商环境下的网店,为获得更多信誉及销量,滋生多种新型的网络侵犯知识产权犯罪,假冒专利犯罪也从实体经济转移到淘宝天猫商场。电商结合网络及天猫网店特点，出现了虚假刷单提高信誉、第三方平台交易返现真假交易交织等新型问题，使得此类犯罪数额计算、证据认定面临挑战。笔者在审查办理本起公安部、国家知识产权局联合督办，福建首例网络假冒专利案中，总结归纳网络假冒专利案特点。

一、本案应认定为假冒专利罪

假冒专利是指违反专利法规，假冒他人专利，情节严重的行为。主要包括以下几种行为：（1）未经许可，在其制造或者销售的产品、产品的包装上标注他人的专利号；（2）未经许可，在广告或者其他宣传材料中使用他人的专利号，使人将所涉及的技术误认为是他人的专利技术；（3）未经许可，在合同中使用他人的专利号，使人将合同涉及的技术误认为是他人的专利技术；（4）伪造或者变造他人的专利证书、专利文件或者专利申请文件。而虚假广告罪是指广告主、广告经营者、广告发布者违反国家规定，利用广告对商品或者服务作虚假宣传，情节严重的行为。虚假广告违反了《广告法》第3条规定"广告应当真实、合法，符合社会主义精神文明建设要求"，虚假广告主要表现形式有"消息虚假""品质虚假""功能虚假""证明虚假"等。

本案被告人熊坤在天猫商城经营防蓝光眼镜期间，为提升销量牟取利润，未经专利权人许可，盗用并变造本属于奥特路（漳州）光学科技有限公司的专利申请号及专利文件，使用于网络销售产品广告宣传页面，导致消费者误认为所购买的为专利产品。虽然被告人在主观上有虚假宣传，但虚假广告罪与假冒专利罪二者仍有关键区别。一是侵犯客体不同。虚假广告罪侵犯的是国家对广告的管理秩序和消费者权益；假冒专利罪侵犯的是国家对专利的管理秩序和单位（个人）的专利权利；二是行为特征不同。虚假广告罪是针对商品使用虚假宣传误导消费者的行为；假冒专利是直接侵犯专利权人的行为。被告人熊坤为牟取利益，假冒了他人专利在宣传广告中，目的是让消费者以为是专利产品，手段上用的是广告方式，属于牵连犯罪，应择一重罪处罚。根据刑法规定，虚假广告罪法定刑为1年以下有期徒刑，假冒专利罪处3年以下有期徒刑，故本案应认定为假冒专利。

二、本案犯罪时间起算点如何认定

本案中涉及3个时间起算点，一个是被害单位奥特路公司申请专利时间为2015年5月30日，另一个是被害单位获得授权的时间为2015年6月10日，还有一个是侦查机关根据行为人假冒专利图片显示时间为2015年1月26日。

认定侵犯专利，前提是被假冒专利在专利保护期限内，《专利法》第59条第1款中规定的"专利权的保护范围"，应当理解为权利人实际能够获得保护的最大范围,是指在权利要求限定的范围基础上,通过适用等同原则所扩展到的范围,是否存在等同范围,需根据具体案情个案分析。专利侵权判定,则是由管理专利工作的部门或者法院在解释权利要求限定范围的基础上,通过对是否适用等同原则以及等同范围的确定,明晰权利人实际能够获得的保护范围。《专利法》第45条规定,发明专利权的期限为15年,自申请之日起计算;本案奥特路公司享有的"一种防蓝光光学镜片"专利为发明专利,其于2015年5月30日申请,2015年6月10日得到授权。2016年4月1日生效的最高人民法院《关于审理侵犯专利权纠纷案件应用法律若干问题的解释(二)》第18条规定,根据《专利法》第13条诉请在发明专利申请公布日至授权日期间实施该发明的单位或个人支付适当的费用,人民法院可以参照有关专利许可使用费合理确定。参照专利法及上述司法解释,对于在专利申请公布之后至公告授权之间,按照专利法的规定权利有排他性,但是否能获得授权还未确定,对于这一期间的侵权行为可以给予适当的费用,但不宜认定为专利侵权犯罪。因此,侦查机关认定的以假冒专利文件上显示的2015年1月26日与专利权人实际申请日不相吻合,不能认定为本案的起算时间。5月30日至6月10日之间属于专利申请排他期,并非真正授权日,此期间也不能作为认定侵权的实际日期。最后,本案假冒专利的起算日应当以专利权人获得专利授权日即2015年6月10日起算。

三、本案犯罪数额计算

(一)虚假刷单如何查明认定

本案被告人熊坤辩解有通过第三方平台的虚假刷单交易情形,该部分产生的数额应予扣除。经查被告人熊坤通过"聚者良品""众划算"两第三方平台,发送商品广告链接,只要消费者点击链接在天猫网店中付款确定收货后给予好评,就可以得到约定的返现。对被告人的辩解如何查明认定?我国现行还未针对该行为法律规定,只有参照浙江省高级人民法院、浙江省人民检察院、浙江省公安厅《办理侵犯知识产权刑事案件适用法律若干问题会议纪要》规定:"如被告人提出销售记录中存在虚假交易,或部分商品系非假冒商品,应要求被告人就此提供证据或证据线索,并就此进行核查。"因此,根据该线索熊坤提供了两个平台出具的相关交易明细、抽样消费者的证言,证实被告人熊坤为了提高网店的搜索量及信誉,使该网店在天猫搜索排位靠前,增加自身竞争优势,事实上此类交易所提供给消费者的是一些小礼品或廉价眼镜,并非本案假冒专利的商品,是属于为提高商品信誉的虚假交易。

（二）网络刷单虚假交易如何定性

既然是虚假交易，那么就涉及这种行为是否属于刑法还是行政法所规制，即虚假刷单是非法经营罪或不正当竞争行为。根据国家工商行政管理总局出台的《网络交易管理办法》第19条第4项，网络商品经营者，应当遵守《不正当竞争法》等法律的相关规定，不得以不正当的竞争方式损害其他经营者的合法权益、扰乱市场秩序。同时，不得利用网络技术手段或载体等方式，从事下列不正当竞争行为，其中就有以虚假交易、删除不利评价等方式为自己或他人提高商业信誉。因此，虚假刷单行为属于不正当竞争行为，在我国部分规章的范围。而根据《刑法》第225的规定，非法经营罪中"其他扰乱市场秩序的非法经营行为"的必须是违反法律、行政法规的规定，本案刷单行为属于违反部门法，而非行政法规。综上，虚假刷单无须上升到刑法的非法经营罪进行规制，而应当认定为是一种不正当竞争行为。

（三）刷单数额能否扣除

对于虚假刷单交易的数额是否属于犯罪数额？最高人民法院、最高人民检察院《关于办理侵犯知识产权刑事案件具体应用法律若干问题的解释》第12条第1款规定，非法经营数额是指行为人在实施侵犯知识产权行为过程中，制造、储存、运输、销售侵权产品的价值。根据该规定，非法经营数额应当指实际、真实销售的数额，不包含本案中的虚假刷单交易。因此，笔者认为根据有利于被告人的原则，虽然刷单交易属于不正当竞争，但并非真实交易，行为人并未实际获利，对该部分的数额应在犯罪数额中予以扣除。

（撰稿人：福建省漳州市龙文区人民检察院　潘进格）

米成祥等人提供侵入、非法控制计算机信息系统程序、工具系列案

【基本案情】

一、提供侵入、非法控制计算机信息系统程序、工具

1. 2014年年底开始，被告人米成祥在互联网上根据客户要求编写实名解异常、支付宝找回、淘宝注册、淘宝足迹添加、淘宝UA算法、修改支付宝密码系列软件，软件具有通过重新拨号更换IP地址的方式绕过支付宝安全防火墙以及发送非常规的网络请求扫描他人支付宝账号实名认证状态的功能。被告人米成祥将软件销售给张桓铭、刘远龙、吴泽鹏等人，非法获利11000余元。

2. 2015年6月份开始，被告人刘军、王志凌合作编写灵动扫号软件，该软件具有尝试登录支付宝、淘宝网站，进而判断账号密码是否正确，自动宽带拨号切换以及自动代理切换技术来绕过安全系统的人机识别功能。被告人王志凌通过QQ群将该软件销售给他人。被告人刘军、王志凌通过销售该软件共计获利7万元左右。经查，被告人王志凌转入被告人刘军使用的支付宝账户共计49221元。

二、侵犯公民个人信息

1. 2015年6、7月份开始，被告人程中英通过网上加入买卖支付宝账号的QQ群，向群成员购买支付宝账号、密码、找回方式、身份证号码、密保问题等公民个人信息数千组，后出售给被告人刘定权等人1300余组，非法获利3000余元。

2. 2014年年底开始，被告人徐徽虎通过网上向他人购买淘宝账号、密码、支付宝账号、密码、身份证号码等公民个人信息数千组，后出售给QQ179156156、979589666昵称为"啊东小号工作室""啊南"等人5000余组，非法获利2万余元。

3. 2015年初开始，被告人童丽媛通过网上向被告人张磊、"阿虎"等人购买淘宝账号、密码、支付宝账号、密码、身份证号码等公民个人信息2568组，后出售给安庆辉等人1758组，非法获利6000余元。

4. 2015年8、9月份开始，被告人王志凌通过网上加入买卖淘宝、支付宝账号的QQ群，向群成员购买淘宝账号、密码、支付宝账号、密码等公民个

信息4.7万余组，后出售给他人，非法获利1万余元。

5.2015年6月份开始，被告人张木奇通过网上向他人购买淘宝账号、密码、支付宝账号、密码、身份证号码等公民个人信息3200余组，后出售给他人，非法获利2万余元。

6.2015年5月份开始，被告人孟杰通过网上向陈浩、楼煌生等人购买邮箱账号、密码、淘宝账号、密码、身份证号码等公民个人信息1.6万余组，后出售给他人，非法获利1.5万余元。

7.2014年12月份开始，被告人孟楷通过网上向QQ949673335昵称为"淘宝小小号"等人购买淘宝账号、密码、身份证号码等公民个人信息7200余组，后出售给他人，非法获利2万余元。

8.2015年开始，被告人孟水芬通过网上向他人购买淘宝账号、密码、支付宝账号、邮箱账号、身份证号码等公民个人信息2万余组，后将部分账号出售给他人，非法获利1000余元。

9.2015年7月份开始，被告人周广才通过网上向他人购买淘宝账号、密码、邮箱账号、身份证号码等公民个人信息4万余组，后将部分淘宝账号出售给他人，非法获利2万余元。

10.2015年5月份开始，被告人蔡毓琦通过网上向他人购买林云软件、淘淘软件、传奇软件，又向他人购买邮箱账号、密码等原始数据，使用软件批量登录邮箱账号、密码数据碰撞出淘宝账号、密码、支付宝账号、密码等公民个人信息2790多组，销售获利5000余元。

11.2015年5月份开始，被告人康彦峰通过网上向QQ2728502519昵称为"暗夜"的人购买邮箱账号、密码等原始数据和"茬人"扫号软件，又向QQ8957290昵称"三多"的人购买三多撞密软件，后使用软件批量登陆邮箱账号、密码数据碰撞出淘宝、支付宝账号。至2015年12月7日被公安机关查获，被告人康彦峰共非法扫号获得5793余组淘宝、支付宝账号，已销售500余组，非法获利1万余元。

12.2015年5月份开始，被告人谭光正通过网上向QQ昵称"陌生人2"等人购买淘宝账号、密码、支付宝账号、密码、身份证号码等公民个人信息4万余组，后出售给他人，非法获利4万余元。至2016年1月17日被公安机关查获，被告人谭光正电脑里存有上述公民个人信息12242组。

13.2015年5月份开始，被告人王龙生、杜宝刚通过网上加入"淘宝小号交流群"，向群成员购买"先行-淘宝小号查询"、"扫号"软件，使用软件批量登录邮箱账号、密码数据碰撞出淘宝账号，又从网上购买支付宝账号、身份证号码等绑定淘宝账号，非法获取淘宝账号、密码、支付宝账号、身份证号码等公民个人信息1000多组，已销售600余组，非法获利3000余元。

14.2015年6月份开始，被告人陈文磊通过网上从社工库论坛下载或向龚茂鑫及被告人杨刚等人购买邮箱账号、密码等原始数据，又从刘林处购买"猜一猜""撞密保"等"三多"软件，使用软件批量登录邮箱账号、密码数据碰撞出淘宝账号、密码、支付宝账号、密码等公民个人信息18000多组，已销售数千组，非法获利4万余元。

15.2015年7、8月份开始，被告人闫忠超通过网上向"林云""三多"购买撞密软件，又分别向"槿爷"、梁林（已起诉）购买200万条和3个T的邮箱账号、密码等原始数据，使用软件批量登录邮箱账号、密码数据碰撞出淘宝账号、密码、支付宝账号、密码等公民个人信息10800多组，已销售数500余组，非法获利2000余元。

16.2015年5月份开始，被告人臧秀峰通过网上加入"三多"QQ软件群，向群成员购买"三多"软件和邮箱账号、密码等原始数据，使用软件批量登录邮箱账号、密码数据碰撞出淘宝账号、密码、支付宝账号、密码等公民个人信息38000多组，已销售数800余组，非法获利6000余元。

17.2015年3月份开始，被告人张旺昌、原世凤通过网上向QQ昵称"三好"等人购买身份证号码、姓名、邮箱账号、密码等原始数据，又向QQ昵称"帅总"等人购买支付宝注册机、淘大、俊熙等软件，使用软件批量注册支付宝账号、密码、实名认证信息等公民个人信息100101组，已销售数千组，非法获利3万余元。

18.2014年底开始，被告人张洋通过网上向QQ昵称"买数据找我"的人购买邮箱账号、密码等原始数据20多万条，又向QQ819845324的人购买淘宝状态查询软件和林云软件，使用软件批量登录邮箱账号、密码数据碰撞出淘宝账号、密码等公民个人信息4200余组，并到QQ群中贩卖，但未卖成功。

19.2014年8、9月份开始，被告人乔俊霖通过网上加入QQ群，向群成员购买"taobaoscanlala.exe"扫号软件和邮箱账号、密码等原始数据10万条，使用软件批量登录邮箱账号、密码数据碰撞出正确的淘宝账号、密码等公民个人信息数千组，已销售300余组，非法获利2000余元。被告人乔俊霖又通过网上向QQ543810904、83639490等人购买淘宝账号、密码等公民个人信息32700余组，后出售给他人，非法获利4万余元。

20.2015年11月份开始，被告人林书昆通过网上购买邮箱关键字搜索器、三多软件和邮箱账号、密码等原始数据40余万条，使用软件批量登录邮箱账号、密码数据碰撞出苹果ID账号、密码等公民个人信息数1836组，后让网友"无极"远程操控其电脑改苹果ID密保盗取余额，非法获利1000元。

21. 2015年12月份，被告人周林谦通过网上下载姓名、身份证号码等公民个人信息9700余组，欲通过其编写的"支付宝POST注册机"软件批量注册支付宝账号、密码来卖钱，但未成功。另查明，被告人周林谦在网上根据被告人张磊的要求编写鸿泰软件，该软件具有通过重新拨号更换IP地址的方式绕过支付宝安全防火墙、识别图形验证码以绕过支付宝安全系统的人机验证机制、发送非常规的网络请求登录他人账号和修改密码的功能。被告人周林谦将软件销售给被告人张磊，非法获利2000余元。

22. 2015年初开始，被告人韩世荣通过网上购买、下载邮箱账号、密码、姓名、身份证号码等公民个人信息50多亿条，后出售给他人，非法获利194536元。

23. 2015年5月份开始，被告人何明通过网上购买邮箱账号、密码、公民身份证号码等公民个人信息300多万组，再使用自行编辑的"支付宝注册"程序注册出实名支付宝账号240多万组，后出售给他人，非法获利10万余元。

24. 2015年8月份开始，被告人彭程通过网上购买三多软件、淘大软件和邮箱账号、密码等原始数据37万余条，使用软件批量登录邮箱账号、密码数据碰撞出支付宝账号、密码等公民个人信息3000余组，非法销售获利10000余元。

25. 2015年6月份开始，被告人江金龙通过网上购买邮箱账号、密码、公民身份证号码等公民个人信息数千条，再使用网上购买的"淘大"软件批量关联支付宝账号实名认证2100多组，后出售给他人，非法获利1万元左右。

三、非法获取计算机信息系统数据

1. 2015年10月份开始，被告人朱斌通过网上加入QQ群，下载邮箱账号、密码等原始数据，又向QQ为781777835的人购买鸿泰扫号软件，使用软件批量登录邮箱账号、密码数据碰撞出正确的淘宝、支付宝账号和密码。至2016年1月15日被公安机关查获，被告人朱斌共非法扫号获得1550余组淘宝、支付宝账号和密码，已销售几十组，非法获利500余元。

2. 2015年7月份开始，被告人涂志学通过网上加入QQ群"鸿泰淘宝交流群"，从群主即被告人张磊处购买鸿泰扫号软件和邮箱账号、密码等原始数据，使用软件批量登录邮箱账号、密码数据碰撞出正确的淘宝、支付宝账号和密码。至2015年11月20日被公安机关查获，被告人涂志学共非法扫号获得1290余组淘宝、支付宝账号和密码，销售获利5000余元。

3. 2015年初开始，被告人杨刚通过网上从社工库、QQ群下载邮箱账号、密码等原始数据，又分别从轻羽、三多QQ群中购买轻羽软件和三多软件，使用软件批量登录邮箱账号、密码数据碰撞出正确的淘宝、支付宝账号和密码。

至 2015 年 12 月 3 日被公安机关查获，被告人杨刚共非法扫号获得 13500 余组淘宝、支付宝账号和密码，销售获利 7000 余元。

4. 2015 年 7、8 月份开始，被告人袁邦磊、袁嘉通过网上下载、购买邮箱账号、密码等原始数据，又从精易论坛、QQ 群购买鸿泰软件、灵动软件等，使用软件批量登录邮箱账号、密码数据碰撞出正确的淘宝、支付宝账号和密码。至 2016 年 1 月 22 日被公安机关查获，被告人袁邦磊、袁嘉共非法扫号获得 10000 余组淘宝、支付宝账号和密码，销售获利 2 万多元。

5. 2015 年 8 月份开始，被告人钱玉明通过网上向梁林（已判决）购买邮箱账号、密码等原始数据 500G，又向阮剑宇、张磊等人购买 MIMI 软件、鸿泰软件、三多软件、好易用软件等，使用软件批量登陆邮箱账号、密码数据碰撞出正确的淘宝、支付宝账号和密码。至 2016 年 1 月 18 日被公安机关查获，被告人钱玉明共非法扫号获得 49800 余组淘宝、支付宝账号和密码，销售获利 3 万余元。

6. 2015 年 8 月份开始，被告人庄甲竹通过淘宝网购买邮箱账号、密码等原始数据，又从网上购买 MIMI 软件、轻羽软件、林园软件等，使用软件批量登录邮箱账号、密码数据碰撞出正确的淘宝、支付宝账号和密码。至 2015 年 12 月 11 日被公安机关查获，被告人庄甲竹共非法扫号获得 15179 组淘宝、支付宝账号和密码，销售获利 3000 余元。

7. 2015 年 9 月份开始，被告人张磊通过网上购买、下载邮箱账号、密码等原始数据 200 多万条，又从网上向周林谦购买鸿泰软件，使用软件批量登录邮箱账号、密码数据碰撞出正确的淘宝、支付宝账号和密码。至 2015 年 11 月 25 日被公安机关查获，被告人张磊共非法扫号获得 2700 余组淘宝、支付宝账号和密码，销售获利 4000 余元。

8. 2014 年底开始，被告人陈荣华通过网上购买邮箱账号、密码等原始数据 2G，又从网上购买三多软件、优易软件，使用软件批量登录邮箱账号、密码数据碰撞出正确的淘宝账号和密码。至 2016 年 1 月 20 日被公安机关查获，被告人陈荣华共非法扫号获得 800 余组淘宝账号和密码，销售获利 3000 余元。

9. 2015 年 3 月份开始，被告人钟易辰通过网上购买邮箱账号、密码等原始数据，又从网上购买懒洋洋软件、淘易通解异常软件，使用软件批量登录邮箱账号、密码数据碰撞出正确的淘宝账号和密码。至 2015 年 11 月 21 日被公安机关查获，被告人钟易辰共非法扫号获得 570 余组淘宝账号和密码，用于其刷单。

四、盗窃

1. 2015 年 8 月至 12 月，被告人彭程利用三多、淘大等软件扫号获得支付宝账号、登录密码数千组,后通过直接转账的方式窃取这些支付宝账号内的余额。至 2015 年 12 月 26 日被公安机关查获,被告人彭程从 fengkindduck@sohu.com 等 75 个支付宝账号内窃得人民币共计 5652.9 元,全部转入其使用的 ezXmnno4a@vip.sohu.com 支付宝账户。

2. 2015 年 9 月至 11 月,被告人刘跃武通过网上向被告人闫忠超等人购买支付宝账号、登录密码数百组,后通过直接转账的方式窃取这些支付宝账号内的余额。至 2015 年 12 月 11 日被公安机关查获,被告人刘跃武从 zykuang@gmail.com 等 100 多个支付宝账号内窃得人民币共计 14681 元,全部转入其使用的 liuyuew88@163.com 支付宝账户。被告人刘跃武从 2091455748@qq.com 等 102 个支付宝账号内窃得人民币共计 8683.39 元,全部转入其使用的 10937548@qq.com 支付宝账户。

3. 2015 年 9 月开始,被告人刘定权利用软件扫号获得支付宝账号、登录密码五百多组,后通过直接转账的方式窃取这些支付宝账号内的余额。至 2015 年 12 月 5 日被公安机关查获,被告人刘定权从 Xieyanlinggood@163.com 等 15 个支付宝账号内窃得人民币共计 528.1 元,全部转入其使用的 ldq0501@163.com 支付宝账户。

4. 2015 年 8 月开始,被告人钱玉明利用软件扫号获得支付宝账号、登录密码 4 万多组,后通过直接转账的方式窃取部分支付宝账号内的余额。至 2016 年 1 月 18 日被公安机关查获,被告人钱玉明从 zhangjiehong.happy@163.com 等 29 个支付宝账号内窃得人民币共计 506.9 元,全部转入其使用的 523718316@qq.com 支付宝账户。

5. 2015 年 6 月份开始,被告人陈文磊利用软件扫号获得支付宝账号、登录密码 18000 多组,后通过直接转账的方式窃取部分支付宝账号内的余额。至 2015 年 12 月 25 日,被告人陈文磊从 fbp95119@hotmail.com 等 184 个支付宝账号内窃得人民币共计 9000 余元,全部转入其使用的 lXjzsz@sina.com 支付宝账户。

【案件结果】

被告人米成祥、刘军、王志凌 3 人在网上提供破解软件,构成提供侵入、非法控制计算机信息系统程序、工具罪;被告人程中英、徐徽虎等 24 人非法获取公民信息在网上进行销售获利,构成侵犯公民个人信息罪;被告人张磊、庄甲竹等 10 人利用上游犯罪提供的软件和公民信息破解出正确的支付宝、淘宝账号、密码,构成非法控制计算机信息系统程序、工具罪;被告人彭程、刘跃武等 5 人利用中游犯罪所得支付宝、淘宝账号、密码直接转账非法获利,构成盗窃罪。浙江省诸暨市人民检察院提起公诉后,浙江省诸暨市人民法院根据以上罪名和事实作出有罪判决。

【典型意义】

一、提供侵入、非法控制计算机信息系统程序、工具罪

《刑法》第285条第3款规定"提供专门用于侵入、非法控制计算机信息系统的程序、工具，或者明知他人实施侵入、非法控制计算机信息系统的违法犯罪行为而为其提供程序、工具，情节严重的"涉嫌提供侵入、非法控制计算机信息系统程序、工具罪。

最高人民法院、最高人民检察院《关于办理危害计算机信息系统安全刑事案件应用法律若干问题的解释》（法释〔2011〕19号以下简称《办理危害计算机信息系统安全刑事案件解释》）第2条、第3条规定，由以上法条可以看出，认定提供侵入、非法控制计算机信息系统的程序、工具罪，需要认定以下行为：

第一，作案所用的"程序"是否具有侵入他人计算机信息系统的功能，即是否具有避开或者突破他人计算机信息系统安全保护措施，未经授权或者超越授权获取他人计算机信息系统数据的功能的。

本案中，涉案软件经过鉴定，属于非法判断他人支付宝账号状态的恶意程序；源代码实现了判断和获取用户账户状态的功能；具有模拟用户登录并获取用户状态的功能。结合被告人供述以及已经扣押的作案"程序"软件等，可以认定"具有避开或者突破他人计算机信息系统安全保护措施，未经授权或者超越授权获取他人计算机信息系统数据的功能的"。

第二，构罪标准"情节严重"中"违法所得五千元"的认定。

本案中，（1）被告人米成祥销售"米成祥软件"获利11000元，已经达到立案标准"违法所得5000元以上"，依法应处3年以下有期徒刑、拘役，并处或者单处罚金；（2）被告人刘军、王志凌合作编写销售"灵动软件"获利7万元，达到并超出了"情节特别严重"的标准25000元，依法应处3年以上7年以下有期徒刑，并处罚金。

二、侵犯公民个人信息罪

侵犯公民个人信息罪，是指以窃取或者其他方法非法获取国家机关或者金融、电信、交通、教育、医疗等单位在履行职责或者提供服务过程中获得的公民个人信息，出售或者非法提供给他人，情节严重的行为。

公民个人信息，是指以各种形式存在的、与公民个人存在关联并可以识别特定个人的信息量，包括姓名、职业、职务、年龄、种族、肖像、婚姻状况、爱好、学历、专业资格、工作经历、家庭情况、宗教信仰、财产状况、家庭住

址、电话号码、电子邮件、信用卡号码、血型、指纹、病历、网上登录账号和密码、通信内容、个人活动轨迹能够识别公民个人的信息。

构罪标准：（1）非法获取公民个人信息数量达到 1000 条以上或者非法获取 100 人以上公民个人信息；

（2）非法获取公民个人信息数量虽未达到上述第一项的标准，但超过百分之八十，且又多次出售、提供的；

（3）非法获取后出售公民个人信息，违法所得达到 5000 元以上的；

（4）非法获取后出售、提供公民个人信息，被用于违法犯罪活动的；

（5）曾因出售、非法提供、非法获取公民个人信息被追究刑事责任或者被两次以上行政处罚，又实施非法获取公民个人信息行为的；

（6）非法获取后出售、提供公民个人信息造成他人人身严重危害、财产重大损失，或者严重影响到公民个人的正常生活等严重后果的。

另《刑法修正案（九）》（2015 年 11 月 1 日实施）中规定的第 253 条之一第 3 款规定与原《刑法》第 253 条之一第 2 款规定内容无异，均系对"窃取或者以其他方法非法获取公民个人信息"的犯罪行为的评价，两者的区别仅是对"罪名"进行修正，原为"非法获取公民个人信息罪"，现为"侵犯公民个人信息罪"，虽《刑法修正案（九）》规定的侵犯公民个人信息罪包含其他罪状，但公诉机关仅对各被告人非法获取公民个人信息的行为作为犯罪行为指控，故以侵犯公民个人信息罪对各被告人定性量刑并无不妥。

综上，被告人程中英、徐徽虎、童丽媛、王志凌、张木奇、孟杰、孟楷、孟水芬、周广才、蔡毓琦、康彦峰、谭光正、王龙生、杜宝刚、陈文磊、闫忠超、臧秀峰、张旺昌、原世凤、张洋、乔俊霖、林书昆、周林谦、韩世荣、何明、彭程、江金龙的行为构成侵犯公民个人信息罪，依法应处 3 年以下有期徒刑、拘役或者管制。

三、非法获取计算机信息系统数据罪

《刑法》第 285 条第 2 款规定"违反国家规定，侵入前款规定以外的计算机信息系统或者采用其他技术手段，获取该计算机信息系统中存储、处理或者传输的数据，……情节严重的"构成非法获取计算机信息系统数据罪。"违反国家规定"是指违反《维护互联网安全的决定》《计算机信息系统安全保护条例》《计算机信息网络国际联网安全保护管理办法》。

对于朱斌、涂志学、杨刚、袁邦磊、袁嘉、钱玉明、庄甲竹、张磊、陈荣华、钟易辰涉嫌非法获取计算机信息系统数据罪，争议焦点：非法获取的数据是什么"数据"？刑法规定为"计算机信息系统中存储、处理或者传输的数据"，那么一般可以理解为普通数据，只要是计算机信息系统中存储的数据，

如公司服务器中存储的数据。

根据《办理危害计算机信息系统安全刑事案件解释》第1、7、11条规定，结合本案，被告人朱斌、涂志学、杨刚、袁邦磊、袁嘉、钱玉明、庄甲竹、张磊、陈荣华、钟易辰是非法购买邮箱和密码（用于登录支付宝和淘宝的）的数据，然后通过扫号软件从淘宝、支付宝公司服务器（计算机系统）获取与该邮箱和密码对应的其他信息：是否能够登录支付宝和淘宝的信息，以及是否绑定、激活信息、注册时间、心级、信誉、是否认证等信息。这种检测出的数据和获取的与账号和密码对应的信息数据是否系身份认证信息，如是身份认证信息，那么只要达到500条就构成犯罪（关于该数据比较多，证据上比较好证明，该标准4倍属于情节特别严重，可能判3年以上，也有利于判断），如果不是身份认证信息，那么就需要按照违法所得5000元的标准来定。

不难看出，判断根据邮箱和密码获取的是否能够登录支付宝和淘宝的信息，以及是否绑定、激活信息、注册时间、心级、信誉、是否认证等信息，是否是"身份认证信息"关键根据"身份认证信息"是指用于确认用户在计算机信息系统上操作权限的数据，包括账号、口令、密码、数字证书等。个人认为，被告人朱斌、涂志学、杨刚、袁邦磊、袁嘉、钱玉明、庄甲竹、张磊、陈荣华、钟易辰直接购买的邮箱加密码，属于普通数据，不能判断是否属于淘宝或支付宝账号，只有经被告人朱斌、涂志学、杨刚、袁邦磊、袁嘉、钱玉明、庄甲竹、张磊、陈荣华、钟易辰将该数据放入扫号软件（撞库软件）不断的在淘宝、支付宝公司服务器所支撑的网络进行验证，才能确定出具有操作权限的支付宝、淘宝账户信息，并同时显示具有操作权限的数据相对应的其他信息，实质上是以此软件，从支付宝、淘宝公司服务器后台数据中，通过撞库的方式重新获取了一组有效的、具有操作权限的数据，新获取的数据，包含原有普通数据中的账户、口令、密码，其获取的数据应该属于"身份认证信息"，即支付宝、淘宝的身份认证信息，而原来的数据，仅是该邮箱对应的邮箱登录的身份认证信息。因此，被告人朱斌、涂志学、杨刚、袁邦磊、袁嘉、钱玉明、庄甲竹、张磊、陈荣华、钟易辰获取的数据账号，属于身份认证信息，其中被告人杨刚共非法扫号获得13500余组、被告人袁邦磊、袁嘉共非法扫号获得10000余组、被告人钱玉明共非法扫号获得49800余组、被告人庄甲竹共非法扫号获得15179组、被告人张磊共非法扫号获得2700余组，达到并超出了"情节特别严重"的标准2500组，构成非法获取计算机信息系统数据罪，依法应处3年以上7年以下有期徒刑，并处罚金。被告人朱斌共非法扫号获得1550组、被告人涂志学共非法扫号获得1290组、被告人陈荣华共非法扫号获得838组、被告人钟易辰共非法扫号获得570组，达到并超出了"情节严重"的标准 500 组，构成非法获取计算机信息系统数据罪，依法应处 3 年以下有期徒刑或者拘役，并处或者单处罚金。

四、盗窃罪

关于涉嫌多次盗窃的彭程、刘跃武、刘定权、钱玉明、陈文磊等 5 人，应判定盗窃罪，依法应处 3 年以下有期徒刑、拘役或者管制。

该案系浙江地区首例全链条打击涉支付宝灰黑产业链的典型案件。在审查起诉中，专程赴阿里巴巴公司实地调查涉支付宝产业链的详细情况，分析交流计算机信息系统专业问题，在诉前积极引导侦查机关取证，及时厘清法律关系，分化击破各犯罪过程，根据上、中、下游情况，分别精准定罪。上游犯罪主要涉及两个罪名：一是被告人米成祥、刘军、王志凌 3 人在网上提供破解软件，构成提供侵入、非法控制计算机信息系统程序、工具罪；二是被告人程中英、徐徽虎等 24 人非法获取公民信息在网上进行销售获利，构成侵犯公民个人信息罪。中游犯罪涉及一个罪名：被告人张磊、庄甲竹等 10 人利用上游犯罪提供的软件和公民信息破解出正确的支付宝、淘宝账号、密码，构成非法控制计算机信息系统程序、工具罪。下游犯罪涉及一个罪名：被告人彭程、刘跃武等 5 人利用中游犯罪所得支付宝、淘宝账号、密码直接转账非法获利，构成盗窃罪。诸暨市人民法院对指控的犯罪事实和罪名全部予以认定，并分别作出有罪判决。

（撰稿人：浙江省诸暨市人民检察院公诉部　周锋）

利用信息网络实施敲诈勒索如何定性

——胡建连、胡再峰、胡金蛟敲诈勒索案

【基本案情】

被告人胡建连,男,1968年2月15日出生,户籍所在地湖南省娄底市双峰县。

被告人胡再峰,男,1992年2月18日出生,户籍所在地湖南省娄底市双峰县。

被告人胡金蛟,男,1986年9月24日出生,户籍所在地湖南省娄底市双峰县。

2014年4月30日,犯罪嫌疑人胡建连利用与其情妇王某某拍摄的男女床上裸体照片,伙同胡金蛟、胡再峰对廉俊东实施敲诈勒索。按照胡建连的指使,胡再峰负责上网查找各地领导的照片等信息资料,做好标记,选定敲诈对象,胡金蛟负责将胡建连提供的原始男女裸体图片用电脑进行PS色情照片,即将胡建连的头像换成敲诈对象的头像(胡再峰用手机拍摄合成好的男女裸体照片),并打印上敲诈恐吓语言,胡建连负责向选定的对象发送勒索短信和带有本人头像的男女裸体照片,共计发送敲诈短信十一条并索要4万元人民币。经继续侦查发现,三人以相同的手法对被害人郝玉山、张子彬等七人实施多起敲诈勒索的犯罪事实。经审查核实八名被害人对犯罪嫌疑人勒索金额均未支付。

【诉讼过程和处理结果】

内蒙古自治区额尔古纳市人民检察院以被告人胡建连、胡再峰、胡金蛟犯敲诈勒索罪,向额尔古纳市人民法院提起诉讼。起诉书指控,被告人胡建连、胡再峰、胡金蛟多次敲诈勒索他人财物,数额巨大,因被害人不予理会没有实际获得财物,其行为触犯了《刑法》第274条之规定,犯罪事实清楚,证据确实充分,应当以敲诈勒索罪追究其刑事责任。额尔古纳市人民检察院在审查此案时,紧紧围绕犯罪行为的构成要件,深入分析,说理透彻。额尔古纳市人民法院采纳了公诉意见,于2014年12月24日依法开庭审理此案,犯罪分子得到法律制裁。

【典型意义】

对胡建连、胡再峰、胡金蛟的行为如何定性又两种不同的意见。

第一种意见认为，被告人胡建连、胡再峰、胡金蛟的行为属于诈骗案。理由是：诈骗罪的犯罪主体是一般主体，即达到刑事责任年龄、具备刑事责任能力的自然人均能构成。本罪的主观方面表现为直接故意，并且具有非法占有公私财物的目的。本罪客观上表现为使用虚构事实的欺诈方法骗取数额较大的公私财物。三被告人主观上从一开始就具有明确的非法占有他人财物的动机和目的，客观上实施了利用信息网络发送PS色情照片，符合诈骗罪的构成要件。

第二种意见认为，被告人胡建连、胡再峰、胡金蛟的行为属于敲诈勒索案。理由是：本罪的主体是一般主体，即达到刑事责任年龄、具备刑事责任能力的自然人均能构成。本罪主观方面表现为直接故意，具有非法强索他人财物的目的。本案三被告人利用信息网络给被害人发送PS色情照片，并敲诈恐吓被害人，胁迫被害人满足非法占有他人财物的目的，完全符合敲诈勒索罪的构成要件。

一、被告人胡建连、胡再峰、胡金蛟的行为符合敲诈勒索罪的犯罪构成

第一，从认识因素上来看，三被告人是有辨认能力的成年人，他们应当认识到自己这种使用虚假PS色情照片利用信息网络威胁恐吓他人的行为会影响被害人的日常生活、损害被害人的名誉。从行为人意志因素方面来说，三被告人希望危害结果的发生，来满足非法占有他人财物的目的，完全符合《刑法》第274条对敲诈勒索罪的主观方面的要求。

第二，从客观方面分析。三被告人明确分工，在各个环节中各司其职，利用PS色情照片和具有敲诈内容的短信，对被害人实施恐吓敲诈。胡建连、胡再峰、胡金蛟多次敲诈勒索、敲诈人数多达七人，并且敲诈勒索数额巨大。这种行为严重影响被害人的正常生活，侵犯了公民人身权利。其行为已经符合了敲诈勒索罪构成要件。

二、被告人胡建连、胡再峰、胡金蛟的行为不符合诈骗罪的犯罪构成

从客观方面分析三被告人有表现形式为虚构事实的欺诈行为，被告人主观方面表现为直接故意，具有非法占有他人财物的目的。但是诈骗是通过欺诈行为，使被害人自愿交出财物。本案被告人是通过PS色情照片和恐吓短信来威胁被害人，强行索要他人财物，所以胡建连、胡再峰、胡金蛟的行为不符合诈骗罪的犯罪构成。

2013年以来利用电脑合成色情照片，敲诈勒索案件在全国各地屡见不鲜，作案人员大多集中在湖南省双峰县，必须对此案件高度重视，避免对被害人损害名誉，造成不良社会影响。

被告人利用PS色情照片及具有恐吓内容的短信，威胁他人，侵占他人财物的行为如何定性，主要是看被害人是自愿交出财物，还是迫于被告人的威胁、要挟交出财物。本案中七位被害人多次收到被告人发送PS照片及具有恐吓内容的短信，属于敲诈勒索行为，综合全案证据，认定被告人胡建连、胡再峰、胡金蛟犯有敲诈勒索罪。

（撰稿人：内蒙古自治区额尔古纳市人民检察院　坚强）

录制视频上传网络,索要重金敲诈入狱

——王勇均网络敲诈案

【基本案情】

2013年7月5日,犯罪嫌疑人王勇钧将其在薛家湾镇第一工商所缴纳罚款的经过录制成视频,后王勇钧将其拍摄的视频内容以"曝准格尔旗工商局乱罚款的经过""鄂尔多斯浮华背后的黑暗""准格尔旗工商为何成为鱼肉百姓的利器"为标题发布到互联网优酷、酷6等视频网站上。王勇均通过打电话的方式要求准格尔旗工商局向其支付十五万元人民币并签署赔偿协议作为其删除视频资料的条件。

【诉讼过程和案件结果】

内蒙古自治区准格尔旗公安局经审查于2013年9月9日立案侦查王勇均涉嫌敲诈勒索一案。2013年9月23日18时许,侦查员在准格尔旗薛家湾镇鑫凯盛商业广场7号楼二层9号商铺伊美娜化妆品超市内将犯罪嫌疑人王某均抓获归案。2013年9月24日因涉嫌敲诈勒索罪被准格尔旗公安局刑事拘留,羁押于准格尔旗看守所。2013年9月27日,准格尔旗公安局将此案提请准格尔旗人民检察院批准逮捕。2013年9月30日准格尔旗人民检察院依法批准逮捕犯罪嫌疑人王勇均。2013年11月28日,准格尔旗人民检察院将此案移送法院起诉,2014年3月3日准格尔旗人民法院以王勇均犯有敲诈勒索罪判处有期徒刑1年,缓期两年执行。

【典型意义】

一、争议焦点

在办理本案的过程中主要有以下三个方面的争议焦点:

第一,王勇均发布到网上的信息是真实的,能否构成网络敲诈勒索罪。工商行政部门在收取王勇均缴纳的行政罚款时没有出具收据,也没有让王勇均到指定银行缴纳罚款,而是直接收取的,工商行政管理部门的行政执法行为本身存在错误。王勇均就是将其缴纳罚款的过程全程录像后将视频上传到公众网络上的。

第二,本案王勇均没有主动向被害工商行政管理部门索取财物,而是工商行政管理部门领导主动上门要求解决问题,让他删除视频,并答应给予其补偿。网络敲诈勒索解释中采用了"索取"的表述，意味着认定敲诈勒索罪，要求行为人必须有主动向被害人实施威胁、要挟并索要财物的行为。如果行为人没有主动与被害人联系删帖事宜，未实施威胁、要挟，而是主动上门联系请求删帖的情况下，以广告费、赞助费、服务费等名义收取被害人费用的，不认定为敲诈勒索罪。但是如果被害人主动上门联系请求删帖，但并不同意支付费用，而行为人以不支付费用或者不支付指定数额的费用就不删帖，甚至是对负面信息进一步炒作为由，威胁、要挟被害人，进而索取费用的，可以认定为敲诈勒索罪。

第三，犯罪嫌疑人索要的目标费用，是合理赔偿费用还是敲诈勒索。王某提出其因为工商行政管理部门的不当执法以及与工商行政管理部门的交涉等事情严重影响了他门店的生意，导致其没有时间、精力和心情去经营，其经济受到了严重的损失，工商行政管理部门应当对其进行赔偿。

二、问题分析

对这三个问题，分别分析如下：

第一，通过对敲诈勒索罪的犯罪构成的分析，只用行为人采用某种揭露隐私、毁坏名誉等手段向被害人索取财物，不管隐私等信息是否真实，均成立犯罪。同样，信息真实与否，合法不合法，只要是出于非法占有的目的，以发布、删除该负面信息为由勒索公私财物的，仍然构成敲诈勒索罪。

第二，本案中，虽然被害单位先主动找到了王勇均要求其删帖并向其支付一定的补偿。但是王勇均几次与被害人单位讨价还价，变本加厉，并以毁坏被害单位名誉、毁坏被害单位直接领导个人名誉等内容威胁，进而向被害单位提出了15万元的赔偿要求，这就是以非法占有他人财物为目的，以要赔偿为名，行敲诈勒索之实的行为。

第三，结合本案，王勇均经营的是一家日用洗化用品店，其店铺规模较小，预估营业额也较小，所以有型的、可预期的损失不会很大。并且王勇均提出的因工商行政管理部门的不当执法，导致其没有精力和心情去经营生意，这种理由属于王勇均的一种向他人索要财物的借口，其向工商行政管理部门索要的15万元"赔偿款"远远超过合理范围，故应认定王勇均有非法占有他人财物的目的，应认定其构成网络敲诈勒索罪。

随着网络环境的日趋复杂，近年来，一些网站和个人假借"揭黑""维权""反腐""打黑"之名，索要赞助费、封口费、广告费等敲诈勒索的行为屡见不鲜，特别是一些网络名人也参与其中，甚至有人专门搭建网络平台，专门负责盯梢各种负面信息，继而进行敲诈勒索，成为了当下不可忽视的公害。

这类通过网络，或者其他途径获取所谓的负面信息进行综合、加工整理，选定目标对象并在网络上发布或扬言利用自己的媒体资源发布负面帖子，揭露对方隐私、毁坏名誉等为由向被害人施加压力索要财物的敲诈勒索犯罪，人民法院已经作了大量判决。2013年9月10日开始施行的最高人民法院、最高人民检察院《关于办理利用信息网络实施诽谤等刑事案件适用法律若干问题的解释》（以下简称《解释》），在刑法规定的框架内总结、提炼以往的司法实务经验。《解释》第6条规定，以在信息网络上发布、删除等方式处理网络信息为由，威胁、要挟他人，索取公私财物，数额较大，或者多次实施上述行为的，依照《刑法》第274条的规定，以敲诈勒索罪定罪处罚。

随着网络科技的飞速发展，利用网络途径进行的违法犯罪活动也日益增多。近年来在准格尔旗发生的一起网络敲诈勒索案，引起我们对新型犯罪的关注和讨论。面对新型犯罪形式我们更要保持清醒的头脑，透过纷繁复杂的案件形态，剖析案件本质，从而给新型犯罪以精准而致命的打击。

（撰稿人：内蒙古自治区准格尔旗人民检察院侦查监督科　王尚翠）

未经批准利用网络交易平台公开招募客户进行
网络白银交易是否构成非法经营期货

——许根强非法经营案

【基本案情】

2013年2月,根河市居民向根河市公安局报案称其于2012年12月至2013年1月通过网络进行白银交易时,被骗人民币5万余元。经查,被害人通过网络进行白银交易的"贵州天贵现货订购系统"由贵州天贵金银珠宝有限公司(以下简称"天贵公司")提供,在贵州省毕节市工商局注册成立,公司实际股东为蒲向东(在逃)及许根强,日常经营由许根强负责。

天贵公司在网络上提供"贵州天贵现货订购系统",同时天贵公司以支付佣金方式发展代理商,代理商公开发展客户通过网络在该系统内进行白银买卖,并向客户称系统内白银价格与国际白银价格同步涨跌,天贵公司通过收取客户买卖白银的手续费获利。除此业务外,天贵公司无其他经营行为。

"贵州天贵现货订购系统"内推出5千克、20千克、50千克、100千克四个白银交易品种供客户交易,交易规则中明确规定了白银交易的数量、交易时间、报价单位、最小变动单位、实物交割等要素,以"买卖预付款"代替保证金制度,明确规定了强行平仓制度。自2012年11月至2013年5月,天贵公司利用"贵州天贵现货订购系统",通过代理商公开发展客户在系统内进行白银标准合约交易,期间天贵公司账户入金9400余万元,获利1900余万元。

【诉讼过程和案件结果】

内蒙古自治区根河市人民检察院以被告人许根强涉嫌非法经营罪向根河市人民法院提起公诉,起诉书指控被告人许根强违反国家规定,未经国家有关主管部门批准,采用集中交易方式公开招募客户进行白银标准化合约交易,通过收取交易手续费等方式获利,系非法经营期货,事实清楚,证据确实、充分。其行为已触犯《刑法》第225条第3项,情节特别严重,应当以非法经营罪追究其刑事责任。

根河市人民法院以非法经营罪判处被告人许根强有期徒刑5年,并处罚金900万元,判决已生效。

【典型意义】

许根强经营的天贵公司是否系非法经营期货？

第一种意见认为：天贵公司的经营行为性质不符合经营期货的特征，应属于"现货"交易。该种意见认为，期货实际上是一种可以反复转让、反复买卖的合同，实物几乎不直接进入交易市场。本案中，天贵公司提供的交易平台明确说明系"现货订购系统"，并且其经营行为并不排斥客户实物交割的要求，即如果客户要求将系统内购买的白银进行实物交割，天贵公司在收取手续费后可以向客户提供实物白银，因此，将天贵公司的经营行为定性为期货交易不符合实际情况，不应以非法经营期货追究许根强的刑事责任。

第二种意见认为：天贵公司的行为性质具备期货经营的基本特征，系非法经营期货。该种意见认为，根据《期货交易管理条例》规定及国务院法制办对该条例的解读，期货交易的基本特征是以标准化合约为标的进行公开的集中交易。本案中，天贵公司的系统内向客户提供的四类交易品种均约定了白银的交易数量、交易时间、报价单位、最小变动价位，该交易品种符合标准化合约的特征；同时，利用平台连续报出白银合约的买价和卖价，并且无条件地按照自己报出的价格买入或者卖出客户指定数量的白银合约，该模式符合集中交易的特征。因此，天贵公司的经营行为具备期货交易特征，且违反《期货交易管理条例》，未经批准经营期货，属于非法经营期货，符合《刑法》225条第3项规定的犯罪构成，构成非法经营罪。

本案的处理采纳了第二种意见，即天贵公司的行为系非法经营期货，因许根强以犯罪为目的成立天贵公司，因此，应对许根强以非法经营罪进行处罚，理由是：

衡量天贵公司的经营行为是现货交易或者期货交易，应该从两个概念的基本特征出发进行区分。根据商务部、中国人民银行、证券监督管理委员会2013年发布的《商品现货市场交易特别规定（试行）》规定，现货交易对象包括实物商品、以实物商品为标的的提货凭证，交易方式以协议交易、单向竞价交易方式为主，明确规定不得以集中交易方式进行标准化合约交易。根据《期货交易管理条例》规定，期货交易是指采用公开的集中交易方式进行的标准化合约交易。本案中，天贵公司在交易对象、交易方式上均明显违背现货交易的相关规定，符合期货交易的主要特征，主要表现在：

在交易对象方面：首先，天贵公司虽然可以满足客户实物交割的要求，但在实际操作中根本没有进行过实物交割，即天贵公司与客户双方均不以实物交割为目的。其次，天贵公司提供的交易对象实际上是一种标准化合约。根据国务院办公厅《关于清理整顿各类交易场所的实施意见》（国办发〔2012〕37

号)以及国务院法制办就《期货交易管理条例》的解读中对标准化合约的解释,标准化合约是指商品交易数量、交易保证金、交易时间、报价单位、最小变动价位等要素均由市场组织者事先制定并统一提供,仅有价格未事先确定,需要通过交易形成的合约。本案中,贵州天贵公司提供的供客户买卖的正是这样一种合约,这种合约的交易违背了现货交易中以实物交割为目的的宗旨,符合期货交易对象的标准化合约特征。

在交易方式方面:现货交易主要方式有协议交易和单向竞价交易,明确禁止利用集中交易方式进行标准化合约交易,而期货交易的显著特征之一就是采用公开的集中交易方式进行交易,这是现货和期货交易最明显的区别。根据国务院办公厅《关于清理整顿各类交易场所的实施意见》(国办发〔2012〕37号)规定,所谓集中交易方式,包括集合竞价、连续竞价、做市商等交易方式,其中做市商是指能够为其产品连续报出买价和卖价,并且无条件地按照自己报出的买价或者卖价,买入或者卖出投资者指定数量的产品。天贵公司的交易行为中,在其交易系统内为客户连续提供买卖白银的价格,而且无条件按照其提供的价格买入或者卖出其提供的白银产品,交易方式完全符合做市商的交易模式,是集中交易方式的一种。天贵公司利用这种方式招募代理商,公开宣传、拉拢客户进行白银交易,完全符合"公开的集中交易"这一特征。

综上,通过对现货和期货本质特征的分析,行为人未经批准,私自设立网络交易平台,在平台内推出不同种类的白银标准化合约,利用平台连续报出白银合约的买价和卖价,并且无条件地按照自己报出的价格买入或者卖出客户指定数量的白银合约,通过收取客户买卖白银合约的手续费获利。行为人的上述行为系非法经营期货,应以非法经营罪追究刑事责任。

本案中天贵公司的行为符合利用公开的集中交易方式进行标准化合约交易的期货交易特征,属于经营期货行为。同时天贵公司的上述经营行为没有经过国家批准,违反了国务院《期货交易管理条例》的规定,属于"违反国家规定,未经国家有关主管部门批准非法经营期货业务"的行为,应依照《刑法》第225条第1款第3项规定定罪处罚。

(撰稿人:内蒙古自治区根河市人民检察院 韦万章 王海鹏)

魏志丹微信赌博案

【基本案情】

被告人魏志丹,男,1979年9月出生。

2017年1月30日,被告人魏志丹利用网名为"辣椒"的微信号建立名为"10-50红包八包一点三倍"的红包赌博群,制定赌博规则(群主每次发放10-50元金额不等的红包,分成8个包,领到金额为约定尾数的,返还群主红包金额的1.3倍)。魏志丹作为发起人将多人拉进微信群参与赌博,其为达到赢利的目的,在微信群中设立了5个微信号,其中微信号"免死""孤独寂寞烦"分别做过"免死"号,(微信群内只可存在一个"免死"号,且该号不受赌博规则的限制,只抢红包不发红包,以此手段来抽成获利)。因微信账号每天进出资金较多,容易被微信后台识别为赌博造成封号,魏志丹将"免死"和"孤独寂寞烦"两个免死号上的抽成获利转发到自己"辣椒""阳光"两个微信号上,将抽成获利提现到绑定的专为赌博办理的工商银行卡上,再通过银行卡对外发放中奖福利。截止到2017年2月23日魏志丹设立赌博群共24天时间里,其利用当过"免死"号的微信共抽成获利38571.2元,减去发放的中奖福利,个人剩余抽成7000多元。

【诉讼过程和案件结果】

本案由河北省饶阳县人民检察院于2017年5月9日以被告人魏志丹犯赌博罪向饶阳县人民法院提起公诉。饶阳县人民法院以赌博罪判处被告人魏志丹有期徒刑6个月,没收其违法所得7000元,并处罚金10000元。一审宣判后,被告人魏志丹未上诉,判决已生效。

【典型意义】

微信赌博犯罪主要以微信为实施平台,通过微信进行违法犯罪活动。当微信群主以实施聚众赌博行为为目的建立微信群,为满足自己从赌博中非法抽取钱财而将其他玩家添加进群,组织多人在微信上从事赌博活动的行为,则符合有关赌博罪的条件。以营利为目的,聚众赌博抽头渔利累计5千元以上的,应予立案追诉,以赌博罪追究刑事责任。

由于"微信红包"赌博的作案手段较为隐蔽,参赌人员的位置不确定,人员的具体情况不清楚,因此,给案件侦破带来了很大难度。因此,要推进公共信息网络技术防范系统建设,完善落实"网络实名制",最大限度减少利用网络进行的各种违法犯罪行为。各级运营商要相互配合，担负起自己的责任。微信管理者要反思"微信赌博"案件暴露出来的问题，完善软件漏洞，堵截抢红包"作弊器"，对微信群发红包规则加以完善。

"微信红包"既没有明确的法律地位，也没有明确的法律身份，处于无人监管的窘境。鉴于此，应完善相关法律规定，明确"微信红包"的法律属性，对微信运营商、红包发送人等相关问题进行详细界定，有了相应的限制，微信红包赌博自然土崩瓦解。

（撰稿人：河北省衡水市饶阳县人民检察院　耿彦雪　宋素花）

罗显星等人 QQ 诈骗案

【基本案情】

被告人：罗显星，男，1988 年 7 月 8 日生。

被告人：罗显和，男，1979 年 12 月 9 日生。

被告人：罗仁浩，男，1989 年 4 月 5 日生。

被告人：韦怀军，男，1979 年 6 月 24 日生。

被告人：罗显庆，男，1981 年 10 月 1 日生。

2015 年 5 月，犯罪嫌疑人罗显星、罗显和纠集犯罪嫌疑人罗仁浩、韦怀军、罗显庆等人预谋以"克隆 QQ"的方式实施诈骗，并准备了笔记本电脑、无线上网设备、非实名登记手机卡、银行卡、手机等作案工具。2015 年 6 月 17 日，罗显庆在顾亚平的 QQ 空间内物色到在该空间内留言的被害人申玲，后克隆了顾亚平 QQ 内的所有信息并以顾亚平的名义取得申玲的信任。后罗显庆通过 QQ 冒充顾亚平的身份，虚构了朋友赵舒哲家人生病需要用钱，但外汇转账金额饱和，不能接受外汇，请被害人申玲帮忙转账。在被害人申玲同意后，罗显庆向申玲索要银行卡号后伪造了一张已汇款美元 2 万元的图片给被害人申玲看，该图片载明"款已汇到中国银行处理 48 小时到达账户"，同时留下赵舒哲的联系方式让被害人申玲直接和赵舒哲联系。被害人申玲拨打该电话后，由犯罪嫌疑人罗显和冒充赵舒哲编造以家人生病手术需用钱、术后虚弱需购买营养品等理由，在 2015 年 6 月 17 日至 18 日期间先后 4 次欺骗被害人申玲以通过银行卡转账及支付宝转账的方式汇款，合计人民币 16.9 万元。被害人申玲汇款至赵舒哲的银行卡上后，犯罪嫌疑人罗显星立即通过网银转账，将骗得的赃款先后转至犯罪嫌疑人罗仁浩、韦怀军事先提供的银行卡上，并通知犯罪嫌疑人罗仁浩、韦怀军立即到 ATM 机上将钱取出。之后，犯罪嫌疑人罗显和、罗显星分别分得赃款人民币 3.8 万元，犯罪嫌疑人罗仁浩分得赃款 8100 元，罗显庆分得赃款 7.6 万元。

【诉讼过程和案件结果】

本案由盐城市亭湖区人民检察院于 2015 年 11 月 20 日以被告人罗显星、罗显和、罗仁浩犯诈骗罪向盐城市亭湖区人民法院提出公诉，于 2016 年 6 月 17 日以被告人罗显庆、韦怀军犯诈骗罪向盐城市亭湖区人民法院提出公诉，2016 年 2 月 18 日，盐城市亭湖区人民法院作出判决，被告人罗显星犯诈骗罪，判处有期徒刑3年11个月，并处罚金人民币8万元；被告人罗显和犯诈骗罪，判处有期徒刑3年9个月，并处罚金人民币8万元；被告人罗仁浩犯诈骗罪，判处有期徒刑3年，并处罚金人民币4万元。2016年盐城市亭湖区人民法院作出判决，被告人罗显庆犯诈骗罪，判处有期徒刑4年6个月，并处罚金人民币8万元；被告人韦怀军犯诈骗罪，判处有期徒刑3年2个月，并处罚金人民币4万元。

【典型意义】

克隆QQ号，是现在常见的QQ诈骗套路。随着QQ诈骗案的频发，一般而言，QQ内普通朋友借钱，大部分当事人都有了防范意识，都能引起警觉。但是本案中的QQ诈骗套路又有了进一步升级，被告人精心挑选了主人常年在国外的QQ号，且全方位了解了该QQ号主人信息，该QQ号主人常年在国外，身份是律师，与被害人是朋友关系，克隆身份具有极高可信度。被告人对我国的外汇管理规定有一定的了解，其了解我国对个人结汇有限额要求，按照国家外汇管理局印发的《个人外汇管理办法实施细则》相关规定，超出限额规定的个人结汇手续办理较为复杂，故以QQ号主人身份虚构其已回国的朋友的银行卡无法快速结汇，设局引被害人入瓮。被告人伪造了一张已汇款至被害人银行卡2万美元，将在48小时内到账的图片通过克隆的QQ发送给被害人，使被害人产生错误认识，即该笔美元将在两天内到账。被告人以QQ号主人身份虚构了其朋友家人生病急需用钱的事实，考虑到对方已经将美元转至自己银行卡，故被告人以QQ号主人身份请被害人先转钱给其朋友，被害人基于合理信任，联系了QQ号主人"朋友"并进行了转账，被告人顺利完成了诈骗行为。

随着网民防范意识的增强，犯罪分子网络诈骗套路不断翻新花样，让人防不胜防，由以往的普撒网式向有针对性地锁定诈骗对象进行转变，虚构的事实更加精细，网民遇到这类亲朋好友、上司、客户要求借钱、转账的信息，一定要提升防范意识，要通过电话等途径仔细与本人核实，一旦出现被骗的情况，要第一时间迅速报案，公安机关可以尽快启动紧急止付系统，尽可能让财产不受损失。

（撰稿人：江苏省盐城市人民检察院研究室　金兰）

乔宝东猥亵儿童案

【基本案情】

乔宝东，男，1976年7月23日出生，江苏省兴化市人，无业。

2014年3月至8月间，乔宝东为满足其不良心理需要，通过登录QQ添加不满14周岁的幼女为好友，并在兴化市周庄镇文峰小区其自住房内，冒充学校生理老师，以视频教学为名先后诱骗16名幼女在视频下脱掉衣服抚摸身体隐私部位，并让幼女观看其生殖器和手淫等淫秽行为。

【诉讼过程】

2014年8月23日，兴化市公安局以涉嫌猥亵儿童罪对乔宝东立案侦查，于当日抓获犯罪嫌疑人并对其拘留。同年9月19日兴化市公安局以乔宝东涉嫌猥亵儿童罪向兴化市人民检察院提请逮捕。同月30日兴化市人民检察院批准逮捕。同年11月28日，兴化市公安局以乔宝东涉嫌猥亵儿童罪向兴化市人民检察院移送审查起诉。2015年3月19日，兴化市人民检察院以被告人乔宝东涉嫌猥亵儿童罪向兴化市人民法院提起公诉。

兴化市检察院经审查认为：被告人乔宝东为满足其不正当心理需求，通过QQ聊天工具冒充女童生理老师对受害人形成心理强制，诱骗多名幼女在网络视频中脱掉衣服自行实施猥亵行为，并观看其实施的淫秽行为，应当以猥亵儿童罪追究其刑事责任。主要理由如下：

1. 被告人乔宝东实施了猥亵儿童的行为。《刑法》第237条第3款猥亵儿童罪采取简单罪状立法模式，但普遍认同猥亵儿童罪是指以刺激或满足性欲为目的，用性交以外的方法对儿童实施猥亵，即按照社会一般观念判断该行为与性相关，并严重侵害了儿童人格利益和身心利益，可定猥亵儿童罪。虽然司法实践中猥亵儿童多表现为直接与儿童发生身体接触、在特定物理空间内强迫、引诱儿童自行实施猥亵行为或观看他人实施的猥亵行为，但刑法条文并未限定猥亵儿童的犯罪行为有且只有前述行为，否则会过度限缩了刑法打击范围，不能充分保障未成年人身心健康。通过网络视频引诱儿童自行实施猥亵行为、观看淫秽行为等方式，虽然区别与常见的猥亵儿童行为手段，但更具欺骗性和隐蔽性，严重侵害了儿童的身心健康权益，将这类行为纳入刑法评价范围具有实质正当性。同时，在网络犯罪多发的时代，将通过互联网实施的猥亵行为认定为犯罪，有利于加强对未成人的司法保护，也符合社会公众对刑事司法的期待。本案中，被告人乔宝东冒充学校生理老师，通过QQ视频诱骗多名幼女脱掉衣服抚摸身体隐私部位，或让多名幼女观看其生殖器和实施的手淫等淫秽行为，严重侵害了幼女的身心健康，足以认定其实施了猥亵犯罪行为。

2. 被告人乔宝东具有猥亵幼女的故意。最高人民法院、最高人民检察院、公安部、司法部《关于依法惩治性侵害未成年人犯罪的意见》第19条规定，知道或者应当知道对方是不满14周岁的幼女，而实施奸淫等性侵害行为的，应当认定行为人"明知"对方是幼女。本案中，乔宝东通过QQ添加幼女为好友、视频聊天等方式，了解涉案幼女被害人上学情况、身体发育状况、言谈举止等，并足以观察判断案涉幼女未满12周岁。

3. 被告人乔宝东猥亵了16名幼女，依法应从重处罚。《刑法》第237条第3款规定，猥亵儿童的，依照前两款规定从重处罚。最高人民法院、最高人民检察院、公安部、司法部《关于依法惩治性侵害未成年人犯罪的意见》第25条第5项规定，具有猥亵多名未成人情形的，要依法从严惩处。同时，乔宝东自动投案并如实供述自己罪行，依法可从轻处罚。根据《刑法》第237条第1款规定，本罪应处5年以下有期徒刑或拘役。建议在量刑幅度内对乔宝东从重处罚。

【案件结果】

2015年6月12日，兴化市人民法院作出〔2005〕泰兴刑初字第182号刑事判决，认为乔宝东主观上以满足性欲和刺激为目的，客观上冒充女童的生理老师对被害人形成心理强制，诱骗被害人在网络视频内脱光衣服自行实施猥亵行为并观看他本人的淫秽行为，该行为侵害了儿童的人格权和隐私权，对被害人身心健康造成实际侵害后果，应认定为猥亵儿童罪，并判决：被告人乔宝东犯猥亵儿童罪，判处有期徒刑4年。被告人乔宝东不服判决，提起上诉。2015年9月9日，泰州市中级人民法院作出〔2015〕泰中刑终字第00086号，认为没有直接接触儿童身体的猥亵行为对未成人的造成的伤害与接触猥亵行为造成的伤害并无本质区别，利用网络视频实施猥亵，空间上的距离并不影响权利受侵害的性质和程度，据此裁定：驳回上诉、维持原判。

【典型意义】

刑法分则在规定猥亵犯罪时采用简单罪状的表述，没有具体描述猥亵犯罪的行为特征，这给认定猥亵犯罪带来了难度，本案对《刑法》第237条规定的猥亵儿童行为类型是否包括视频裸聊行为有争议。从刑法解释角度，包括视频裸聊行为在内，所有违反社会普遍的性观念准则，用性交以外的方法对儿童实施猥亵的行为，可定猥亵儿童罪。具体理由如下：

一、《刑法》第 237 条规定的"猥亵"不应限于身体直接接触的行为

从立法目的看,《刑法》第 237 条规定猥亵犯罪,目的是要保护与性相关的人格权益和身体权益。人类社会的发展,在性方面形成了性行为非公开化、非强制性等准则,刑法设立猥亵犯罪,是要惩处违反这些准则、严重侵害了他人的性的自己决定权的行为。从司法实践看,侵害与性相关的人格权益的猥亵行为范围较广,包括身体上的侵害和心理上的侵害,不限于行为人直接接触被害人身体的行为。刑法通说认为猥亵犯罪的行为包括如下类型:一是直接对他人实施猥亵行为或者迫使、引诱他人容忍行为人或第三人对之实施猥亵行为;二是强迫、引诱他人对行为人或第三人实施猥亵行为;三是强迫、引诱他人自行实施的猥亵行为,如当场强迫他人自己触摸隐私部位;四是强迫、引诱他人观看他人的猥亵行为,如强迫他人观看男性或女性的性器官等。行为人通过强迫、欺骗方式使被害人暴露生殖器官、自行抚摸敏感部位及观看淫秽行为等,虽然没有直接接触被害人,但本质上一样侵害了被害人的人格权益和身心权益,即侵害了猥亵犯罪所保护的法益。

二、《刑法》第 237 条规定的"猥亵"不应限于现场猥亵行为

刑法内容是由文字表达的,且作为法律规范尽量追求简短,造成刑法条文含义边界模糊,需要通过解释进行明确。同时,人类理性的有限性,决定刑法条文主要是对过去犯罪行为的归纳,面对不断变化的社会生活,需要通过规范的解释使过去制定的刑法适应现在乃至将来的社会需要。在司法实践中,过去办理的绝大多数猥亵犯罪行为都是现场实施的,但这并不能得出"猥亵"犯罪只包含现场行为的结论。随着互联网的发展,网络虚拟空间已经成为实施众多犯罪的媒介和载体,如何应对网络犯罪已经成为当今各国面临的新课题。行为人通过网络空间传输与性相关的文字、图片、图像、声音,可以让被害人产生"身临其境"的效果,同样严重侵害了被害人的身心权益与人格权益,其行为危害性与在现实世界中现场实施猥亵行为并无区别。所以,猥亵犯罪应包括现场实施和非现场实施两种行为。从罪刑法定角度出发,将通过网络空间实施的猥亵行为纳入猥亵犯罪惩治范围,并没有超出普通民众对猥亵犯罪含义的认知范围,符合民众的心理预期。

三、将视频裸聊等网络犯罪行为纳入《刑法》第 237 条规制范围,有利于加强对未成年人的司法保护

未成人身心发育尚未成熟,缺乏自我保护意识和能力,容易受到性侵害。据 2015 年 5 月 28 日《人民法院报》报道,我国猥亵儿童罪呈现逐年上升趋

势。随着互联网技术发展,不法分子可以运用互联网实施传统意义上无法实施的性犯罪,这相对传统犯罪手段更具欺骗性和隐蔽性,危害范围也更为广泛。如本案中,乔东宝利用QQ视频,冒充学校生理老师,先后与居住地相隔数百公里的16名幼女进行视频裸聊。我国对未成人实施特殊、优先保护政策,为了有效遏制互联网性犯罪,尤其是针对未成年人的性侵犯罪,有必要将视频裸聊等行为纳入刑法惩治范围。

(撰稿人:江苏省泰州市人民检察院　丁建玮
　　　　江苏省兴化市人民检察院　翁立萍)

尹某等5人非法经营、盗窃案

【基本案情】

被告人尹某，男，四川省成都市人，系四川玖鑫大宗贸易有限公司董事长。

被告人伏某平，男，四川省南充市人，系四川诚金玖玖大宗贸易有限公司法定代表人、四川玖鑫大宗贸易有限公司执行董事。

被告人黄某荣，男，福建省福州市人，系四川玖鑫大宗贸易有限公司股东（技术总监）。

被告人杨某，男，四川省南部县人，系四川诚信玖玖投资有限公司股东、总经理。

被告人王某，男，四川省成都市人，系成都牧蛟文化传播有限公司法定代表人、上海仕泉投资有限责任公司股东。

被告人尹某、付某平、黄某荣出资成立四川玖鑫大宗贸易有限公司，在未办理相关电子交易平台审批许可手续情况下，通过购买交易软件、行情数据、租赁服务器，在互联网上搭建"玖鑫商品现货市场"平台（以下简称玖鑫平台）。他们通过发展会员单位、居间商，再由会员单位、居间商通过QQ、微信、电话等方式公开向社会招揽客户，采用保证金制度，"T+0"交易模式，在玖鑫交易平台中集中交易，且进行不以实物交易为目的的标准化合约交易模式，允许投资者以对冲平仓的方式完成"玖鑫铜""玖鑫白银""玖鑫原油"交易。客户以1：50的杠杆比率，按照玖鑫交易平台提供的国际实时走势、汇率在平台内买涨买跌交易。玖鑫交易平台向客户收取单笔交易成交金额的万分之六手续费、延期费等费用。至2015年8月，先后发展客户4000余人，客户总入金额达人民币1.77亿余元，总成交额达人民币575亿余元，从中非法获利人民币400余万元。

为获取更大利润，被告人尹某（占股37.5%）、伏某平（占股37.5%）和杨某（占股25%），注册成立了四川诚信玖玖投资有限公司（以下简称诚信玖玖公司），成为玖鑫公司的101号特别会员单位。诚信玖玖公司不仅为玖鑫公司发展其他会员单位、居间商，赚取玖鑫交易平台收取的手续费分成，而且以会员单位身份与其发展的客户在玖鑫交易平台上进行对赌交易，赚取"点差""头寸"，即客户的亏损（盈利）就是公司的利润（亏损），让业务员冒充指导老师等,鼓励客户频繁交易。

本案案发为该平台客户周某发现账户内20万元资金一夜"蒸发",遂向武进公安报案,后牵出整个非法经营的玖鑫交易平台。2016年3月,武进区检察院对被告人尹某等5人以非法经营罪、盗窃罪提起公诉,涉案金额1.77亿元。

【诉讼过程和案件结果】

常州市武进区人民检察院于2016年3月22日,以被告人尹某、伏某平、黄某荣、杨某涉嫌非法经营罪、被告人王某涉嫌非法经营罪、盗窃罪向武进区人民法院提起公诉。2017年8月29日,武进区人民法院以非法经营罪判处被告人尹强有期徒刑3年6个月,并处罚金人民币50万元;被告人伏某平被判处有期徒刑3年6个月,并处罚金人民币50万元;被告人黄锦荣被判处有期徒刑3年,并处罚金人民币40万元;被告人杨某被判处有期徒刑1年6个月,并处罚金人民币20万元;被告人王某犯非法经营罪、盗窃罪,合并被判处有期徒刑5年,并处罚金5万元。一审宣判后,被告人均未上诉,判决已生效。

【典型意义】

非法经营罪的罪名属于刑法中的口袋罪名,规定比较笼统,界限不明确,而很多互联网金融活动的创新,均涉及证券、保险、基金、资金支付结算等业务,对于是否未经国家有关主管部门批准开展或参与,就应以"非法经营罪"定罪,学界争议较大,各地执法尺度也不统一。武进区检察院经审查认为,被告人尹某等5人构成非法经营罪。被告人利用互联网,直接面向不特定大众进行非法期货交易犯罪。由于其犯罪方式隐蔽,玖鑫公司披有部分合法外衣,形式更具迷惑性,使得该案在侦查之初,遭遇了"无罪论"的观点。该案中玖鑫公司获得了四川省商务厅的复函和四川省经济和信息化委员会的川经信推函,被告人尹某等人也辩解其主观上是成立公司开展电子现货交易,玖鑫交易平台引用正规行数据,并无后台篡改数据、修改行情等欺骗客户行为,玖鑫铜、玖鑫白银非专营物品,客户进场后自由买卖,较之网络上其他重金属投资交易平台更具有规范性,虽存在一定虚假宣传,属于违规而非犯罪,给侦查带来了一定困惑。检察机关提前介入,与公安机关一起会诊、分析,对案件进行深入调查和研判,还原了玖鑫平台真貌,是资金无银行托管、无仓储实物、行情无接轨的"三无"平台,实质是打着现货交易名义进行的电子期货交易;投资者在该平台空炒空卖,投机对赌,平台利用手续费、过夜费逐渐吞噬客户资金,成为不受监管的对赌平台,具有较强的欺骗性。玖鑫公司员工证言也证实他们开发的客户是通过购买手机号电话营销的方式进行吸收,入金的客户不以实际的现货交易、现货交割为目的,都是进场投机赚钱,因此,投资者投资风险极大。后经中国证监会四川监管局认定，玖鑫公司进行的是非法期货交易，被告人尹某等人构成非法经营罪毋庸置疑。

本案应当认定为自然人犯罪。本案中，虽然被告人尹某等人是以玖鑫公司、诚信玖玖公司的名义搭建玖鑫交易平台，以公司的名义发展会员单位和客户，客户入金款虽是委托第三方支付平台进行托管，但被告人尹某、伏某平等股东可以随时提取，实际属于被尹某等股东控制支配，其中部分款项被用于其个人投资、债务等。根据最高人民法院《关于单位犯罪案件具体应用法律有关问题的解释》第2条规定，个人为进行违法犯罪活动而设立的公司、企业、事业单位实施犯罪的，或者公司、企业、事业单位设立后，以实施犯罪为主要活动的，不以单位犯罪论处。因此，本案应认定为自然人犯罪。而且，对该案涉案人员的处理上，虽然该案采用公司化经营模式，涉及全国百余家会员单位，公司销售经理、销售员共抓获100余人，虽经理、员工客观上有帮助玖鑫平台进行电子期货推销、引诱客户犯罪行为，但其主观上并不明知自己行为涉嫌犯罪，且体现"打击与保护""公正与效率"相结合的原则，最终起诉玖鑫公司的原始股东及1号会员单位共5人，宽严相济，从源头遏制犯罪的蔓延。

经中国证券监督管理委员会四川监管局川证监函〔2015〕239号认定，四川玖鑫大宗贸易有限公司系非证监会批准设立的期货交易场所，也非证监会批准设立的期货经营机构，其组织的交易活动具备期货交易的特征。四川玖鑫大宗贸易有限公司未经国务院期货监督管理机构核准，擅自组织从事以上交易活动，其行为符合《期货交易管理条例》第74条规定的"非法组织期货交易活动"的特征。

（撰稿人：江苏省常州市武进区人民检察院　王云涛　戚黎娜）

徐越等人诈骗案

【基本案情】

2012年3月,被告人徐越、杨齐威注册成立郑州创拓软件有限公司(以下简称创拓公司),注册的经营范围为计算机软件开发,先后在郑州市金水区经三路北65号江山商界、郑州市金水区农业路与花园路交叉口的正弘国际及郑州市金水区经三路金城国际设立工作场所,纠集被告人刘澎、李芳娟等为业务员,以骗取钱财为目的,利用QQ等方式联系被害人,虚构该公司掌握股票交易内幕及股票上涨或下跌的信息,可以使加入成为会员的股民获取高额利润等事实,骗取被害人的信任,以办理虚假的不同等级会员交纳不同金额会费及购买炒股软件等名义,引诱被害人汇款,骗取被害人钱财。期间,被害人徐英明等19人先后向创拓公司支付款项人民币667563.53元,均转入被告人徐越的银行账户。对骗取的款项,被告人徐越、杨齐威按照股东身份等进行分成,被告人刘澎、李芳娟等按照规定的工资及业务额等进行提成。

【诉讼过程和案件结果】

被告人徐越等人涉嫌诈骗一案,由郑州市公安局于2014年4月4日指定郑州市公安局长兴路分局对该案立案侦查。郑州市公安局长兴路分局于2014年4月5日立案侦查,被告人徐越、杨齐威于2014年4月16日被刑事拘留,于同年5月23日被逮捕;被告人刘澎、李芳娟于2014年4月29日被刑事拘留,并分别于同年5月23日、6月5日被逮捕。2014年11月10日,惠济区人民检察院对被告人徐越等人以诈骗罪提起公诉。2015年10月16日,惠济区人民法院以被告人徐越等人犯非法经营罪判处1年零6个月至3年不等有期徒刑。惠济区人民检察院以罪名不当为由抗诉。郑州市中级人民法院于2016年3月3日裁定撤销原判,发回重审。2016年8月11日,惠济区人民法院以被告人徐越等人犯诈骗罪判处3年至5年不等有期徒刑。

【典型意义】

近年来,随着经济的快速发展,网络应用技术的普遍升级,一些不法分子诈骗手段也在不断提升。本案的被告人徐越等人就是打着依法成立的公司这个合法旗号,利用股民获取高额利润的暴富心理,采取QQ荐股骗财,从中获取巨额钱财,被告人的行为属于利用网络实施的诈骗犯罪。本案中,被告人徐越注册成立的公司经营范围为计算机软件开发,但并未从事相关业务活动,而是以此为形式,以非法占有他人财物为目的,通过虚构公司为专业的股票咨询机构,虚构拥有专业股票分析师、掌握专业股票知识、推荐的均是涨势良好的股票等事实,虚假宣传,骗取被害人信任;并利用被害人急于炒股盈利的心理,以办理虚假的不同等级会员交纳不同金额会费以及购买炒股软件(软件以200元至300元的价格从批发市场购买,再以9800元至3.16万元不等的价格出售给被害人)等名义,引诱被害人汇款,骗取被害人的钱财,符合诈骗罪的主客观要件,应当以诈骗罪定罪处罚。

(撰稿人:河南省人民检察院侦查监督处　杨建新
　　　　河南省郑州市惠济区人民检察院　常丽娟)

张尧等人提供侵入、非法控制计算机信息系统程序、工具案

——制作"微信"外挂程序、工具供他人进行"微商营销"行为的司法认定

【基本案情】

公诉机关指控:腾讯微信软件(以下简称微信)是经国家版权局登记,由腾讯科技(深圳)有限公司、深圳市腾讯计算机系统有限公司享有著作权,可提供即时通讯服务的免费应用程序。2015年1月开始,被告人张尧、刘从旭未经授权或许可,通过在网上找他人编程,由被告人刘从旭进行程序整合、包装,通过对微信IOS手机客户端包装文件进行修改,先后开发出《数据精灵》《果然叨》《玩得溜》计算机软件。后被告人张尧租用服务器,设立上述计算机软件的宣传网站,上载软件介绍和加盟代理等项目,向代理商及消费者进行宣传,并主要向代理商批发销售上述软件。被告人赖佳鑫主要负责软件的销售客服工作。至2015年12月,被告人张尧、刘从旭、赖佳鑫通过信息网络等方式经营上述外挂软件的金额达200余万元。

公诉机关认为,被告人张尧、刘从旭、赖佳鑫违反国家规定,利用互联网站出版发行非法出版物,严重危害社会秩序和市场秩序,情节特别严重,其行为应当以非法经营罪追究其刑事责任。被告人张尧、刘从旭是主犯,应当按照其所参与的全部犯罪处罚;被告人赖佳鑫在共同犯罪中起次要或者辅助作用,是从犯,应当从轻、减轻处罚,提请法院依法判处。

法院经公开审理查明:2015年1月开始,被告人张尧、刘从旭出于牟取非法利益的目的,在未注册合法公司,未经"微信"产品权利人腾讯公司授权或者同意的情况下,开发出《果然叨》《玩得溜》计算机软件。其中《果然叨》《玩得溜》计算机软件经鉴定,可通过加载后与服务器进行验证并下载动态库文件,对微信IOS手机客户端界面进行修改,修改及控制微信手机客户端与服务器端之间传输的数据,进而实现微信多开、一键转发朋友圈内容(文字、图片、小视频均可)、朋友圈无限制提醒好友的主要功能。后被告人张尧、刘从旭租用服务器,设立上述计算机软件的宣传网站,上载软件介绍和加

盟代理等项目，向代理商及消费者进行宣传及批发销售上述软件，并主要以其名下招商银行、中国银行账户收受上述软件的非法销售所得，非法销售所得累计在人民币 20 万元以上。被告人赖佳鑫则主要负责软件的销售客服工作，协助被告人张尧、刘从旭销售上述软件。

【案件结果】

广州市海珠区人民法院于 2017 年 6 月 30 日作出〔2016〕粤 0105 刑初 1040 号刑事判决，被告人张尧犯提供侵入、非法控制计算机信息系统程序、工具罪，判处有期徒刑 3 年，缓刑 5 年，并处罚金人民币 10 万元。被告人刘从旭犯提供侵入、非法控制计算机信息系统程序、工具罪，判处有期徒刑 3 年，缓刑 5 年，并处罚金人民币 10 万元。被告人赖佳鑫犯提供侵入、非法控制计算机信息系统程序、工具罪，判处有期徒刑 1 年 6 个月，缓刑 2 年，并处罚金人民币 1 万元。

宣判后，在法定期限内，各被告人均未上诉，公诉机关亦未抗诉，判决已经发生法律效力。

【典型意义】

腾讯微信软件具备数据处理和信息采集、加工、存储、传输等功能，属于刑法保护的计算机信息系统程序。行为人未经授权，突破"微信"安全保护措施，控制微信手机客户端与服务器端之间传输的数据，进而对"微信"实施非法控制，情节严重的，应当以提供侵入、非法控制计算机信息系统程序、工具罪论处。

在本案的审理过程中，对于被告人张尧、刘从旭、赖佳鑫的行为性质如何认定存在较大分歧。第一种观点认为，被告人张尧、刘从旭、赖佳鑫的行为并未造成"微信"系统崩溃，亦未完全抄袭"微信"的源程序代码，属于对"微信"的插件，应以无罪处理。第二种观点认为，三被告人主要以牟利为主，其行为侵犯的法益系社会市场经济秩序，涉计算机犯罪保护的法益系社会公共管理秩序，故公诉机关指控被告人张尧、刘从旭、赖佳鑫构成非法经营罪的定性是准确的。第三种观点认为，本案被告人的行为应以侵犯著作权罪论处。第四种观点认为，被告人张尧、刘从旭、赖佳鑫的行为构成提供侵入、非法控制计算机信息系统程序、工具罪。我们认为，第四种观点更顺应社会发展的要求，也符合"罪刑法定"的原则，并据此作出了本案的判决。

认为被告人张尧、刘从旭、赖佳鑫构成提供侵入、非法控制计算机信息系统程序、工具罪的主要理由是：

一、本案具备明显的社会危害性，行为人有明显的违法性认识，应当以刑罚处理

（一）具备数据和应用程序、信息处理功能，是界定刑法保护的计算机信息系统程序的核心要件，微信已符合这一要件要求

根据最高人民法院、最高人民检察院《关于办理危害计算机信息系统安全刑事案件应用法律若干问题的解释》，刑法保护的计算机信息系统，是指具备自动处理数据功能的系统，包括计算机、网络设备、通信设备、自动化控制设备等。《计算机信息系统安全保护条例》第2条规定计算机信息系统是指由计算机及其相关的和配套的设备、设施（含网络）构成的，按照一定的应用目标和规则对信息进行采集、加工、存储、传输、检索等处理的人机系统。《计算机信息网络国际联网安全保护管理办法》第6条规定：未经允许，任何单位和个人不得对计算机信息网络功能进行删除、修改或者增加，不得对计算机信息网络中存储、处理或者传输的数据和应用程序进行删除、修改或者增加的。因此，数据和应用程序处理功能、对信息进行采集、加工等处理，是刑法界定计算机信息系统的核心要件。所谓数据，应是指计算机用以表示一定意思内容或者由其进行实际处理的一切文字、符号、数字、图形等有意义的组合。就微信而言，根据百度百科，微信是一种更快速的即时通讯工具，支持发送语音短信、视频、图片（包括表情）和文字；支持多人群聊；支持查看所在位置附近使用微信的人（LBS功能）；支持腾讯微博、QQ邮箱、漂流瓶等插件功能；支持发送语音短信、视频、图片和文字。微信能够实现即时通讯，无疑具备数据处理和信息采集、加工、存储、传输等功能，且微信对现今互联网的影响力巨大，已深深进入人们生活之中，属于刑法保护的计算机信息系统程序。

（二）本案被告人的行为危害了网络技术的创新和数据的保护，损害了网络软件开发商和运营商的合法经济利益，破坏了网络软件市场的正常公平竞争秩序，具有明显的社会危害性

当今互联网已经融入社会生活的方方面面，深刻改变了整个社会的生产方式、生活方式、消费方式以及治理方式。高新技术正以越来越快的速度向生产力诸要素全面渗透，并同它们融合。互联网将用数据记录一切，数据成为互联网时代最宝贵的资源。在"互联网+"时代，网络技术的创新和网络数据是刑事司法保护的核心价值。

就本案而言，被告人张尧、刘从旭利用自身的计算机知识，成立没有任何注册登记的"公司"，在微信源代码基础上，没有任何技术创新，通过修改微

信产品用于识别苹果操作系统应用程序的唯一标识符从而实现微信多开功能；对微信产品的可执行文件进行修改操作，并植入 dylib（动态库），在微信执行时对相关功能函数进行 hook（挂钩替换），从而实现对微信多开、一键转发、朋友圈无限制提醒好友等微信限制性功能的突破。其行为并非辩护人所称的"网络技术创新行为"，而是与通过逆向分析相关函数功能、参数及相关地址，破解服务器与客户端之间通讯包数据的结构、内容及加密算法，编写外挂程序并将其注入游戏程序，修改游戏数据和代码来实现各种功能的"恶意外挂程序"行为类同。此外，就纯技术而言，"外挂"属于"插件"；但就法律保护的范畴考虑，"外挂"研发系未经授权的非法行为，而"插件"研发是经权利人授权的合法行为，二者在法律层面上，有者明显的"非法"与"合法"区分。因此，不能以技术角度的"外挂"混同于法律层面的"插件"，进而否定"外挂"的危害性特征。

综上，上述被告人的涉案行为，不仅为少数微商的恶意营销提供了便利条件，更是严重破坏了微信这一社交软件的平台生态环境和严重干扰了网络虚拟世界的正常秩序，也极大损害了网络软件开发商和运营商的合法经济利益，破坏了网络软件市场的正常公平竞争秩序，具有一定的社会危害性，应予惩处。

（三）违法性认识

违法性认识是界定被告人认识能力的，也是考量被告人行为是否入罪的重要因素。当行为人在利用本行业知识及便利实施犯罪行为时，即使拒不供认其对其行为具有认识能力，亦可推定其明知，此种推定明知的现实意义在于避免明显具有高于一般普通人认知能力、具有涉案行业专业认识的行为人以否认明知为借口而逃脱惩罚之路。就本案而言，有着长期计算机行业从业经历的被告人张尧、刘从旭虽然辩称其曾有咨询律师及主观动机仅仅是做微信的辅助软件，但其行为实际为刑法所禁止的妨害技术创新和提供非法控制计算机信息系统程序、工具的犯罪行为，其反复咨询律师的行为恰恰说明在被抓获前，二被告人存在对其在本案中的行为会构成犯罪的恐惧，按照主客观相一致的原则，不能以此在本案中作为免除其刑事责任的抗辩理由。

综上，从刑法保护的计算机信息系统应如何界定、被告人行为的社会危害性及主观上的违法性认识综合考量，按照主客观一致的原则，本案应入罪。

二、被告人的行为应以何种罪名界定

在被告人行为具有明显社会危害性，应当入罪的前提下，认定被告人的具体罪名，应当考察被告人的客观行为，根据罪行相适应的刑法基本原则，结合个案具体情况及被告人的主观故意综合判断。

（一）本案的情况不符合非法经营罪的罪名认定要求

2011年最高人民法院《关于准确理解和适用刑法中"国家规定"的有关问题的通知》：各级人民法院审理非法经营犯罪案件，要依法严格把握刑法第225条第4项规定的"其他严重扰乱市场秩序的非法经营行为"，有关司法解释未作明确规定的，应当作为法律适用问题，逐级向最高人民法院请示。另最高人民法院《刑事审判参考》指导案例第862号余润龙非法经营案：未经许可从事非法经营行为，但审理期间相关行政审批项目被取消的，不构成非法经营罪。上述通知及案例已经明确非法经营行为仅有符合司法解释规定情况下方可入罪，否则因作为法律适用问题，逐级请示。

目前涉及计算机方面的非法经营的有关司法解释仅有1998年最高人民法院《关于审理非法出版物刑事案件具体应用若干问题的解释》、2014年《关于依法办理非法生产销售使用"伪基站"设备案件的意见》、2013年《关于办理利用信息网络实施诽谤等刑事案件适用法律若干问题的解释》。上述涉及的情形主要为网络游戏（以下简称"网游"）外挂、"伪基站"、虚假信息的发布和有偿删除信息，就本案情形而言，仅能与网络游戏外挂有一定关联。

公诉机关指控被告人张尧、刘从旭、赖佳鑫三人构成非法经营罪，系认为"微信"系腾讯公司享有著作权的计算机软件，参照《刑事审判参考》指导案例第473号谈文明案件的裁判观点，即擅自制作网游外挂出售牟利，既属于没有相应资质而从事出版活动的非法经营行为，也属于违反规定出版非法互联网出版物的非法经营行为。

就本案而言，本案情形不同于上述案例界定情况。首先，"网游"属于出版物，而"微信"是一种互联网生活方式，二者功能、用途不同。根据百度百科，互联网出版物是指互联网信息服务提供者将自己创作或他人创作的作品经过选择和编辑加工，登载在互联网上或者通过互联网发送到用户端，供公众浏览、阅读、使用或者下载的在线传播的产品。微信作为一种即时通讯工具，按照百度百科的介绍，已在形成一种全新的"智慧型"生活方式，其已经渗透进入各个传统行业，如微信打车、微信交电费、微信购物、微信医疗、微信酒店等；为医疗、酒店、零售、百货、餐饮、票务、快递、高校、电商、民生等数十个行业提供标准解决方案。就功能而言，微信已经成为一种"生活方式"，出版物仅是微信用途的一个方面，不能以出版物就此定义微信。此外，"外挂"对"网游"与"微信"的影响不同。"网游"一般都要收费，"外挂"对"网游"的最不利影响在于客户的流失和"网游"开发者开发热情和回报率的降低。在数据即财富的今天，"微信"开发者目的在于以免费使用及便捷的体验感吸引最大程度的客户群，进而收集客户数据和构建一种新型互联网

"生活方式"，"外挂"对"微信"的最不利影响在于破坏客户的体验感和"生活方式"的营建。此外，参考最高人民法院《关于办理利用信息网络实施诽谤等刑事案件适用法律若干问题的解释》等司法解释及"秦火火"等案例，目前主流观点已考虑微博、"微信"等包含社会管理秩序的法益；最高人民法院《关于办理危害计算机信息系统安全刑事案件适用法律若干问题的解释》亦将违法所得5000元作为入罪情节。因此，涉微信案件不仅符合刑法第六章妨害社会管理秩序罪的法益保护范围，行为人以牟利为主的目的符合最高人民法院相关司法解释，不妨碍以涉计算机犯罪来认定。

综上，从功能、用途、影响等各方面角度考虑，不宜将"微信"认定为"出版物"；也就不应以非法经营罪论处本案。

（二）本案情形亦不构成侵犯著作权罪

根据《刑法》第217条侵犯著作权罪之规定，以营利为目的，未经著作权人许可，复制发行其文字作品、音乐、电影、电视、录像作品、计算机软件及其他作品，违法所得数额较大或者有其他严重情节的，以侵犯著作权罪定罪处罚，也就是说，对于计算机软件的著作权，刑法只保护其中的复制发行权。就本案而言，被告人在制作《果然叼》《玩得溜》等外挂程序过程中，突破了"微信"的技术措施，调用了部分数据及图像，将《果然叼》《玩得溜》直接挂接在"微信"上运营，这都是为了实现对微信原有功能的增加，不是将所调用的数据或图像进行简单的复制。因此，擅自制作"外挂"出售牟利侵犯的是"微信"的修改权而不是复制发行权，故本案不应以侵犯著作权罪论处。

（三）本案的情况符合《刑法》第285条第3款，应以提供侵入、非法控制计算机信息系统程序、工具罪论处，且可适用非监禁刑

根据广州市公安局电子数据检验鉴定实验室出具的（穗公网勘〔2015〕1647号）电子物证检查工作记录及由福建中证司法鉴定中心出具的福建中证司法鉴定中心〔2015〕数检字第487号，电子数据检验报告等相关证据，结合被告人供述、证人证言、被害单位员工的陈述，可认定被告人张尧、刘从旭未经授权或许可，通过对微信IOS手机客户端包装文件进行修改，由被告人张尧、刘从旭合作进行程序整合、包装，先后开发出《果然叼》《玩得溜》等未经授权的"外挂"类计算机文件，其中《玩得溜》是《果然叼》的升级版，二者功能即源代码基本一致；被告人张尧、刘从旭对此亦供认不讳。《果然叼》《玩得溜》在被告人刘从旭电脑中存储的源代码文件经鉴定，主要功能包括：微信多开，一键转发朋友圈内容（文字、图片、小视频均可），朋友圈无限制提醒好友；上述功能的实现均依赖于微信软件启动后，加载下载的动态库

文件，对微信 IOS 手机客户端界面进行修改。送检的"私人.ipa"全部 3002 个文件中，共 2951 个文件与微信客户端文件内容一致。综上，现有证据可判定《果然叼》《玩得溜》对微信 IOS 手机客户端安装文件具有一定的控制性，具有避开或者突破微信安全保护措施，对微信传输数据实施控制的功能。因此，本案被告人张尧、刘从旭出于牟取非法利益的目的，在未注册合法公司，未经微信产品权利人腾讯公司授权或者同意的情况下，通过加载后与服务器进行验证并下载动态库文件，对微信 IOS 手机客户端界面进行修改，控制微信手机客户端与服务器端之间传输的数据，进而实现微信多开、一键转发朋友圈内容（文字、图片、小视频均可）、朋友圈无限制提醒好友的主要功能，进而牟取不法利益，属于具有突破"微信"安全保护措施，未经授权对计算机信息系统实施控制的功能的行为。另鉴于上述行为并未导致微信不能正常运行，故从立法本意考虑，不宜以破坏计算机信息系统罪入罪。综上，从立法本意、被告人行为方式、危害后果等角度考虑，结合本案冻结的被告人张尧、刘从旭银行账户内的资金属于违法所得，且金额在人民币 25000 元以上，故被告人张尧、刘从旭、赖佳鑫整合、包装、销售上述《果然叼》《玩得溜》软件的行为应以提供非法侵入、控制计算机信息系统程序、工具罪入罪，且属于"情节特别严重"。另鉴于被告人张尧、刘从旭、赖佳鑫归案后虽对行为性质、定性有一定辩解，但对其犯罪事实始终均供认不讳，其对罪名的否认属对法律的认识错误，且三被告人的行为并未造成微信无法运行、功能崩溃的严重后果，故综合三被告人的认罪态度和罪行程度，按照宽严相济的刑事政策要求，对三被告人可在区分罪责的前提下均适用非监禁刑。

（撰稿人：广东省广州市海珠区人民法院　周征远）

林锦春、林锦凯犯非法获取计算机信息系统数据案

——刑法保护的"计算机信息系统"如何界定

【基本案情】

公诉机关指控:2016年3月20日,被告人林锦春、林锦凯在广东省佛山市禅城区同济路66号D座2101房的深圳聆听文化传媒有限公司内,经商议,由被告人林锦春通过网上找到同案人江伟(另案处理)制作了钓鱼链接,再由被告人林锦春、林锦凯利用其公司所运营的微信公众号登陆至微信公众平台,以被侵权为由向其他微信公众号进行投诉,并在投诉描述中植入上述的钓鱼链接,诱骗微信公众号运营者点击登录并查看投诉内容,从而在后台窃取他人微信公众号的账号及密码。随后二人通过登陆非法获取的微信公众号大量推送其公司代理的微商产品和乐活网广告,从中牟利。至21日,被告人林锦春、林锦凯通过上述方法非法获取他人微信公众号的身份认证信息共计715组,破坏了微信公众平台的正常运营。

公诉机关认为,被告人林锦春、林锦凯无视国家法律,违反国家规定,侵入计算机信息系统,获取他人的身份认证信息,情节严重,其行为触犯了《刑法》第285条第2款之规定,应当以非法获取计算机信息系统数据罪追究其刑事责任。

法院经公开审理查明:2016年3月20日,被告人林锦春、林锦凯在广东省佛山市禅城区同济路66号D座2101房的深圳聆听文化传媒有限公司内,经商议,由被告人林锦春通过网上找到同案人江伟(另案处理)制作了钓鱼链接,再由被告人林锦春、林锦凯利用其公司所运营的微信公众号登陆至微信公众平台,以被侵权为由向其他微信公众号进行投诉,并在投诉描述中植入上述钓鱼链接,诱骗微信公众号运营者点击登录并查看投诉内容,从而在后台窃取他人微信公众号的账号及密码。随后二人通过登陆非法获取的微信公众号大量推送其公司代理的微商产品和乐活网广告,从中牟利。至21日,被告人林锦春、林锦凯通过上述方法非法获取他人微信公众号的身份认证信息共计715组,破坏了微信公众平台的正常运营。

【案件结果】

法院生效裁判认为:被告人林锦春、林锦凯无视国家法律,违反国家规

定，侵入国家事务、国防建设、尖端科学技术领域以外的计算机信息系统，获取该计算机信息系统中存储、处理或者传输的数据，情节严重，其行为均已构成非法获取计算机信息系统数据罪，依法应予惩处。公诉机关指控的犯罪事实清楚，证据确实、充分，罪名成立，本院予以支持。被告人林锦春、林锦凯供认指控的主要事实，其辩解属对行为性质的错误理解，仍成立坦白，依法均可以从轻处罚。公诉机关的量刑建议合理，本院予以采纳。根据被告人林锦春、林锦凯的犯罪情节和悔罪表现，适用缓刑确实不致再危害社会，依法可对其宣告缓刑。据此，根据被告人的犯罪事实、性质、情节和对于社会的危害程序，对二被告人作出了上述判决。

广州市海珠区人民法院于 2017 年 7 月 13 日作出〔2017〕粤 0105 刑初 39 号刑事判决，被告人林锦春犯非法获取计算机信息系统数据罪，判处有期徒刑 1 年 6 个月，缓刑 2 年，并处罚金人民币 5 千元。被告人林锦凯犯非法获取计算机信息系统数据罪，判处有期徒刑 1 年，缓刑 1 年 6 个月，并处罚金人民币 3 千元。

宣判后，在法定期限内，各被告人均未上诉，公诉机关亦未抗诉，判决已经发生法律效力。

【典型意义】

本案系全国首例进入司法领域的非法获取微信公众号刑事案例，在本案的审理过程中，对于涉案的微信是否应认定为刑法保护的计算机信息系统及微信公众号如何认定存在较大分歧。第一种观点认为，被告人林锦春、林锦凯的行为，应以无罪处理。第二种观点认为，微信应认定为刑法保护的计算机信息系统、微信公众号符合最高人民法院、最高人民检察院《关于办理危害计算机信息系统安全刑事案件应用法律若干问题的解释》的规定，是用于确认用户在微信上操作权限的数据，包括账号、密码等，故应以"身份认证信息"界定，被告人林锦春、林锦凯非法获取"微信"公众号的行为构成非法获取计算机信息系统数据罪。我们认为，第二种观点更顺应社会发展的要求，也符合"罪刑法定"的原则，并据此作出了本案的判决。

认为被告人林锦春、林锦凯的行为构成非法获取计算机信息系统数据罪的主要理由是：

一、时代的发展、技术的进步，要求我们更新对"计算机信息系统"的立法保护理念与思维

1997 年，在制定有关计算机信息系统犯罪的规定时，由于当时的主流计算机信息技术以 PC 系统为主要载体和形式，所以，计算机信息系统被规定为犯罪对象，同时也被规定为犯罪工具。然而，限于立法自身的局限性，1997

年刑法无法以前瞻的思维预见到当前以手机为代表的移动智能终端的迅猛增长势头和发达程度，以至于目前的刑事立法将刑法保护的"计算机信息系统"犯罪仍停留在固有的"PC系统"这一特定的技术背景下。即使是新修订的《刑法修正案（七）》《刑法修正案（八）》《刑法修正案（九）》也主要是拓展了"计算机信息系统"的范围和增加了部分新的犯罪方式，并未从根本上实现立法理念与思维的超越，仍然是较为纯粹的传统计算机犯罪立法理念与模式。然而，在互联网技术升级换代的前提下，随着智能手机和平板电脑等移动终端的发展，移动互联网已经开始深刻地改变人们的生活和工作方式，上述立法理念与思维已经与计算机的深度网络化、移动互联化的格局明显格格不入。以各类 APP 为代表的移动客户端的应用，蓝牙技术的推广使得对刑法保护的"计算机信息系统"进行合理的扩张解释非常有必要，刑法应当对移动互联网背景下的网络犯罪所涉及的一些专业性技术术语进行超前的规定或解释，从而提高立法与解释本身的适宜性和预见性。

二、数据和应用程序处理功能，对信息进行采集、加工等处理，是界定刑法保护的计算机信息系统的核心要件

根据最高人民法院、最高人民检察院《关于办理危害计算机信息系统安全刑事案件应用法律若干问题的解释》，刑法保护的计算机信息系统，是指具备自动处理数据功能的系统，包括计算机、网络设备、通信设备、自动化控制设备等。《计算机信息系统安全保护条例》第2条规定计算机信息系统是指由计算机及其相关的和配套的设备、设施（含网络）构成的，按照一定的应用目标和规则对信息进行采集、加工、存储、传输、检索等处理的人机系统。《计算机信息网络国际联网安全保护管理办法》第6条规定：未经允许，任何单位和个人不得对计算机信息网络功能进行删除、修改或者增加，不得对计算机信息网络中存储、处理或者传输的数据和应用程序进行删除、修改或者增加。因此，数据和应用程序处理功能、对信息进行采集、加工等处理，是刑法界定计算机信息系统的核心要件。所谓数据，应是指计算机用以表示一定意思内容或者由其进行实际处理的一切文字、符号、数字、图形等有意义的组合。

当今互联网已经融入社会生活的方方面面，深刻改变了整个社会的生产方式、生活方式、消费方式以及治理方式。高新技术正以越来越快的速度向生产力诸要素全面渗透，并同它们融合。互联网将用数据记录一切，数据成为互联网时代最宝贵的资源。对数据的保护，应是刑事司法的重中之重。

三、应用的普及度、社会主义道德价值观的吻合、行政手段制裁的有限性，是界定为刑法保护的"计算机信息系统"的前提要件

刑法的谦抑性要求刑法必须保持必要的克制，解决社会问题或矛盾不能动辄适用刑法，而应优先考虑其他解决问题的方式或补救路径。因此，认定刑法保护的"计算机信息系统"，前提是要求认定的"计算机信息系统"具备较普遍的应用、危害行为的不能容忍性和刑罚干预的迫不得已性。

根据上述标准，笔者认为司法应从应用的普及度、社会主义道德价值观的吻合、行政制裁手段的受限三个角度衡量来认定刑法保护的"计算机信息系统"，至于是否外在表现为APP或者非PC软件模式并不关键。首先，司法应当衡量认定的"计算机信息系统"在某个地区、某个行业，是否具有较为普遍的应用，是否符合社会普罗大众公认支持的标准，是否已经深入大多数人的生活。其次，我国刑罚的目的主要在于打击和预防犯罪，维护公平、正义的社会主义道德价值观，更有秩序地管理社会。从这一目的考虑，司法认定的"计算机信息系统"应当符合社会大多数人的价值判断，不带有涉及"黄""赌""毒"等不健康社会风俗或危及社会稳定的内容或功能。最后，认定刑法保护的"计算机信息系统"应当属于对其的危害行为已经具备一定的"量"，难以仅用行政手段能够制裁或者打击的，即行政手段受限，除用刑罚方法外无其他更好的社会处理方法。

微信公众号是开发者或商家在微信公众平台上申请的应用账号，该账号与QQ账号互通，通过公众号，商家可在微信平台上实现和特定群体的文字、图片、语音的全方位沟通、互动，是开发者或商家在微信公众平台上申请的应用账号。微信公众号中存储、处理或者传输的数据，属于刑法保护的计算机信息系统数据。微信公众号的管理账户和密码属于相关司法解释界定的"身份认证信息"，故单一微信公众号即可成立一组"身份认证信息"。

因此，就本案而言，鉴于二被告人实际先后非法获取有715条微信公众号的账户及密码信息，符合获取"身份认证信息"500组以上，应界定为《刑法》第285条第2款规定的"情节严重"，其符合《刑法》第285条第2款规定，应以非法获取计算机信息系统数据罪论处。

（撰稿人：广州市海珠区人民法院　周征远　马兰）

全国首例轻小说侵权案

——成都"轻之国度"侵犯著作权案

【基本案情】

林文勇,男,1984年7月28日出生。

马骏,男,1990年5月8日出生。

张翔,男,1983年12月11日出生。

2007年3月以来,被告人林文勇(网名:LEO)在网站上创建"轻之国度"论坛(www.lightnovel.cn),在"轻之国度"论坛上发布日本原著未经授权轻小说提升论坛人气,吸引广告商前来投放广告谋取利益,被告人马骏、张翔经林文勇许可进入"轻之国度"论坛网站,马骏负责整理发布"轻之国度"论坛中的轻小说并投放广告牟取利益,张翔负责发布小说的中文翻译以及电子书录入的组织管理工作。被告人马骏建立轻之文库(www.linovel.com)网站,复制"轻之国度在线轻小说"网站数据到"轻之文库",并将"轻之文库"网站出售,获利10万元。被告人张翔在明知该网站依靠吸引广告投放商投放广告牟取利益的情况下,仍然继续组织翻译与录入工作。经查,上述网站未经权利人授权,非法发布日本原著文学作品共计3491部,共收取广告费279223.6元,其中林文勇获利231273.6元,马骏获利47950元。

【诉讼过程和案件结果】

成都市双流区人民检察院以双检公诉刑诉〔2016〕914号起诉书指控被告人林文勇、马骏、张翔犯侵犯著作权罪,于2015年8月30日向成都市双流区人民法院提起公诉。

2017年2月14日,成都市双流区人民法院经审理认为,被告人林文勇以营利为目的,未经著作权人许可,在"轻之国度"网站复制发行其文字作品800多部,收取广告费231273.6元,情节严重;被告人张翔明知被告人林文勇未经许可发布文字作品牟利而为其提供帮助,其行为已构成侵犯著作权罪且系共同犯罪;被告人马骏以营利为目的,未经著作权人许可在轻之文库网站复制发行其文字作品1400多部,收取广告费47950元,情节严重,其行为已构成侵犯著作权罪,应依法追究三被告人的刑事责任。成都市双流区人民检察院起诉指控罪名成立,法院予以支持。

在共同犯罪中,被告人林文勇,其主要作用系主犯,被告人张翔起次要和辅助作用,系从犯,故本院对被告人张翔的辩护人提出其系从犯的辩护意见予以采纳,依法对其从轻处罚。

对于被告人林文勇、马骏的辩护人提出二人不是共同犯罪的辩护意见,法院认为,"轻之国度"与"轻之文库"系相互独立的两个网站,被告人林文勇与马骏分别利用两个网站侵犯著作权系相互独立的犯罪行为,虽然被告人马骏曾是"轻之国度"网站会员,但现有证据不能证实其为被告人林文勇的侵权行为提供了帮助,故二被告人不是共同犯罪,法院对其辩护意见予以采纳。

对于被告人马骏及其辩护人提出转让网站不属于侵犯著作权所得的辩护意见,法院认为,被告人马骏将其建立的"轻之文库"网站转让给房某某,现有证据不能证实其出售的内容包含了侵权轻小说,故其出售网站的收入不能认定为侵犯著作权所得收益。被告人林文勇、马骏收取的广告费系其实施侵犯著作权犯罪行为的收入,其实施该犯罪行为还应投入网站运营管理的必要费用,故该广告收入应属于其犯罪行为的非法经营数额,而非其违法所得。

鉴于三被告人主观恶性不大,均能如实供述其犯罪事实且当庭自愿认罪,本院在量刑时酌情予以从轻处罚,据此根据被告人林文勇、马骏、张翔的犯罪事实、犯罪性质和情节以及对社会的危害程度,可以对被告人张翔依法适用缓刑。后判决如下:

1. 被告人林文勇系侵犯著作权罪,判处有期徒刑1年5个月,并处罚金人民币2万元。

2. 被告人马骏犯侵犯著作权罪,判处有期徒刑1年4个月,并处罚金人民币2万元。

3. 被告人张翔犯侵犯著作权罪,判处有期徒刑1年,缓刑1年,并处罚金人民币5千元。

4. 对扣押在案的笔记本电脑、台式电脑主机依法予以没收。

【典型意义】

被告人明知他人未经许可发布文字作品牟利,仍然从事中文翻译、电子书录入等组织管理工作为其提供帮助,其行为构成侵犯著作权罪,系共同犯罪。

侵权网站所收取的广告费用属于被告人实施侵犯著作权犯罪行为的收入,其实施该犯罪行为还应投入网站运营管理的必要费用,故该广告收入应属于其犯罪行为的非法经营数额,而非其违法所得。

(撰稿人:腾讯安全管理部 门美子 李乐 邱宇辉)

成都"爱漫画"侵犯著作权案

【基本案情】

叶祥春,男,1981年3月6日出生。

江春波,男,1980年2月6日出生。

胡朝瑞,男,1985年7月28日出生。

2014年8月以来,被告人叶祥春、江春波共同出资成立了深圳市漫游文化科技有限公司(以下简称"漫游公司"),并邀被告人胡朝瑞担任公司法定代表人,其中被告人叶祥春负责公司日常运营、财务和人事等方面工作,被告人江春波负责公司网站技术方面工作,公司成立后三被告人在未经著作权人许可的情况下,利用被告人江春波之前建立的爱漫画网站(网址为:http://www.imanhua.com),由被告人胡朝瑞通过各种途径搜集他人的大量漫画作品,并将其整理、编辑后上传至该网站供访客免费观看,以此提高网站访问量,同时在该网站上提供刊登收费广告服务,收取广告商广告费。截至2015年4月,公司收取了来自杭州阿里妈妈软件服务有限公司支付的广告7笔共计172430元人民币,收取了百度时代网络技术(北京)有限公司支付的广告费6笔,共计1653077.42元人民币。经中国版权保护中心版权鉴定委员会、日本内容产品海外流通促进机构和韩国著作权委员会北京代表处的鉴定和确认,涉案服务器硬盘内提取的《恶魔奶爸》等6部美术作品与腾讯网站(网址为:http://ac.qq.com)上的6部美术作品的对应内容相同;涉案的《阿拉蕾》等5216部日本作品的权利人均未对"漫游公司"进行过任何授权;"爱漫画"网站所传播的《热血江湖》等23部韩国漫画作品系未经权利人许可而被使用。2014年12月4日,扬州市文化广电新闻出版局以"爱漫画"网站违反《互联网文化管理暂行规定》第8条、第16条为由,对"爱漫画"网站进行行政处罚,即(1)立即对网站进行整改,删除含有宣扬低俗、淫秽和恐怖、暴力等情节的漫画作品;(2)在规定的期限内完善网站的备案及行政许可;(3)删除未经授权的漫画作品;(4)罚款人民币10万元整。

【诉讼过程和案件结果】

成都市温江区人民检察院以成温检公诉刑诉〔2016〕87号起诉书指控被告人叶祥春、江春波、胡朝瑞犯侵犯著作权罪,于2016年2月23日向本院提起公诉,本院受理后,依法适用普通程序,于2016年5月10日、2017年1月

20 日公开开庭审理了本案。期间，成都市温江区人民检察院于 2016 年 5 月 23 日、9 月 23 日建议延长审理期限，并于 2016 年 6 月 23 日、10 月 23 日建议本案恢复审理，法院予以采纳。成都市温江区人民检察院指派检察员王磊出庭支持公诉，三被告人及其辩护人到庭参加诉讼。

2017 年 1 月 20 日，成都市温江区人民法院经审理认为，被告人叶祥春、江春波、胡朝瑞以营利为目的，未经著作权人许可，复制他人美术作品，并通过信息网络擅自向公众传播，非法经营额数额超过 25 万元，其行为均已构成侵犯著作权罪，且属情节特别严重，应当依法惩处。本案系共同犯罪，三名被告人在共同犯罪中分工协作，其中被告人叶祥春、江春波系"漫游公司"股东，被告人叶祥春负责公司日常运营、财务和人事等方面工作，被告人江春波负责公司网站技术方面工作，在共同犯罪中作用较大，系主犯；被告人胡朝瑞经其亲戚叶祥春安排担任"漫游公司"的法定代表人，负责搜集他人的大量漫画作品，并整理、编辑后上传至"爱漫画"网站供访客免费观看，在共同犯罪中作用较小，系从犯，依法减轻处罚；三名被告人归案后，如实供述所犯罪行，依法从轻处罚。成都市温江区人民检察院指控被告人叶祥春、江春波、胡朝瑞犯侵犯著作权罪的事实清楚，证据确实充分，法院予以支持。

但法院认为，违法所得是指获利数额。本案中，有证据证实漫游公司获得了 1825507.42 元的广告收入，但无证据证实叶祥春等三名被告人具体的获利数额，故将 1825507.42 元认定为非法经营额更符合本案事实。根据本案三被告人的犯罪事实及情节，结合其认罪态度和悔罪表现，宣告缓刑不致对其所居住社区带来重大不良影响，因此可依法适用缓刑。后判决如下：

1. 被告人叶祥春犯侵犯著作权罪，判处有期徒刑 3 年，缓刑 4 年，并处罚金人民币 100 万元。

2. 被告人江春波犯侵犯著作权罪，判处有期徒刑 3 年缓刑 4 年并处罚金人民币 100 万元。

3. 被告人胡朝瑞犯侵犯著作权罪，判处有期徒刑 2 年，缓刑 3 年，并处罚金人民币 50 万元。

4. 扣押在案的作案工具：苹果 6plus 手机三部、其他品牌手机两部、电脑四台予以没收。

【典型意义】

一、被告人将大量没有获得授权的作品存放在网站硬盘向公众开放，提升点击率，进而吸引广告投放，并非单纯的"网络空间服务提供商"，不适用互联网避风港原则

避风港原则，是指在发生著作权侵权案件时，当 ISP（网络服务提供商）

只提供空间服务,并不制作网页内容,如果 ISP 被告知侵权,则有删除的义务,否则就被视为侵权。如果侵权内容既不在 ISP 的服务器上存储,又没有被告知哪些内容应该删除,则 ISP 不承担侵权责任,避风港原则也被应用在搜索引擎、网络存储、在线图书馆等方面。单纯的网络空间服务提供商只为信息交流提供技术支撑,为信息提供者与接受者提供中介服务,所以,它本身一般不是信息交流的主体。正因如此,ISP 一般对信息的传送、信息的内容以及信息的接受者不做有效的组织,也不负责进行筛选和审查,而只是提供一个信息传输的通道,或者是提供一个信息储存的空间,或者仅仅是技术支持。而且,在信息传递的整个过程中,ISP 的服务往往都是通过计算机技术或其他技术自动完成的。而"漫游公司"运营的"爱漫画"网站有专人负责进行网站内容的搜集、整理、编辑、上传、下架等工作,是有意识的对于未经授权的漫画作品进行著作权的侵犯,其本身不在互联网避风港原则的免责主体范围之内,因此,亦不能适用互联网避风港原则。

二、侵犯知识产权犯罪的案件,司法管辖地包括被侵权人托管存放被侵权作品数据的服务器所在地

本案的被害人之一——深圳市腾讯计算机系统有限公司托管的存放相关漫画数据的服务器位于成都市温江区光华大道三段 2045 号成都电信光华 AC2 楼的电信机房,即被害人使用的计算机系统位于成都市温江区。根据最高人民法院、最高人民检察院、公安部《关于办理网络犯罪案件适用刑事诉讼程序若干问题的意见》第 2 条之规定,网络犯罪案件由犯罪地公安机关立案侦查,网络犯罪案件的犯罪地包括用于实施犯罪行为的网站服务器所在地,网络接入地,网站建立者、管理者所在地,被侵害的计算机信息系统或其管理者所在地,犯罪嫌疑人、被害人使用的计算机信息系统所在地,被害人被侵害时所在地,以及被害人财产遭受损失地等。因此,成都市温江区对本案具有法定的司法管辖权。

(撰稿人:腾讯安全管理部 李佳 李乐 邱宇辉)

马洛洲、马学东、唐琪涛非法控制计算机信息系统案

【基本案情】

被告人马洛洲，男，1988年9月20日出生，广东省汕头市人。

被告人马学东，男，1990年12月7日出生，广东省汕头市人。

被告人唐琪涛，男，1982年9月28日出生，广东省汕头市人。

2015年10月至2016年10月期间，被告人马洛洲、马学东、唐琪涛经合意，未经用户允许，利用在深圳市华强北手机档口为用户使用的苹果手机进行刷机"越狱"时的便利，暗自将自行编写的木马程序植入他人的苹果手机内。该程序可自动链接到指定的服务器发出请求，并自动升级增加功能，控制劫持用户手机，搭载微信等APP，在用户朋友圈中推送发布广告信息。其中，被告人马学东主要负责编写应用程序和服务器维护；被告人马洛洲利用刷机"越狱"的便利，将木马程序植入他人的苹果手机内；被告人唐琪涛负责联系广告客户赢利。在上述期间，被告人马洛洲、马学东、唐琪涛在超过一百部苹果手机内植入上述木马程序，为深圳市明鹏光易科技有限公司等公司发布广告信息，累计违法所得在人民币25000元以上。

【诉讼过程和案件结果】

2016年9月，腾讯公司向广州市公安局天河分局赤岗派出所报警称，公司通过技术监测发现，一款名叫"futu"的木马程序可以非法控制微信客户端，冒充微信官方推送朋友圈广告，被非法控制微信客户端达9.46万个。2016年11月23日，被告人马洛洲、马学东、唐琪涛被公安抓获并刑事拘留。同年12月29日被逮捕。。2017年5月22日，广州市海珠区人民检察院以被告人马洛洲、马学东、唐琪涛犯非法控制计算机信息系统罪向广州市海珠区人民法院提起公诉。

2018年2月5日，广州市海珠区人民法院经审理认为，被告人马洛洲、马学东、唐琪涛违反国家规定，对计算机信息系统进行非法控制，情节特别严重，其行为均构成非法控制计算机信息系统罪。三人归案后能如实供述自己的罪行，依法可从轻处罚。被告人马洛洲、马学东、唐琪涛归案后均能如实供述自己的罪行，依法可从轻处罚。后判决如下：

被告人马洛洲犯非法控制计算机信息系统罪，判处有期徒刑3年，并处罚金人民币10万元。被告人马学东犯非法控制计算机信息系统罪，判处有期徒

刑 3 年，并处罚金人民币 6 万元。被告人唐琪涛犯非法控制计算机信息系统罪，判处有期徒刑 3 年，缓刑 5 年，并处罚金人民币 10 万元。

【典型意义】

一、被告人的行为是否属于"违反国家规定"

本案涉及微信朋友圈木马程序的第一案。在本罪中，"违反国家规定"是构成本罪的前置条件。根据《刑法》第 96 条之规定，"违反国家规定"是指违反全国人民代表大会及其常务委员会制定的法律和决定，国务院制定的行政法规、规定的行政措施、发布的决定和命令。本案被告人所实施的犯罪行为，主要是未经用户同意，在用户的苹果手机中植入了木马程序，从而实现了在微信朋友圈中，非法推送朋友圈广告的结果。因此，在评价这一行为之前，首先需要考虑该行为是否违反了国家规定。

从客观行为上看，三被告人共实施了两行为，一是植入木马，二是推送广告。根据《计算机信息系统安全保护条例》（国务院 588 令）第 7 条规定：任何组织或者个人，不得利用计算机信息系统从事危害国家利益、集体利益和公民合法利益的活动，不得危害计算机信息系统的安全。无疑，向用户手机内植入木马的行为，必然属"违反国家规定"。而在推送广告部分，根据全国人民代表大会常务委员会《关于加强网络信息保护的决定》第 7 条规定，向手机用户推送商业性广告电子信息应当以向用户明示为原则，且必须征得用户的同意方可实施。综上，本案三被告人未征得用户同意，以秘密方式在用户手机植入木马，向用户推送广告行为属于"违反国家规定"。

二、手机是否属于计算机信息系统

根据最高人民法院、最高人民检察院《关于办理危害计算机信息系统安全刑事案件应用法律若干问题的解释》第 11 条规定："计算机信息系统"和"计算机系统"，是指具备自动处理数据功能的系统，包括计算机、网络设备、通信设备、自动化控制设备等。手机作为移动互联网市场最常用的通信设备和移动网络设备，搭载智能操作系统，具有自动处理数据的功能，在用户层面，可以实现与个人计算机已无本质差别，显然应纳入计算机信息系统范围。

三、非法控制计算机信息系统罪与破坏计算机信息系统罪的法律适用

在本案中，有一种观点认为，三被告人非法植入木马程序的行为，属于对计算机信息系统功能进行修改，造成微信等软件无法正常运行，与后期的推送广告行为属于手段和目的牵连关系，应择一重罪处罚，定破坏计算机信息系统罪。

但笔者认为，从法条上看，两罪的客观行为"非法控制"与"删除、修改、增加、干扰"之间确有重合部分，要对两罪进行准确的认定适用，需要寻找条文背后的立法原意，以使刑法的解释尽可能地符合条文所保护的法益。

从两罪所保护的法益看，破坏计算机信息系统罪侵犯的法益是计算机信息系统的运行安全。保护的是各种计算机信息系统功能及计算机信息系统中存储、处理或者传输的数据和应用程序。而非法控制计算机信息系统罪侵犯的法益为计算机信息系统的控制性或支配性。保护的是计算机信息系统用户的控制权或支配权。两罪的关键区别并不在于具体是实施的"非法控制"或者"破坏"行为，而是客观上是导致"计算机系统不能正常运行"，还是侵犯了"用户完整控制或支配权"。

结合案情来看，三被告人未经用户同意，利用为用户提供"越狱"等服务之机，向用户手机内预置木马程序，并通过后台服务器操控的方式，在用户不知情的情况下向用户推送广告等商业性电子信息。上述行为并没有导致用户手机或是微信不能正常运行，而更多是侵犯了用户对手机完全支配的权利，即被告人可以利用后台服务器操控的方式，随时可以将大量信息（包括但不限于广告），插入朋友圈中，完全控制了用户微信朋友圈广告功能，侵犯了用户对微信的控制、支配权，情节特别严重，应以非法控制计算机信息系统罪论处。

（撰稿人：腾讯安全管理部　姚理　钟广君）

冷奇超、黎海良等人赌博案

——利用腾讯群组赌博罪与开设赌场罪的辨析

【基本案情】

被告人冷奇超,男,1986年11月17日生,四川大竹县人,农民。

被告人黄安,男,1997年4月2日生,广西北流市人,无业。

被告人张琼,男,1995年10月13日生,山东齐河县人,学生。

被告人梁宇峰,男,1994年2月25日,广西北流市人,无业。

被告人梁业城,男,1993年5月3日生,广东连南县人,农民。

被告人周双双,女,1990年12月1日生,湖北襄阳市人,农民。

被告人黎海良,男,1991年8月15日生,广东连南县人,农民。

2015年7月,被告人冷奇超、黄安、张琼三人商量建立一个QQ红包赌博群以此牟利,2015年8月,被告人冷奇超用QQ号码建立"天之娱乐总群"。2015年9月,被告人冷奇超、黄安、张琼三人开始在群内担任庄家,并以押注猜红包尾数的形式组织赌客进行赌博。2016年2月开始,被告人冷奇超不再担任庄家,只以群主的身份进行管理并收取庄家每天的"开盘费",被告人周双双、梁宇峰、黎海良、梁业城先后加入该群担任庄家,组织赌客进行赌博。从2016年2月至2016年5月26日,被告人冷奇超共计收取"开盘费"30000余元。经过对本案其余6名被告人坐庄期间的"财付通交易流水"的会计鉴定,从2016年3月26日至5月26日,被告人周双双获利60000余元,被告人张琼获利80000元,被告人黄安获利100000余元,被告人梁宇峰获利90000余元,被告人黎海良获利60000余元;从2016年4月25日至5月26日,被告人梁业城获利30000余元。

被告人黎海良于2016年5月27日经民警电话通知到案,如实供述了自己的罪行。

案发后,南川区公安局已暂扣:被告人冷奇超的违法所得15600元、黄安的违法所得7000元、梁宇峰的违法所得31000元、周双双违法所得14900元、黎海良违法所得4000元、梁业城的违法所得2000元、张琼的违法所得30000元。

【案件结果】

一审法院经审理认为，被告人冷奇超、黄安、张琼、梁宇峰、梁业城、周双双、黎海良以营利为目的，聚众赌博，其行为均构成赌博罪，公诉机关指控的事实和罪名成立，本院予以支持。被告人黎海良犯罪以后自动投案，如实供述自己的罪行，是自首，可以从轻处罚；被告人冷奇超、黄安、张琼、梁宇峰、梁业城、周双双到案后，如实供述自己的罪行，可以从轻处罚。判决如下：

1. 被告人冷奇超犯赌博罪，判处有期徒刑 1 年 3 个月，并处罚金人民币 5 万元。

2. 被告人黄安犯赌博罪，判处有期徒刑 1 年 3 个月，并处罚金人民币 5 万元。

3. 被告人张琼犯赌博罪，判处有期徒刑 1 年 2 个月，并处罚金人民币 5 万元。

4. 被告人梁宇峰犯赌博罪，判处有期徒刑 1 年 1 个月，并处罚金人民币 4 万元。

5. 被告人梁业城犯赌博罪，判处有期徒刑 1 年 1 个月，并处罚金人民币 3 万元。

6. 被告人周双双犯赌博罪，判处有期徒刑 1 年 个月，并处罚金人民币 3 万元。

7. 被告人黎海良犯赌博罪，判处有期徒刑 1 年，并处罚金人民币 3 万元。

8. 追缴被告人冷奇超所获赃款人民币 30000 元（已追缴 15600 元）、黄安所获赃款人民币 100000 元（已追缴 7000 元）、张琼所获赃款人民币 80000 元（已追缴 30000 元）、梁宇峰所获赃款人民币 90000 元（已追缴 31000 元）、梁业城所获赃款人民币 30000 元（已追缴 2000 元）、周双双所获赃款人民币 60000 元（已追缴 14900 元）、黎海良所获赃款人民币 60000 元（已追缴 4000 元），上缴国库。

【典型意义】

一、罪与非罪的认定

广义上的赌博犯罪，侵犯的客体是社会管理秩序及社会风尚。区分赌博行为罪与非罪的关键点在于主观目的及数额，入罪的主观条件是直接故意且具有营利目的，是为了获取钱财而不是消遣娱乐；客观方面表现为聚众赌博、以赌博为业和开设、经营赌场，且情节达到相关追诉标准。

二、赌博罪与开设赌场罪的区别

鉴于开设赌场行为的社会危害性更大，《刑法修正案（六）》将开设赌场从赌博罪中分离出来单独成罪，去掉了以营利为目的的主观要件，增加了量刑档，最高刑期从3年上升至10年。开设赌场罪与赌博罪有着天然的共性和交集，往往都会有营利目的，提供场所、赌具、赌资及组织行为等。但区分两罪的要点在于，是否具有相对严密组织性的赌场开设、经营行为，或者赌博的场所是否发挥了独立吸引赌客的影响力。相较而言，赌场往往更为持续、稳定，且规模较大；而聚众赌博更倚靠组织者与赌客间的人际关系，一般具有临时性跟短暂性。

三、本案的定罪分析

最初公安机关是以开设赌场罪对被告人冷奇超等人立案侦查，后检察机关以涉嫌赌博罪对其批捕、起诉。因此，对于本案定性存在两种观点：一是认为冷奇超等人为他人赌博提供（网络虚拟）场所、设定赌博方式，符合开设赌场罪构成要件；二是认为被告人是以营利为目的，组织多人在网络上赌博，从中抽头渔利，属于聚众赌博，应认定赌博罪。

本案判决采纳的是第二种观点。

第一，从主观目的及客观行为上看，被告人冷奇超等人是为了赚取"开盘费"及抽头渔利，临时性地组织他人进行赌博，而非开设固定赌博场所，并面向不特定多数人进行有组织性地经营。

第二，押注猜红包尾数等是进行赌博的方式，类似于牌面点数竞猜，而QQ群聊是参赌人员进行联络的方式。QQ群红包是聊天群组自带的社交功能之一，并非由赌博组织者所提供；聊天群组也不是用红包进行赌博的唯一空间，线下同样可能进行，因此，不宜将社交群组简单类比为刑法中的"赌场"。此外，关于网上开设赌场，最高人民法院、最高人民检察院《关于办理赌博刑事案件具体应用法律若干问题的解释》已有明确规定，本案亦不属于建立或代理赌博网站的有关情形。

第三，对于新型犯罪形态的评价，同样应符合罪刑法定、罪责刑相适应等基本原则，不能为了追求打击效果而对刑法进行类推和扩张解释。对于虚拟空间、虚拟财产、信息数据等新型法律概念，须制定清晰、统一的认定标准，以避免出现不同案件、不同罪名中认定不一致或对行为人科罚不公的情况。

（撰稿人：腾讯安全管理部　肖薇　钟振坤）

张德旺、黄承东诈骗案

——"小额盗刷"型诈骗的认定

【基本案情】

2016年7月份，被告人张德旺得知苹果账号在苹果应用商店购买人民币40元以下小额游戏点券可先到账后扣款，遂萌生诈骗想法，并告知被告人黄承东，二人商议共同实施。随后，二被告人在福鼎市白琳镇租房开设手游充值工作室，购买苹果手机、修改苹果序列号的设备等作案工具，并招聘员工，利用苹果账号在苹果商场购买30元和6元档的游戏点券，在游戏点券到账后立即将苹果账号注销，导致苹果商场无法扣款的方式骗取游戏点券，被告人黄承东主要负责管理员工、销售游戏点券等。至同年12月份，二人利用上述方式共骗得《御龙在天》《征途》《热血》等手机网游游戏点券共计8733.5万个，并将骗得的游戏点券低价出售，共非法获利160000元，其中张德旺分得120000元，黄承东分得40000元。

【案件结果】

2017年12月7日，福鼎市人民法院认为被告人张德旺、黄承东以非法占有为目的，共同采取虚构事实的手段骗取他人财物160000元，数额巨大，情节严重，其行为均已构成诈骗罪，公诉机关指控罪名成立。被告人张德旺在共同犯罪中起主要作用，系主犯，应从重处罚。被告人张德旺、黄承东归案后均能如实供述主要犯罪事实，属坦白，可从轻处罚；积极退出全部违法所得，并预缴罚金，可酌情从轻处罚。辩护人提出从宽处罚的辩护意见，本院予以采纳。但鉴于本案二被告人作案时间长，骗取的游戏点券数量巨大，主观恶性大，不属犯罪情节较轻，不符合缓刑适用条件，被告人黄承东辩护人提出缓刑的辩护意见，法院不予采纳。据此，依照《刑法》第266条、第25条第1款、第26条、第27条、第67条第3款、第64条的规定，判决如下：

1. 被告人张德旺犯诈骗罪，判处有期徒刑4年2个月，并处罚金人民币50000元。

2. 被告人黄承东犯诈骗罪，判处有期徒刑3年，并处罚金人民币30000元。

3. 扣押在案的被告人张德旺、黄承东退赃款160000元，返还被害人单位深圳市腾讯计算机系统有限公司。

4. 随案移送的作案工具苹果手机、苹果平板电脑、序列号更改机、各类银行卡等物品，由本院予以没收。

【典型意义】

一、犯罪分子利用 iOS 漏洞注销账号骗得资金后，追赃所得的资金款项所有权应当归属于谁

本案法院判决认定赃款应当归属腾讯公司，笔者同意法院意见。苹果应用商店是提供给软件开发个人或者大型公司发售自己开发出的在 iPhone、iPad 或者 iPod Touch 上应用软件的平台，用户可以在该平台购买或免费试用应用软件。在用户购买游戏点券后，腾讯公司第一时间将腾讯游戏装备充到用户账号，由于不法分子利用苹果公司先到账后扣款的漏洞，导致腾讯公司出售了点券但实际并没有收到应收钱款，遭受巨大利益损失，而苹果公司从中并没有因此受到损失。作为平台方，苹果公司有义务保证应用商店的公正性和客观性，应当采用相应技术手段弥补盗刷漏洞行为，如因此对应用开发商利益造成损害，平台方也不能免责。

二、苹果账号被盗刷的认定标准

人民法院根据经验法则，结合多个涉案苹果账号在同设备下的交易记录、交易时间和报案时间、账号拥有者身份、受害公司的陈述等情况，综合考量是否存在盗刷交易。

三、指导价值

利用 iOS 小额漏洞盗刷案件的打击，对游戏相关黑产不法分子起到了震慑的作用，同时也是苹果全球调查团队人员首次与国内警方就案件数据证据的提供开展的合作。解决了刑法保护的盗刷构成诈骗罪认定的要件，以及游戏装备难以认定实际价值的问题。该案例对正确认识、厘清涉"iOS 漏洞盗刷"等新型网络犯罪行为的入罪及量刑等问题具有重要指导价值。

（撰稿人：腾讯安全管理部　李乐　朱晗）